基于情境上下文的O2O信息服务机制

艾丹祥　杨　君◎著

中国社会出版社
国家一级出版社·全国百佳图书出版单位

图书在版编目（CIP）数据

基于情境上下文的 O2O 信息服务机制 / 艾丹祥，杨君著 .—北京：中国社会出版社，2021.10

ISBN 978-7-5087-6612-6

Ⅰ . ①基… Ⅱ . ①艾… ②杨… Ⅲ . ①网络营销－商业模式－研究 Ⅳ . ① F713.365.2

中国版本图书馆 CIP 数据核字（2021）第 189925 号

基于情境上下文的 O2O 信息服务机制

出 版 人：程 伟
终 审 人：李新涛
责任编辑：陈 琛
装帧设计：灵 格
出版发行：中国社会出版社
（北京市西城区二龙路甲 33 号 邮编 100032）
印刷装订：永清县晔盛亚胶印有限公司
版 次：2021 年 10 月第 1 版
印 次：2024 年 8 月第 2 次印刷
开 本：185mm × 260mm 1/16
字 数：321 千字
印 张：13.5
定 价：68.00 元

版权所有・侵权必究（法律顾问：北京玺泽律师事务所）

凡购本书，如有缺页、倒页、脱页，由营销中心调换。

客服热线：（010）58124852 投稿热线：（010）58124812 盗版举报：（010）58124808

购书热线：（010）58124841；58124842；58124845；58124848；58124849

本书受国家自然科学基金项目（面向O2O精准信息服务的语义化情境敏感移动推荐研究，71740024）、广东省哲学社会科学“十三五”规划项目（GD20CTS01）和广州市哲学社会科学发展“十三五”规划项目（2018GZYB67）资助。

前　言

近年来，我国移动通信产业一直以惊人的速度迅猛发展，成为带动经济发展的主要高科技产业之一，对人们的生活及社会发展产生了重大影响。智能手机、PDA等移动终端设备的流行使用户具备了更强的信息获取能力，也使信息用户提出了更高的信息需求。现代信息用户希望能在移动过程中随时随地获得满足其个性化需求的信息和服务，过去“用户寻找信息”的被动服务模式将逐步转变为“信息寻找用户”的主动服务模式。此外，网络信息量的激增也造成了更为严重的“信息过载”和“资源迷航”问题。在此背景下，研究适用于移动网络环境的个性化信息服务，尤其是主动式信息推荐服务就显得格外重要。

移动互联网和智能终端设备的发展也同时促成了线上到线下（Online to Offline，O2O）业务的繁荣。作为“互联网+”背景下的一种商业模式的新颖质态，O2O 为传统实体商业带来了颠覆性的变革，依托移动互联技术把线上平台和线下实体连接起来，使过去难以电商化的现实对象与现实服务也能进入网络渠道，形成线上到线下的业务闭环和信息闭环。在 O2O 业务环境下，个性化信息服务的应用范围和应用对象更为广泛，信息推荐结果与用户所在现实业务环境的相关性更为密切，且用户对现实对象和现实服务推荐精准度的要求更高。因此，如何在有限的移动设备条件下实现情境上下文敏感的精准 O2O 推荐服务已逐步成为个性化信息服务研究中备受关注的新问题。

本书通过融合信息科学、数据科学、管理科学、认知科学、知识工程与知识发现等多领域的理论与方法，全面系统地分析和探讨移动网络环境下情境上下文敏感的个性化 O2O 信息服务机制，针对主动 O2O 信息推荐中存在的情境上下文信息获取不完整、情境上下文语义利用不充分等问题，提出了一系列新方法和新策略，包括情境上下文的隐性感知和显性用户原创内容（User Generated Centent，UGC）获取、情境上下文的多维评分建模和本体语义建模、多维情境推荐和语义规则推荐等，探索和构建了更为有效的个性化 O2O 信息服务机制。同时以多个具体 O2O 业务为背景，实现个性化信息服务机制的应用，并进行应用效果的评价，以证实推荐服务机制的有效性。

本书进一步深化了个性化信息服务研究的理论体系，对移动网络环境下构建 O2O 信息推荐系统提供了参考思路，有助于互联网企业和 O2O 服务提供者实现精准服务信息递送，有效增强用户的业务体验，提升移动服务水平。

本书的撰写由广东工业大学管理学院的艾丹祥副教授和杨君博士共同完成，具体分工为：艾丹祥撰写第一章、第二章、第三章、第五章和第六章，杨君撰写第四章。

由于著者水平有限，书中难免存在缺点和疏漏，敬请广大读者批评指正。

目 录

第一章　绪　论

1.1　研究的目的和意义

网络的普及与发展，使人们能够不受时空地域限制地获得快捷、便利的信息服务。但与此同时，网络的开放性所导致的信息量激增也造成了“信息过载”和“资源迷航”问题。所谓“信息过载”，是指用户难以对过多的信息及时地消化、吸收；所谓“资源迷航”，是指用户难以确切表达对信息资源的需求，并准确有效地寻找资源。要改变这种状况，需要实现能根据用户特点自动组织和过滤信息内容的个性化信息服务。

个性化信息推荐能从大量信息中自动选择符合用户兴趣的内容推荐给用户，减少用户查找资源的时间，提高用户获得信息的准确性。这样不但可以解决“信息过载”和“资源迷航”问题，而且可以作为网络营销的有效手段，增强用户的黏着性。通过应用推荐技术，用户不再是服务的被动接受者，而是成为主动参与者，直接影响服务的方式和内容。现今几乎所有的大型电子商务服务平台（如 Amazon、eBay、当当、淘宝等）都开发了在线产品推荐系统，动态分析用户的消费行为，以便进行“精准服务”和“一对一营销”，并由此提高用户的忠诚度，从而获得巨大的商业利益。

近年来，移动通信网络在中国以惊人的速度迅猛发展，对人们的生活及社会发展产生了重大影响。根据工信部统计数据，2020 年底中国移动宽带用户普及率达到 108%，移动电话用户总数 15.94 亿户，普及率为 113.9 部/百人，其中 4G 用户总数达到 12.89 亿户，5G 手机终端连接数突破 2 亿户①。移动互联网和智能终端设备的发展与普及催生了 O2O 业务的繁荣。O2O 即 Online to Offline（线上到线下），是“互联网+”背景下商业模式的一种新颖质态，为传统实体商业带来了颠覆性的变革。它依托移动互联技术把之前简单的电商模块转移到更加高频和生活化的场景中来，使许多过去难以电商化的生活服务或现实对象成了 O2O 商业模式的主体。

O2O 的优势在于，它实现了线上线下的业务闭环和双向信息互通，使用户拥有了充分了解现实对象的渠道，用户在线上获得充裕的对象信息，在线下进行体验，从而消除了信息不对称，克服了传统实体商业的短板。但同时，由于 O2O 所依托的移动互联平台承载着更为海量的数据，使 O2O 比传统电商面临更为严重的“信息过载”和“资源

① 数据来源：中华人民共和国工业与信息化部《2020 年通信业统计公报》。

迷航”问题，用户难以从众多信息中对商品或服务进行快速对比并作出正确选择。此外，与虚拟对象相比，用户对现实对象的选择风险更大，例如，游客到酒店后发现对酒店不满意，需要花费更高的成本移动并更换为另一酒店。因此，O2O 服务需要具有更精准和更及时的信息提供能力。

实现 O2O 精准信息服务的有效方式之一是根据 O2O 业务场景和用户需求提供主动的个性化信息推荐。与传统信息推荐不同，O2O 信息推荐具有移动化、情境化的特点。首先，O2O 信息推荐主要依靠用户随身的智能终端来完成，能随时为移动中的用户提供针对线下对象或服务的选择。比如，为游客推荐餐馆或酒店、为驾驶者推荐行车路线或加油站、为购物者推荐商场或商品，等等。其次，由于移动用户所处的情境会实时变化，而情境上下文状态会很大程度影响用户对现实对象的需求。例如，用户在休息日时选择的餐馆可能和工作日时的不同、上班途中选择的加油站可能和旅游途中的不同。因此，O2O 信息推荐需要与移动用户的物理环境及现实行为相关联，能感知用户情境的变化，并根据情境上下文自动提供符合用户当前状态下实时需求的推荐。

由此可见，基于情境上下文的个性化信息推荐机制是符合 O2O 业务特点和应用需求的信息服务机制。它利用移动智能终端的便利性获取用户所在的 O2O 情境，对情境上下文的内容和含义进行形式化解析和建模，并根据情境上下文主动推荐符合用户实时需求的现实业务对象。与传统信息推荐机制研究相比，该研究具有更强的理论意义和应用价值。

1. 理论意义

发展了传统的信息推荐研究，将其与 O2O 商务模式密切结合，将推荐范围扩展到线下生活服务和现实对象，探索在个性化 O2O 信息推荐中获取、解析、表示和利用复杂情境上下文的新方法，形成移动化、情境化、社交化的推荐新模式。该研究将进一步深化个性化信息服务的理论体系，既是对移动信息推荐技术框架的补充和完善，也为研究下一代网络应用服务模式提供新的视角和思路。

2. 应用价值

第一，有助于满足移动网络时代用户对信息服务的新需求。信息推荐使“用户寻找信息”的被动服务模式转变为“信息寻找用户”的主动服务模式，而对移动推荐机制的研究，则进一步满足了用户在移动过程中随时随地获得信息服务的需要。此外，移动网络用户的个性化和社交化特征更加明显，用户一方面更注重深度化的自我体验，另一方面则更加依赖社交圈中他人的评论和意见。因此，新的信息服务模式必须将用户视为社会网络中的个体，综合考虑用户的现实周边环境、虚拟社交环境和用户自身的情感与行为等对用户兴趣需求的影响。本书正是针对信息服务的这一发展趋势进行研究，用于满足移动用户对信息服务的更高要求。

第二，有助于满足 O2O 商务模式发展的需要。信息推荐不但可以减少用户获取信息的成本和障碍，还可以吸引和保留用户，激发用户的潜在业务需求。因此信息推荐服务在传统电子商务模式中被广泛使用，作为精细化营销的工具为企业赢得客户、建立竞争优势。个性化 O2O 信息推荐能够跟踪目标用户的消费需求，及时推送用户所关注的线下业务对象信息，有效增强用户的业务体验，达到优化和发展 O2O 业务的目的。

第三，能够为泛在移动网络环境下新型智能推荐系统的实现提供参考。尽管传统的信息推荐系统已较为成熟，但适用于当前泛在移动网络的推荐工具仍不多见，且大部分受到设备条件和业务环境的限制，不能达到理想的效果。本书针对移动推荐中的若干瓶颈问题进行研究，扩展推荐系统的适用对象，改善推荐模式和时效性，融合社交网络、知识工程、数据挖掘、机器学习等多个领域的方法，提出一套操作性强、智能化程度高的个性化 O2O 信息推荐实现机制，对开发实际的 O2O 推荐应用系统具有指导意义。

1.2 研究动态

信息推荐是一种主动化、个性化的信息服务机制，它通过预测用户（User）对项目（item）的兴趣来解决用户面临的“信息超载”问题。项目指用户可能感兴趣的某些对象、资源或服务，如电影、书籍、餐饮等。信息推荐的研究涉及管理科学、信息科学、认知科学、计算数学等多个学科的理论方法，属于前沿交叉领域，且由于其实用性较强，因而获得了较多的关注。目前，信息推荐机制正处于从传统网络信息推荐向移动网络信息推荐演进的重要阶段。

1.2.1 传统信息推荐机制

自 20 世纪 90 年代首次出现以来（Goldberg et al.，1992），信息推荐就因其较强的实用性而备受学术界和产业界的关注，经过近三十年的探索，Web 网络环境下的传统信息推荐已发展得较为成熟，形成了四类经典的推荐机制（余力等，2004；Burke，2007；Ricci，2010），并在知识管理、电子商务、电子学习、电子医疗等各个领域获得广泛应用。

Adomavicius 和 Tuzhilin（2005a）给出了信息推荐的一般形式化定义。假设 U 是所有用户的集合，I 是所有可能被推荐项目的集合，如书籍、电影、餐馆等。假设 F 是项目 i 对用户 u 的效用函数，即 $F:U\times I\rightarrow R$，其中 R 指最终得到的项目对用户的效用结果值，是一组非负整数集或者确定范围内的实数集。则信息推荐是指对于任意用户 $u\in U$，找到一个（多个）项目 $i\in I$，使得 i 对用户 u 的效用最大化。即

$$\forall u\in U, I'_u=\arg\max_{i\in I} F(u,i) \tag{1-1}$$

根据实现途径不同，信息推荐方法主要分为协同过滤（Collaborative Filtering，CF）

推荐、基于内容（content-based）的推荐、基于知识（knowledge-based）的推荐与混合（hybrid）推荐等几大类。

1.2.1.1 协同过滤推荐

协同过滤方法的原理来源于人们的日常生活。例如，人们购物之前，常常会向和自己兴趣比较相似的朋友咨询意见，请他们推荐他们偏好的各种商品。因此协同过滤推荐依据“相似用户具有相似兴趣”的基本假设。其经典方法是基于用户对项目的历史评分衡量用户间的相似度，并通过聚合“最近邻”（与目标用户相似的用户群体）对项目的评价，预测目标用户对候选项目的偏好。最早的协同过滤系统是Goldberg等（1992）为Xerox公司的Palo Alto研究中心设计的邮件分类系统Tapestry。该系统的功能主要是为用户过滤掉用户不喜欢的垃圾邮件，只留下对用户有用的邮件。Goldberg等学者认为通过记录用户对所看过文档（邮件）的反应（喜欢还是不喜欢），Tapestry系统可以协同各用户的反应信息，运用相关算法，开展信息推荐。协同过滤领域的另一个开创性的工作发生在1996年，美国明尼苏达大学的科研人员应用协同过滤的方法构建了推荐电影的Movielens电影推荐系统，并发布到了网上（http://movielens.umn.edu）。之后，协同过滤方法进入了快速发展的阶段，获得了很大的成功和广泛的应用，出现了一批具有代表性的系统，包括：GroupLens网络新闻筛选系统（Resnick et al.，1994）、Ringo音乐推荐系统（Shardanand，1994）和Facebook的网络广告推荐系统（facebook.com）等。

根据现有研究成果，可以采用以下推荐技术来实现协同过滤信息推荐功能：启发式推荐技术、基于模型的推荐技术。

1. *启发式技术*（heuristic-based）

（1）启发式技术的流程。

协同过滤方法是基于用户×项目评分矩阵的基础上进行推荐的，需要对矩阵中未知的评分进行预测。在信息推荐中，启发式技术的基础来源于一种认识：人们对过去认同（喜欢）的东西往往会再次认同。启发式推荐技术是一种基于直观或经验构造的推荐技术。该推荐技术会在所有的用户评分数据上面进行计算，寻找目标用户的最近邻用户。启发式技术又可以分为基于用户的技术（User-based）与基于项目（Item-based）的技术。启发式协同过滤技术首先计算目标用户与其他用户的相似度（或者计算目标项目与其他项目的相似度）；然后，通过把相似度作为权重计算目标用户对项目的可能评分；最后根据目标用户对各项目的评分值作出推荐。所以，启发式技术的一般推荐流程如下。

① 构建用户-项目评分矩阵。

协同过滤方法分析“用户-用户”的关系，根据用户兴趣的相似性来推荐项目，它把用户对项目的评分向量作为用户兴趣的表现形式。用户对项目评分可以是显式也可以是隐式的。显式评价通常是用户以数值的形式对资源进行评分，如果数值很高，表示用户非常喜欢该资源，反之则表示用户不是很喜欢该资源。如果用户希望得到推荐系统的帮助，首先需要向系统提交其对一些项目的评价信息。而隐式评价通常是从数据资源中派生出来的，比如分析网站的日志文件等来分析用户的兴趣偏好并映射为显式的评价信息。

用户对项目的评分无论是显式还是隐式的形式，最终都将映射为一个用户对资源的兴趣矩阵。这种兴趣矩阵可以称之为用户-项目评分矩阵。采用协同过滤方法进行推荐的基础是要有一个用户-项目评分矩阵，通过该矩阵中用户对项目的评分预测目标用户的评分。表 1-1 显示了用户-项目评价评分的构成。假设有 K 个用户，M 个项目，则用户-项目评分矩阵表现为一个 $K \times M$ 的矩阵。其中，每一项 $R_{k,m}$ 代表用户 k 对项目 m 的评分，如果 $R_{k,m} = \varphi$，则表示用户 k 对项目 m 没有评分，也有一些推荐系统用数字“0”表示用户对某项目没有评分。

表 1-1 用户-项目评分矩阵

User	Item				
	I_1	……	I_m	……	I_M
U_1	1	……	φ	……	5
……	……	……	……	……	……
U_k	2	……	$R_{k,m}$	……	4
……	……	……	……	……	……
U_K	2	……	1	……	4

用户-项目评分矩阵可以分解为 K 个行向量：

$$U = [u_1, \cdots, u_K], u_k = [R_{k,1}, \cdots, R_{k,M}], k = 1, \cdots, K \tag{1-2}$$

每一个行向量 u_k 代表用户 U_k，并且表现为该用户对所有项目的评分。基于这种分解的启发式技术称之为基于用户（User-based）的启发式技术。

同理，用户-项目评分矩阵可以分解为 M 个列向量：

$$X = [i_1, \cdots, i_M]^T, i_m = [R_{1,m}, \cdots, R_{K,m}]^T, m = 1, \cdots, M \tag{1-3}$$

每一个列向量 i_m 代表项目 I_m，并且表现为所有用户对该项目的评分。基于这种分解的启发式技术称为基于项目（Item-based）的启发式技术。

② 计算相似度。

在这一阶段，启发式技术将计算相似度。基于用户的方法将计算用户之间的相似度，基于项目的方法将计算项目之间的相似度。

③ 进行预测。

根据上面一步算出来的相似度，将分别采用相应的公式进行预测。

②、③步将在后面的内容进行详细阐述。

（2）基于用户（User-based）的启发式协同过滤技术。

基于用户的启发式协同过滤技术是通过在评分数据集中的所有用户中搜寻目标用

户的“最近邻居”，形成最近邻居集，然后分析最近邻居集内用户对项目的评分数据，从而计算出目标用户对项目的预测评分。

那么，对于基于用户的启发式协同过滤技术，如何寻找目标用户的相似用户，计算他们的相似度是至关重要的。正如本书前面阐述的，基于用户的启发式协同过滤技术进行推荐的流程：构建用户-项目评分矩阵；计算用户之间的相似度；进行预测。

① 构建用户-项目评分矩阵。

这一步骤，在前面整体讲述启发式协同过滤技术中已经分析，这里就不再累述。

② 计算用户相似度。

基于用户的启发式协同过滤技术的关键是找到与目标用户 a 相似的“最近邻”。“最近邻”是通过计算其他用户 u 与目标用户 a 的相似度而得到的，相似度的值越大，则用户 u 与 a 就越相似，那么在预测的公式中，用户 u 对项目 i 的评分的权重值就越大。

计算用户相似度的方法有多种。这些方法是以用户共同评价过的项目的评分为基础来计算的。其中最普及的方法是 Pearson 相关相似度与余弦相似度。

Pearson 相关相似度的计算方法如下：

$$sim(a,u)=\frac{\sum_{s\in S_{au}}\left(R_{a,s}-\overline{R_a}\right)\left(R_{u,s}-\overline{R_u}\right)}{\sqrt{\sum_{s\in S_{au}}(R_{a,s}-\overline{R_a})^2\sum_{s\in S_{au}}(R_{u,s}-\overline{R_u})^2}} \tag{1-4}$$

S_{au} 表示是目标用户 a 与其他用户 u 共同给过评分的项目集合，即 $S_{au}=\left\{s\in S\middle|R_{a,s}\neq\varphi \,\&\, R_{u,s}\neq\varphi\right\}$。

余弦相似度把用户 a 与 u 看作项目空间上的向量。如果用户对某个项目没有评分，则将此评分假设为 0。通过计算两个向量之间的夹角余弦来度量两个用户之间的相似度，计算公式如下：

$$sim(a,u)=\cos(\vec{a},\vec{u})=\frac{\vec{a}\cdot\vec{u}}{\vec{a}_2\times\vec{u}_2}=\frac{\sum_{s\in S_{au}}R_{a,s}R_{u,s}}{\sqrt{\sum_{s\in S_{au}}R_{a,s}^{2}}\sqrt{\sum_{s\in S_{au}}R_{u,s}^{2}}} \tag{1-5}$$

同样地，S_{au} 表示是目标用户 a 与其他用户 u 共同给过评分的项目集合，$S_{au}=\left\{s\in S\middle|R_{a,s}\neq\varphi \,\&\, R_{u,s}\neq\varphi\right\}$。

③ 产生预测结果。

基于用户的启发式协同过滤技术通过分析目标用户的最近邻用户的评分来预测目标用户的评分，即目标用户 a 对项目 i 的未知评分 $P_{a,i}$ 是目标用户的最近邻用户对项目 i 的评分的一个整合，其计算公式可以抽象为：

$$P_{a,i}=\underset{u\in\hat{C}}{\mathrm{arrg}}\,R_{u,i} \tag{1-6}$$

其中 $\hat{C}$ 是与目标用户 a 最相似的 N 个用户的集合。N 的值一般由推荐系统预先指定。具体的整合计算公式主要有三个：

$$P_{a,i}=\frac{1}{N}\sum_{u\in\hat{C}}R_{u,i} \tag{1-7}$$

$$P_{a,i}=k\sum_{u\in\hat{C}}sim(a,u)\times R_{u,i} \tag{1-8}$$

$$P_{a,i}=\bar{R}_a+k\sum_{u\in\hat{C}}sim(a,u)\times(R_{u,i}-\bar{R}_u) \tag{1-9}$$

其中，$k=1/\sum_{u\in\hat{C}}|sim(a,u)|$，用户 u 的平均评分 $\bar{R}_u=(1/|S_u|)\sum_{s\in S_u}R_{u,s}$，其中 S_u 是用户 u 进行了评分的项目的集合，即 $S_u=\{s\in S|R_{u,s}\neq\varphi\}$。

在最简单的应用中，整合公式只是简单地把相似用户的评分进行平均，即采用公式（1-7）。但是，用得最广泛的是把相似用户的评分进行加权计算，主要采用公式（1-8）和公式（1-9）。在公式（1-8）和公式（1-9）中，相似用户评分的权重就是相似用户 u 与目标用户 a 的相似度 $sim(a,u)$。公式（1-8）中虽然使用了用户之间的相似度作为权重，但是并没有考虑在使用评分制度（五分制、七分制）进行评分时，用户是存在个体差异的。例如，在使用五分制评分时，用户 A 与用户 B 都比较喜欢某个项目（可以假设他们对该项目的喜爱程度是一样的），但是用户 A 比较保守，给的评分是 4，而用户 B 比较激进，给的评分是 5。使用公式（1-9）可以解决这个问题，公式（1-9）并没有直接使用用户 u 对项目 i 的评分 $R_{u,i}$，而是使用 $R_{u,i}$ 与用户 u 所有评分的平均值之间的差 $(R_{u,i}-\bar{R}_u)$ 来计算的。所以，相比公式（1-8），公式（1-9）更加科学。

根据公式（1-4）或者公式（1-5）计算出各用户 u 与目标用户 a 之间的相似度之后，可以根据相似度的值得到目标用户 a 的最近邻。相似度的值越大，用户 u 与用户 a 越相似。然后，把最近邻与用户 a 的相似度的值作为权重，把最近邻对项目 i 的评分进行加权整合得到用户 a 对项目 i 的评分。本书采用公式（1-9）来预测用户 a 对项目 i 的评分。

（3）基于项目（Item-based）的方法。

基于项目的方法的依据是“用户感兴趣的项目应该是相似的”。基于项目的方法首先在用户-项目评分矩阵中计算各项目之间的相似度，找到各项目的“最近邻”，然后根据目标用户 a 对这些“最近邻”的评分数据整合计算出目标用户 a 对各项目的评分。所以，基于项目的方法的关键是找到各项目的“最近邻”。

与基于用户的方法类似，基于项目的方法的流程也是分为三步。

① 构建用户-项目评分矩阵。

这一步骤，和基于用户的方法一样，需要建立用户×项目评分矩阵，在前面整体讲述启发式技术中已经分析，这里就不再赘述。

② 计算项目相似度。

基于项目的方法的关键是找到与目标项目 i 相似的“最近邻”。“最近邻”是通过计算其他项目(如项目 j)与项目 i 之间的相似度而得到的，相似度的值越大，则项目 j 与项目 i 就越相似，那么在预测的公式中，项目 j 的评分的权重值就越大。

同样也可以采用相关相似度算法与余弦相似度算法来计算项目之间的相似度。

相关相似度算法如下：

$$sim(i,j)=\frac{\sum_{u\in U}\left(R_{u,i}-\overline{R_i}\right)\left(R_{u,j}-\overline{R_j}\right)}{\sqrt{\sum_{u\in U}(R_{u,i}-\overline{R_i})^2}\sqrt{\sum_{u\in U}(R_{u,j}-\overline{R_j})^2}} \tag{1-10}$$

余弦相似度算法把项目看作用户空间上的向量，通过计算两个向量之间的夹角余弦来度量两个项目之间的相似性，计算公式如下：

$$sim(i,j)=\cos(\vec{i},\vec{j})=\frac{\vec{i}\cdot\vec{j}}{\vec{i}_2*\vec{j}_2}=\frac{\sum_{u\in U}R_{u,i}R_{u,j}}{\sqrt{\sum_{u\in U}R_{u,i}^2}\sqrt{\sum_{u\in U}R_{u,j}^2}} \tag{1-11}$$

以上两个相似度计算公式中，U 表示对项目 i 与项目 j 都进行过评分的用户集合，即 $U=\left\{u\in U\middle|R_{u,i}\neq\varphi\,\&\,R_{u,j}\neq\varphi\right\}$

③ 产生预测结果。

基于项目的方法采用以下公式预测目标用户对目标项目的评分：

$$P_{a,i}=k\sum_{j=1}^{N}sim(i,j)\times R_{a,j} \tag{1-12}$$

其中，$k=1/\sum_{j\in\hat{J}}\left|sim(i,j)\right|$，其中 $\hat{J}$ 是与目标项目 i 最相似的 N 个项目的集合，N 的值一般由推荐系统预先指定。

2. 基于模型的方法（model-based）

启发式算法是在整个评分数据集中进行搜索，而评分数据集的用户越来越多、项目也越来越多的时候，协同过滤系统的可扩展性就变得越来越差。一个解决的办法就是基于模型的方法。基于模型的方法是利用评分数据集中的历史信息，构建可以用来产生预测的偏好模型。

（1）基于 Bayesian 网络的方法。

Breese 等最早在协同过滤算法中利用 Bayesian 网络进行预测（1998）。原理如下：

目标用户 a 对某一项目 i 的预测评分由以下公式计算：

$$E(a,i)=\sum_{y=1}^{m}P\left(R_{a,i}=y\middle|A\right)\times y \tag{1-13}$$

其中 $P(R_{a,i}=y|A)$ 表示在给定的评分矩阵 A 的情况下，目标用户 a 对项目 i 的评分为 y 的概率。因此，如何确定这一条件概率的值是计算的重点。一般的做法分为以下几步：①首先分析用户-项目评分矩阵，将用户分为 C 类；②然后再分析各类的评分数据，估计出每类对项目 i 的评分分布概率 $P(R_{c,i}=y|C)$；③最后分析目标用户 a 的历史评分信息，计算出目标用户 a 属于某一类的概率 $P(a\in C|R_{a,i}\in Y_a)$；④结合以上两个概率，可以得到上面预测评分公式中的条件概率 $P(R_{a,i}=y|A)$，最终得到目标用户 a 对项目 i 的预测评分。

基于 Bayesian 网络的模型方法，是从概率的角度优化协同过滤方法。决策树模型法、线性分类模型方法等的原理与基于 Bayesian 网络的模型方法的原理大体相同，这里就不赘述了。

（2）基于聚类的模型。

另外一种普遍使用的基于模型的协同过滤方法是基于聚类的协同过滤方法。可以采用多种聚类的方法，如模糊聚类、自组织映射（Self Organization Maps，SOM）聚类等。按照聚类的对象分，基于聚类的协同过滤方法可以分为基于项目聚类的协同过滤方法、基于用户聚类的协同过滤方法以及基于项目与用户聚类的混合协同过滤方法。以基于用户聚类的协同过滤方法为例来分析基于聚类的协同过滤方法的原理如下：

首先根据一定的方法，把用户群通过聚类分成$C\left(c\in 1\sim n\right)$类，综合计算出每一类用户的评分，把每类用户表示为$C_i\left(R_{i,1},R_{i,2},\cdots,R_{i,n}\right)$。然后结合目标用户$a$的评分数据与每类用户的评分数据$C_i\left(R_{i,1},R_{i,2},\cdots,R_{i,n}\right)$，通过相似度如 Pearson 相关相似度计算方法，计算出目标用户最相似于哪一类，即求出$\max\left(sim\left(a,C_i\right)\right)$。然后在目标用户最相似的这一类中，再利用相似度计算方法计算目标用户a与这一类中各用户的相似度的值，找到在这一类中与目标用户a最相似的N个用户作为目标用户a的最近邻，最后根据最近邻的评价值，求出预测评分。

同启发式协同过滤方法相比，基于聚类的协同过滤方法多了一个分类的步骤。对于基于用户聚类的协同过滤方法而言，这个分类是指先判断用户属于哪一个类别，然后再根据类别内的用户的评分产生推荐。对于基于项目聚类的协同过滤方法而言，这个分类是指先判断项目属于哪一个类别，然后再根据类别内的项目的评分产生推荐。

协同过滤的优势在于对推荐对象没有特殊要求，能处理图像、音乐等难以结构化表示的对象，但它也存在冷启动（cold-start）、稀疏数据（sparsity）和可扩展性（scalability）等方面的问题（Adomavicius et al.，2005a）。

1.2.1.2 基于内容（content-based）的推荐

基于内容的推荐方法根据项目的内容特征和用户偏好之间的相关性向用户推荐信息。在基于内容的推荐系统中，项目i对用户u的效用值$F\left(u,i\right)$是在与项目i相似的项目j对用户u的效用值$F\left(u,j\right)$的基础上计算出来的。例如，在电影推荐系统中，为了向用户u推荐电影，基于内容的推荐系统首先了解用户u以前评分很高的电影之间的共同之处（如导演、演员、电影类别、主题等）。然后，基于内容的推荐系统只推荐那些与用户以前爱好很相似的电影。基于内容的推荐依据“同一用户感兴趣的项目彼此相似”的基本假设。它以目标用户对项目的历史评分为指导进行分类学习，获取与高评分项目内容特征相似的项目作为推荐对象（Pazzani et al.，2007）。由于此类推荐技术需要对项目的内容进行结构化描述，因此应用推荐的对象比较有限，主要为网页、文献、新闻组和博客等文本信息，且通常用关键词作为描述文本内容的特征向量。如 Balabanovic

（1997）等研制的Fab网页推荐系统，用网页中最重要的100个关键词来表征网页。其他具有代表性的系统有：Syskill & Webert Web网站推荐系统（Pazzani et al.，1996）、Libra书籍推荐系统（Mooney et al.，2000）、NewsDude新闻过滤系统（Billsus et al.，2000）等。

假设某文本型项目i总共有n个关键字，关键字k_s在项目中的重要性由权重w_{si}来表示。有多种方法可以确定w_{si}的值，采用的为词频-逆文本频度（term frequency-inverse document frequency，TF-IDF）方法。假设待推荐的项目是N个文本型项目，关键字k_s在n_s个项目中出现，f_{si}是关键字k_s在项目i中出现的次数，则关键字k_s在项目i中的词频的计算方法为：

$$TF_{si}=\frac{f_{si}}{\max_z f_{zi}} \tag{1-14}$$

其中，$\max_z f_{zi}$指在项目i中出现过的所有的关键字k_z出现次数的最大值。

然而，在不同项目中出现相同的关键字并不意味着这些项目一定很相关或者不相关。因此。一般，基于内容的推荐系统联合IDF与TF来共同分析项目的相关性。关键字k_s的IDF_s的计算方法为：

$$IDF_s=\log\frac{N}{n_s} \tag{1-15}$$

则，关键字k_s在项目中i的TF-IDF权重为：

$$w_{si}=TF_{si}\times IDF_s \tag{1-16}$$

因此，项目i可以定义成一组权值向量：

$$Content(i)=(w_{1i},w_{2i},\cdots,w_{si},\cdots,w_{ni}) \tag{1-17}$$

其中，w_{si}表示关键字k_s在项目i中的TF-IDF权重。

基于内容的推荐系统向用户推荐那些与用户过去喜爱的项目相似的项目，多个候选项目通过与用户以前评分过的项目进行比较，与之最相符的项目将会得到推荐。用户文档（profile）包含有关用户爱好、用户品位、用户需求等重要信息。用户文档可以直接从用户处进行分析获得，如通过一些问卷调查；也可以间接从用户的交易行为中获得。这里用$\text{ContentBasedProfile}(u)$来表示基于内容的用户文档。通过使用信息检索领域的关键字分析工具了解用户以前评分过的项目的内容特征，可以得到此模型。例如，$\text{ContentBasedProfile}(u)$可以定义为一组权值向量：

$$\text{ContentBasedProfile}(u)=(w_{1u},w_{2u},\cdots w_{su},\cdots,w_{nu}) \tag{1-18}$$

其中，w_{su}表示关键字k_s对于用户u的重要性（权重），可以通过一些方法机器学习的方法获得。

在基于内容的推荐系统中，项目对用户的效用值可以用如下公式表示：

$$F(u,i)=F(\text{ContentBasedProfile}(u),\text{Content}(i)) \tag{1-19}$$

如前所述，基于内容的用户文档$\text{ContentBasedProfile}(u)$以及项目文档$\text{Content}(i)$可以用权值向量来表示，这里分别用权值向量$w_u$、$w_i$来代表用户文档与项目文档，可以通过比较权值向量的相似性来比较用户文档与项目文档在内容上的相似性。而向量的相似性可以通过计算向量之间的夹角大小来比较，夹角越小（余弦值越大），相似性越大。所以，这里使用向量夹角的余弦值来计算项目给用户带来的效用值（即项目文档与用户文档的相似度）。计算公式如下：

$$F\left(u,i\right)=\cos(w_u,w_i)=\frac{w_u\cdot w_i}{w_{u2}\times w_{i2}}=\frac{\sum_{k=1}^{m}w_{k,u}w_{k,i}}{\sqrt{\sum_{k=1}^{m}w_{k,u}^2}\sqrt{\sum_{k=1}^{m}w_{k,i}^2}} \tag{1-20}$$

其中，m 是用户文档与项目文档中共同包含的关键字的数目。通过该公式，可以计算出每个项目对目标用户的效用值，然后根据效用值的大小向用户推荐效用值最大（或者效用值排前几位）的项目。

基于内容的推荐也具有冷启动问题，此外还有“过度专门化”（over-specialization）问题（Adomavicius et al.，2005）。

1.2.1.3 基于知识（knowledge-based）的推荐

基于知识的推荐主要是利用知识推理技术推导出用户对项目的兴趣与偏好。它不需要用户对项目的评分数据，而是基于描述项目如何满足用户需求的功能性知识。案例式推理（case-based reason）是此类推荐机制的代表，该类系统在案例库中检索历史推荐实例，用相似的方案解决新的推荐问题（Bridge et al.，2005），如 Entree 餐馆推荐系统（Burke et al.，1996；Burke et al.，1997）、Wasabi 在线商品推荐系统（Burke，1999）、WEBSELL 电子商务推荐系统（Schmitt & Bergmann，1999）等。此外，Bhargava 等（1999）、Towle 等（2000）、Chun 等（2001）利用各种知识结构支持推荐过程。由于不依赖用户评分，基于知识的推荐避免了冷启动和数据稀疏等问题，但需要比较复杂的知识工程方法来获取推理所需的知识。

1.2.1.4 混合（hybrid）推荐

鉴于上述推荐机制各有优缺点，许多研究者尝试将它们进行组合，实现混合推荐策略。如 Claypool 等（1999）混合协同过滤和基于内容的推荐，构建了 P-Tango 报纸推荐系统，Tran 等（2000）混合协同过滤与基于知识的推荐，并应用于电子商务产品推荐。此外，Burke 等（2007）总结了组合不同推荐机制的 7 种方式：加权式（weighted）、转换式（switching）、合并式（Mixed）、特征组合式（Feature combination）、瀑布式（Cascade）、特征递增式（Feature augmentation）和元层次式（Meta-level）。这些研究表明，混合推荐可以从一定程度上实现各种推荐机制的互补，使推荐结果具有更高的准确性，但某些推荐机制中的共性问题仍然无法有效解决。

1.2.2 移动信息推荐和 O2O 信息推荐机制

信息推荐系统在基于 Web 的网络环境中获得了成功的应用，但普适计算（pervasive

computing）技术的发展为它带来新的机遇和挑战。普适计算的目的是建立一个充满计算和通信能力的环境，使环境中的人们能够在任何时间、任何地点，以任何方式进行信息的获取与处理。目前，随着移动终端设备和无线互联网络的普及，普适计算环境已初步形成。这也使得实时、移动的信息推荐服务成为可能。移动信息推荐成为近年来的研究热点。其中，除了将针对传统线上对象的信息推荐移植到移动终端上，如 Park 等（2006）设计的频道推荐系统、PTV 电视节目推荐系统（Smyth et al.，2000，2001）、Daily Learner 实时新闻推荐系统（Billsus et al.，2007）等之外，越来越多的移动推荐研究开始针对生活服务和现实对象。受益于移动终端设备的便携性，移动信息推荐能够较好地与用户的现实行为相关联，从而提供更多线下推荐服务，推荐对象的范围更大，形成适用于 O2O 业务环境的信息推荐应用成果，例如 George Square 城市导航系统（Brown et al.，2005）、UbiquiTO 旅行者指导系统（Cena et al.，2006）、Dunlop 等（2007）设计的滑雪路线推荐系统、Tumas 等（2009）设计的个性化城市交通路线推荐系统、Yap 等（2005，2006，2007）设计的餐馆推荐系统、Bader 等（2011）设计的加油站推荐系统等。

情境上下文敏感的推荐机制也一直是移动信息推荐和 O2O 信息推荐研究者关注的重点。上述的推荐系统中或多或少利用情境上下文信息进行了优化。研究者普遍认为：情境上下文信息是普适计算环境下产生精准推荐结果的关键信息（Adomavicius et al.，2005），情境上下文的变化是影响用户兴趣与需求的决定性因素（Abowd et al.，1997；Chen et al.，2000；Dey，2001；Dourish，2004）。为此，各研究者从不同侧面探索了推荐机制中情境上下文的应用理论和方法，包括推荐过程中的情境上下文因素识别（Ricci et al.，2010）、情境上下文信息的感知和获取（Verbert et al.，2012）、情境上下文的建模（Adomavicius et al.，2011）、情境上下文在推荐中的应用算法（Adomavicius，2005b；Yap，2007）等。正如 Champiri 等（2015）所指出的，情境上下文敏感的推荐方法已成为信息推荐的重要研究范式。

1.2.3 O2O 信息推荐研究现状评述

尽管研究成果较为丰富，但 O2O 信息推荐中的一些关键问题至今尚未获得有效解决。首先，缺乏完善的情境信息获取机制。Adomavicius 和 Tuzhilin（2011）曾多次指出，推荐过程所涉及的情境信息内容非常丰富，具有多重维度和侧面。情境上下文信息获取通常有两种途径：隐式的物理感知和显式的人机交互。在目前的移动应用设备中，只有 GPS、RFID 等少数几类物理传感技术比较成熟，所能感知的情境上下文维度往往限于位置、时间、温度等，而伴侣、情绪、行动、感受等其他重要维度的信息则较难直接获得。人机交互方式虽然可以作为物理感知方式的补充，但受到移动设备交互条件的限制，且容易增加用户的负担。目前尚缺乏专门的研究探讨如何设计实现有效的人机交互机制，引导用户通过移动设备提供较为完善的情境上下文信息。情境上下文信息的缺乏将导致情境模型不完整，进而影响推荐质量。其次，缺乏面向推荐应用的情境上下文的语义解析和建模机制。原始情境信息属于低层情境，往往存在不一致、不完整等问题，不能被推荐系统直接理解和使用，必须对其进行有效的语义解析和建模，同时检查一致性、消除矛盾、填补空缺，并进行复杂场景的推导，最终表示为形式化的知识结构。在目前已实现的 O2O 推荐系统中，极少见到从低层情境信息向高层情境语义的有效转化机制。而在情境上下文建模方面，目前推荐系统中最著名的情境上下文模型是 Adomavicius 等（2005）提出的多维评分模型，它将情境内容以维度的形式融入经典的“用户-项目”二维评分集中，使传统的基于评分的推荐计算得以情境化。但是，多维评分模型也只能按简单类别提供情境信息，不能反映情境上下文的含义和关联。此外，虽然有如 Strang 等（2004）归纳的六种情境上下文建模方法，Krummenacher（2007a）指出的情境上下文建模标准等，但专门针对信息推荐研究情境上下文建模理论和方法的成果并不多见。事实上，在 O2O 信息推荐中，情境上下文模型是用户和现实对象之间交互场景的记录，是深入理解用户行为和兴趣需求的基础。可以说，情境上下文的解析和建模是真正实现情境化实时移动推荐的关键。最后，缺乏实时高效的情境化推荐计算机制。在 O2O 推荐中，正确的推荐依赖于正确地建立当前情境上下文与用户实时需求的相关性计算模型。大部分研究者认为情境化推荐计算应被分为三类（Adomavicius & Tuzhilin，2011）：情境预过滤（contextual pre-filtering）、情境后过滤（contextual post-filtering）和情境化建模（contextual modeling）。其中，情境预过滤和情境后过滤只是利用情境信息对传统推荐计算进行了调整和优化，只有情境化建模是将情境上下文内容直接融入启发式推荐预测模型中（如概率模型、回归模型、决策树等），实现真正的情境化推荐计算。由于情境上下文与预测模型结合计算的难度较大，目前大部分推荐系统仍只是通过经验判断和简单计算来预测情境上下文对用户兴趣的影响，缺乏对两者相关性的深入挖掘，尤其缺乏情境上下文语义与预测模型的融合。此外，移动网络环境对推荐的时效性提出了较高的要求，必须能针对用户当前情境上下文即时提供推荐结果，在现有的 O2O 推荐研究中，尚缺乏能够进行高效情境上下文语义计算、实时产生推荐结果的算法和方法。总之，要实现个性化 O2O 信息推荐，还需要在情境上下文的获取、表示和利用等各关键环节进行改进和优化。

1.3 研究的框架、内容和方法

1.3.1 研究框架

本书的研究旨在解决现有个性化 O2O 信息服务中情境上下文获取不完整、应用不充分等问题，探索更合理的情境上下文建模与利用方法，融合和发展多领域方法技术，深入探索 O2O 信息推荐中的情境上下文获取、表示、挖掘和应用等各关键环节的实现，最终构建更有效的情境上下文敏感的个性化 O2O 信息推荐机制。针对此研究目标，本书的研究采用如图 1-1 所示的框架。

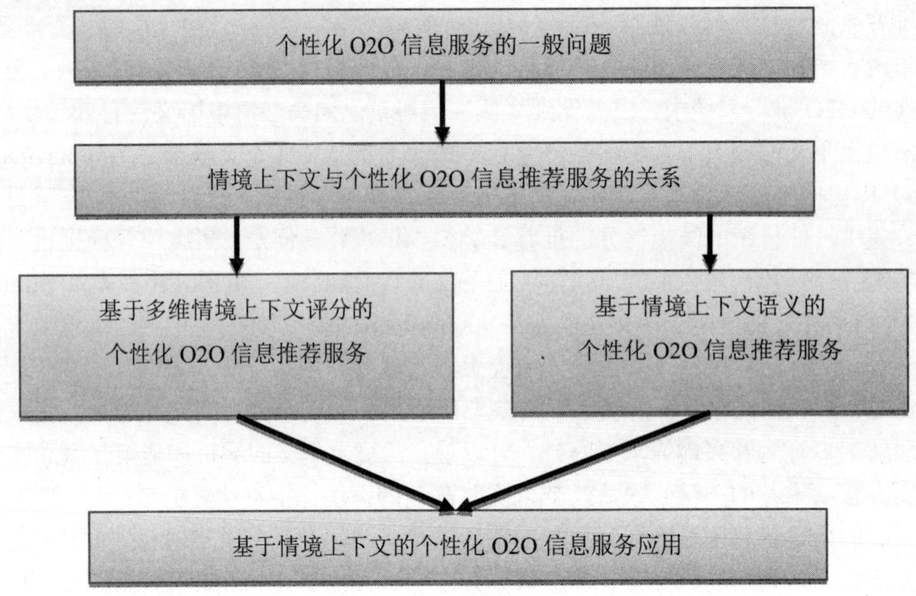

图 1-1 研究框架

1.3.2 研究内容

首先，本书将探索个性化 O2O 信息推荐服务的一般问题，分析移动平台的特点及其对信息服务的影响，并对个性化 O2O 信息推荐的研究问题进行定义，探讨移动网络环境下个性化 O2O 信息推荐服务与传统推荐服务的不同之处，研究其新特点、新要求和实现推荐的关键技术。

其次，在对基本问题研究的基础上，进一步分析情境上下文与个性化 O2O 信息推荐服务的相关关系，阐述 O2O 信息推荐的情境上下文敏感性，具体研究包括：在前人研究的基础上归纳总结情境上下文的定义和分类，探索情境上下文感知技术的实现、情境上下文敏感系统的结构和模型，着重分析情境上下文在个性化 O2O 信息推荐中的作用机理，探索面向 O2O 信息推荐的情境化用户模型的构建以及情境上下文敏感的 O2O 信息推荐系统的框架模型。

然后，针对“多维评分”和“语义本体”两种主要的情境上下文建模方法和基于相应模型的个性化 O2O 信息推荐机制进行深入研究。具体包括以下两个方面。

1. 基于多维情境上下文评分的个性化 O2O 信息推荐

以多维情境上下文评分为用户模型，研究个性化 O2O 信息推荐的实现机制。探讨多维推荐空间的概念，并研究基于多维评分的情境上下文建模方法。以多维情境上下文评分为基础设计多种情境上下文敏感的个性化信息推荐方法，包括预过滤推荐方法、后过滤推荐方法和情境化函数建模推荐方法等。综合建模方法和推荐方法设计基于多维评分的个性化 O2O 信息推荐系统。

2. 基于情境上下文语义的个性化 O2O 信息推荐

以情境上下文语义模型为用户模型，研究个性化 O2O 信息推荐的实现机制。探讨了基于本体的情境上下文语义的表示和建模方法，重点研究面向个性化 O2O 信息推荐的情境上下文本体模型的结构和实例化方法。为了满足情境上下文本体构建的复杂情境信息需求，研究设计基于 UGC 的情境上下文语义获取方法。在情境上下文本体模型的基础上，研究基于情境上下文语义推理的推荐方法。综合上述各方法设计基于情境上下文语义模型的个性化 O2O 信息推荐系统，探索其结构、功能和开发方法。

最后，以具体 O2O 业务为背景，构建情境上下文敏感的个性化 O2O 信息推荐服务应用，并评价其应用效果。具体包括：以电影 O2O 推荐为背景，构建基于多维情境上下文评分的推荐应用，通过手机 App 采集用户在不同情境上下文中的多维评分数据，计算电影推荐结果，评估和验证基于多维情境上下文评分的推荐方法和推荐机制的有效性；以餐饮 O2O 推荐为背景，构建基于情境上下文语义的推荐应用，通过手机 App 实现基于 UGC 的用户情境上下文获取和解析，构建情境语义本体模型，逐步生成语义推荐规则，并基于规则推理计算餐馆和食物的推荐结果，评估和验证基于情境上下文语义的推荐方法和推荐机制的效率与有效性。

1.3.3 研究方法

在研究过程中，针对不同的子问题采取了不同的研究方法和策略，质化和量化相结合，理论和实验相结合，保障了研究思路的执行。具体包括：

在研究前期采用调查法和文献研究法发现、整理、消化、吸收已有的情境上下文感知、本体及智能推荐系统相关成果，进一步掌握理论依据和研究动态。

在构建情境上下文用户模型的过程中，采用经验总结法、定性分析法和探索性研究法。借鉴前人对用户模型和情境上下文模型的研究，结合移动环境下的 O2O 用户特点和需求，设计适用于个性化 O2O 信息推荐服务的用户模型。

在研究情境上下文敏感的个性化 O2O 推荐方法的过程中，采用归纳演绎法、类比推理法和统计分析法等，研制推荐算法。

在研究个性化 O2O 信息推荐服务应用的过程中，采用系统原型实验法，开发构建推荐应用原型系统，模拟运行并进行评价。

第二章　个性化 O2O 信息推荐服务概述

2.1　移动网络环境下的信息服务

随着下一代网络技术的飞速发展，移动通信网络在与计算机网络逐渐融合的过程中，对互联网信息服务进行延伸，为用户提供了比传统通信业务更加丰富多彩（在内容、价格、功能特性、服务质量等方面）的移动互联网服务和信息内容。

智能移动设备日益普及，信息资源的获取和推送可以发生在“任何时间、任何地点、以任何方式”，为用户提供无处不在的信息内容已经成为可能，越来越多的人开始频繁使用智能移动设备，设备的功能随着无线通信技术（如 Wi-Fi、GPRS/UMTS、4G）、位置探测技术（如 RFID、Wi-Fi、GPS）的成熟而增强，智能移动设备逐渐成为人们获取信息的主要平台之一。根据中国互联网络信息中心（CNNIC）的统计数据，截至 2020 年 12 月，中国手机网民规模达 9.86 亿，较 2020 年 3 月增加 8885 万，网民使用手机上网的比例达 99.7%，较 2020 年 3 月提升 0.4 个百分点。①

传统的信息服务大部分面向的是基于 PC 的 Web 平台，如果直接将其迁移到移动平台，可能会忽略移动平台的专有特性而不能达到预期效果。移动平台的主要特性包括：

1. 应用环境的不透明性

移动平台的状态受到移动设备、无线网络、外部环境、移动用户等诸多因素的影响，其不确定性高，变化快。

2. 位置相关性

移动平台通过 GPS 等技术可以非常方便、快速地对移动终端用户进行定位，同时

① 中国互联网络信息中心（CNNIC）：第 47 次《中国互联网络发展状况统计报告》（http://ww.cnnic.cn/hlwfzyj/hlwxzbg）。

由于移动终端设备（如智能手机等）一般是被客户个人所用，因而个人信息可以被内置在唯一的移动终端设备中，有利于收集、分辨和处理用户的身份信息。

对移动网络环境中的用户标识和定位是移动信息服务区别于传统信息服务的一个重要特征。利用位置相关性的特点，用户和信息服务系统之间的交互可以达到高度的个性化，从而有利于满足用户对信息服务的差异化需求，实现一些在传统 Web 网络中无法实现的应用。

3. 普遍性

移动平台具备在任何地点、任何时间将信息和服务传递给用户的能力。通过无处不在的移动通信网络，移动终端设备可以在任何地点的任何时间接入网络。虽然互联网也有同样的特点，但是移动通信技术将这种优点发挥得更加彻底，真正实现了用户不再局限于某个固定的时间、某个固定的地点来与其他用户或者信息系统进行通信，只要在移动网络覆盖的区域就可以随时随地访问信息服务。

4. 紧急性

移动平台对于紧急事件的处理有独特的优势，其主要原因在于紧急事件的突发性，导致紧急事件的时间和地点都存在较大的不确定性。而移动终端随身携带的特点，为紧急事件的处理带来了很大的方便性。一般而言，越是紧急的事件，就越能够体现移动平台的优势。

移动平台的特性对理解用户行为的作用是显著的。为了使移动信息系统为用户提供更好的体验和服务，需要融合移动平台所具有的特性。

然而，移动互联网服务和信息内容的日益增长正逐渐超出人们所能接受的范围，加之移动设备的界面显示、终端处理、输入/输出等能力有限，为移动用户带来沉重的“移动信息过载”问题，导致移动网络资源利用率和用户体验受到严重影响。因此，移动应用不仅需要向用户提供丰富的信息，还需要提供一定的自动筛选功能，以帮助用户获取合适信息，个性化移动信息推荐服务应运而生。移动推荐服务根据移动平台的特性，结合信息过滤技术、决策支持技术来解决移动信息过载问题，根据移动用户的行为和偏好，针对不同用户的需求进行个性化推荐，从而将合适的信息内容以适应移动环境的形式展示给不同用户。

2.2　个性化 O2O 信息推荐服务的特点

个性化 O2O 信息推荐是移动信息推荐的一个分支，也是在移动互联网环境下对传统信息推荐的应用延伸。它将推荐技术应用于 O2O 业务环境，利用线上和线下的双向信息流动，并结合移动平台的特性，实时对用户在现实生活场景所需的线下对象或服务进行主动推荐。

个性化 O2O 信息推荐与传统信息推荐的差别主要体现在网络、设备、用户、推荐对象等几个方面。

1. 网络

传统信息推荐主要应用在有线宽带网环境，而 O2O 信息推荐主要应用在无线宽带或移动网络环境。表 2-1 对两者的差别进行了阐述。

表 2-1 传统信息推荐与 O2O 信息推荐在网络方面的区别

	传统信息推荐	O2O 信息推荐
接入方式	有线接入（电话线、以太网、光纤等方式）	接收无线基站的无线信号
带宽峰值	可达到 1Gbps	百兆级 bps
使用区域	有线网能接入的区域	无线基站覆盖范围

从表 2-1 可以看出，传统信息推荐的优势在于网络传输的速率和稳定性；而 O2O 信息推荐的优势则在于网络接入的便捷性。移动互联网的用户能在任何时间任何位置访问应用系统，O2O 信息推荐通过移动网络进一步拉近了现实世界和虚拟网络世界的距离，使得满足个性化需求的信息可以随时随地推送给用户。同时 O2O 信息推荐可以获取更加真实可靠的移动用户标识，准确快速地感知用户环境变化，并给出更精准的推荐结果的能力。

2. 设备

传统设备主要是个人计算机，包括台式机和笔记本电脑，移动设备主要为智能手机或平板电脑。这两类设备在显示器、CPU 和内存等方面都存在明显差异。表 2-2 以智能手机和笔记本电脑为例，对这两类设备的不同特性进行了分类总结。

表 2-2 传统信息推荐与个性化 O2O 信息推荐在网络方面的区别

	传统信息推荐（笔记本电脑）	个性化 O2O 信息推荐（智能手机）
显示器	大小：12～15 英寸 分辨率：1024×768 ～1920×1200	大小：2.8～10 英寸 分辨率：240×320～2560×160
CPU	架构：X86，X64 寻址能力：4 GB 以上	架构：ARM 寻址能力：最多 64 KB
内存	4 GB 以上	512 MB～4 GB

通过表 2-2，可以看出计算机发展的两个方向：海量存储高性能和低功耗微型化。这两种完全相反的发展趋势也对信息推荐的研究带来了新的挑战。移动设备的界面大

小、输入输出、处理能力等都与普通桌面计算机不同，能呈现的内容也十分有限。因此个性化 O2O 信息推荐需要有更方便快捷的流程以及更加易用的交互设计，为移动用户提供更好的用户体验。

3. 用户

很显然，传统信息推荐的用户与个性化 O2O 信息推荐的用户必定是重叠的，不能说某类传统信息推荐用户绝对不会是个性化 O2O 信息推荐用户。但与传统信息推荐相比，个性化 O2O 信息推荐的用户特征更明显，主要体现在以下两方面。

（1）个人属性。

设备私有化：移动设备属于私人用品，个人信息更固定、更准确；

位置具体化：大部分移动设备拥有 GPS 定位功能，能够提供精准的位置信息，保障基于位置推荐的准确性，而 O2O 用户对推荐内容的位置也往往具有明确要求。如果能很好地满足位置性，O2O 用户会更易于接受推荐。为了体现用户的位置性，个性化 O2O 信息推荐需要适时保存用户位置信息，同时还需要充分利用移动设备的计算能力。

（2）社交属性。

手机通讯录：通过用户授权获取手机通讯录信息，从而得知用户的私人社交圈，并实现基于“熟人”的推荐，可信度更高；

第三方社交账号登录：相较于传统信息推荐，个性化 O2O 信息推荐因为设备私有化的优势，能更方便地通过第三方社交账号（如微信、QQ、微博等）登录，获取用户第三方社交信息，实现精准化推荐。

与传统的互联网社会化网络相比，O2O 用户的交互行为（如通信行为、移动社交等）更加活跃，更有利于构建真实、可靠的移动社会化网络；各种虚拟社会网络圈（如家人圈、朋友圈、同学圈、同事圈、兴趣组等）为用户偏好的预测和 O2O 信息的准确推荐提供了便利条件，通过综合考虑用户行为、情境上下文信息和社会化网络等多源信息，可进一步提高信息推荐的精确度。

4. 推荐对象

传统信息推荐的对象主要为线上数字服务或电商产品，它们与用户所处的现实环境没有直接关系，而个性化 O2O 信息推荐的对象主要为线下难以被直接电商化的服务与产品，且往往与用户当前所处的环境与位置密切相关。因此传统信息推荐只需要关注用户相对稳定的兴趣与需求，个性化 O2O 信息推荐则需要关注用户随情境上下文变化而动态改变的需求。

总之，O2O 业务环境比传统互联网业务环境更加复杂、融合、协作和泛在，个性化 O2O 信息推荐具有移动化、便携化、情境化、社交化等特点。因此只有在更加充分、准确地获取和预测 O2O 用户在现实场景中的需求偏好后，才能产生精准推荐结果。

2.3 个性化O2O信息推荐的关键技术

正如学者项亮在其著作《推荐系统实践》(2012)中所讲，当前推荐算法百家争鸣，推荐系统的应用也是百花齐放。但总体来讲，几乎所有的推荐机制都围绕前台交互、后台存储和推荐计算三个核心模块而实现。而个性化O2O信息推荐也不例外，但它除沿用一些传统推荐技术外，还具备与移动环境相关的独特的关键技术点。

2.3.1 前台交互技术

前台交互技术在移动信息推荐和个性化O2O信息推荐中起到很重要的作用。通过交互，移动终端既要获取用户偏好、感知用户环境，同时也要向用户展示推荐结果、推荐原因（解释机制）等前端信息，保障展示信息的可读性与可信性，并获取用户对推荐结果的反馈。好的交互技术能帮助用户更好地理解推荐内容，同时能巧妙地诱导出用户的偏好。好的交互技术也能减少用户获取目标信息的代价并提升用户偏好模型的精确性。

1. 基于移动终端的交互设计

（1）基于评价的交互设计。当推荐系统需要用户在物品上显示偏好时，评价是一个有效的推荐技术。一个评价可能反映了不满意的倾向，或是显示出产品功能对用户的重要性。用户评价会被推荐系统处理为用户对产品属性的偏好，并用来创建查询和检索推荐。在基于评价的交互设计中，用户很少需要输入精确的搜索语句，取而代之的是进行一段推荐系统和用户评论的交错对话。基于评价的交互设计能够使得系统更好地理解用户需要，以此提高推荐效果。

基于评价的交互设计非常适合O2O场景。这是因为：①评价是用户精确叙述的，因此比不精确的偏好更可靠（不精确的偏好是指用户行为挖掘、用户评分等）。②评价与评分相比代价低。一个针对推荐产品的评价可以通过几个点击完成。③与索要精确偏好相比，要求用户评价一个真实产品更易于让用户接受。系统的推荐内容会给用户带来一些直接的利益，可以激励用户通过评价回馈更多的偏好。

（2）基于偏好的交互设计。在基于偏好的交互设计中，用户偏好是用户对所有信息特性的倾向，例如，Kim等（2004）设计的基于偏好的移动用户壁纸推荐系统Viscors。它使用混合推荐方法，包括协同过滤和内容过滤。协同过滤模块产生初始推荐列表，内容过滤模块使用用户输入的搜索关键字为当前展示的壁纸评分。用户在浏览列表之后可能会选择壁纸、购买壁纸、使用壁纸搜索相似壁纸或是返回推荐列表。如果用户使用壁纸作为查询内容，内容过滤模块便会计算当前壁纸像与数据库中其他壁纸的相似度，并生成相似壁纸的列表。协同过滤模块根据用户对壁纸的操作更新偏好信息，使用新的偏

好信息修改查询语句并更新距离函数。

（3）查询重写。主流的推荐系统通常会帮助用户重写失败的查询语句。当用户的查询条件过于严格导致没有符合条件的物品时，较为宽松的查询条件会被推荐给用户。在O2O 信息推荐系统中，为了简化人机交互，由推荐系统自动生成放宽后的查询，并根据用户查询语句生成的一组约束向用户重新推荐。

推荐系统可以根据用户过去的选择放宽约束来修正失败的查询。例如，一个失败的查询中含有以下的内容：消费低于 20 元、提供中式快餐并禁止吸烟。如果系统记录了用户曾经消费 50 元，它会建议用户将约束放宽到 30 元以产生更多的推荐内容。

也可以采用其他方式来实现查询重写，如移除查询中不能实现的约束并将原来的查询转化成相似的查询。系统第一次使用查询时，推荐系统根据查询条件从已知的数据库中找到满足条件的项目内容。然后根据查询的相似度对查询结果进行排序。例如，消费预算如果限制在 10～20 元，系统会给平均消费 22 元的餐厅更高的评分而不是平均消费26 元的餐厅，因为前者更接近用户的查询要求（Tung，2004）。

2. 基于移动终端的界面设计

（1）地图界面。在 O2O 推荐系统工具中，地图是展示位置信息的一种主要方式。使用地图可以改善移动设备的位置信息显示问题。移动信息推荐系统通常把地图作为显示推荐信息的方式之一，提高了推荐的可用性。例如，Burigat 等（2005）设计的系统在地图上为城市观光者推荐兴趣点：系统根据查询的内容，补充用户的搜索条件，构建用户查询语句，根据用户的满意程度（满意度是指满足查询条件的个数）对地图项进行排序，构造推荐列表。不同的地图项对应到地图上的不同图标，每个图标增添了一个垂直的进度条，表示地图项匹配用户查询语句的程度。

（2）显示相似搜索。Church 等（2008）提出一种支持多维的、情境上下文感知的移动搜索机制，利用的情境上下文特性包括位置、时间、团体倾向等因素，设计了一套更适合移动用户需求的搜索过程。该机制继承了用户时间和空间方面的情境上下文信息，从兴趣相似的移动搜索者中挖掘偏好信息，向用户展示演化的搜索过程。用户可以浏览群体的搜索过程或个体的搜索过程，学习搜索结果然后构造自己的搜索。其主要创新是为具有相同使用环境的用户预先展示搜索信息，代替用户精确请求的搜索方式，为信息搜索提供了探索性的方法。

（3）推荐结果可视化。推荐结果可视化与搜索引擎显示检索结果的方式很相似，它可以解决小屏幕带来的显示问题，可以使移动设备显示尽可能多的信息。O2O 信息推荐中典型的方法是文本碎片，即关于推荐内容的简短描述。与搜索不同，使用排序列表的推荐系统会优先显示每个推荐内容的特征子集，帮助用户理解 O2O 推荐的价值。

Jones 等（2004）提出一种抽取查询相关的文本块来代替标准文本碎片的方法。查询相关的文本块是自动从结果页抽取的一系列关键词，这种方法更加经济地使用屏幕空，具有不低于长标题的有效性和信息性。

Church等（2006）则展示并评估了使用关键搜索结果代替结果碎片的方法。它选择过去特定结果对应的相关查询来构成更短的文本。该方法通过基于社区的个性化元搜索引擎（I-SPY）来进行数据收集，记录不同社区用户的查询语句和搜索结果。例如，查询“Java”的搜索结果包含链接“Java Sun Technology”，查询“Java”便会与查询“j2sdk1.5”和“Java Tutorials”相关联，共同说明链接“Java Sun Technology”的内容。相关查询能提示用户产生结果的其他情境，相关查询的信息性与文本碎片一致并能显著节省空间。

2.3.2 后台存储技术

与传统信息推荐类似，个性化O2O信息推荐的实现也依赖于用户的行为数据，且这些数据大多会被自动写入系统后台中。但用户的行为数据各式各样，如何存储这些数据就成了推荐系统需要解决的首要问题。

在考虑行为数据的存储方式之前，首先要明确行为数据的类型，以及该行为的用户类型、用户规模、用户代价和实时存取的必要性。

明确用户行为数据以后，接下来需要考虑的是数据的存储方式。目前主要有两种方式：基于数据库与缓存的实时存取、基于HDFS（Hadoop分布式文件系统）的非实时存取。

1. 实时存取

在个性化O2O信息推荐中，用户的分享、评论等行为是需要实时存取的，因为只要用户产生了这些行为，就需要在前端实时展示行为结果。对于这类数据需要保存在服务器数据库或缓存里，因为相较于HDFS，该方式读写速度更快，能够保证前端响应的及时性。

同时，作为推荐算法的部分数据源，这些需要实时响应的行为数据也需要被定期写进HDFS，为离线数据挖掘提供基础数据集。如果移动设备的存储空间足够大，也可以同时存储在本地SD卡中，进一步提高存取速度。但需要定期去清理这些存储内容，防止存储数据量过大导致SD容量被耗尽，进而引起卡顿、死机等问题。

2. 非实时存取

对于诸如浏览、搜索等行为，并不需要实时存取，可以直接写到HDFS中。

综上可知，对于有实时存取需求的用户行为，需要同时保存在服务器数据库与HDFS中。保存在服务器数据库可以提升前端响应速度，保存在HDFS是为了方便离线数据挖掘的实施。而对于没有实时存取需求的用户行为，只需要保存在HDFS中，成为离线数据挖掘的部分源数据。

2.3.3　推荐计算技术

个性化 O2O 信息推荐引擎的设计与传统信息推荐引擎的设计大体相同，主要区别在于个性化 O2O 信息推荐计算的前期数据处理过程更复杂，需要对用户位置信息、设备信息、环境信息等进行再过滤。此外，个性化 O2O 信息推荐主要为采用分布式计算的方式。

1. 丰富的情境上下文感知计算

个性化 O2O 信息推荐使用当前用户所处的情境上下文信息来加深对用户行为的理解。情境上下文信息可以是同伴、天气、温度、位置等数据。情境上下文感知计算正成为一个广阔的研究领域，并且越来越多地融入推荐系统中。

Ahn 等（2009）提出了一种结合情境上下文信息的协同过滤算法，使用的情境上下文信息包括用户和物品位置、推荐时间、用户需求类型等。推荐算法根据用户之间的余弦相似度、当前时间、用户位置、用户需求计算相似用户，进而在协同过滤中融入了情境上下文信息。在用户对购物地点的评分数据集上，文献中的推荐算法与其他协同过滤方法相比显示出了较好的效果。此外，Setten 等（2004）介绍了一个情境上下文感知的移动个性化助手 COMPASS 系统，该系统可以为观光者提供关于特定情境上下文的信息和服务。例如，一个对历史和建筑有兴趣的观光者会收到附近的建于 1890 年之前的纪念碑的信息。用户可以浏览一张电子地图，这张地图能指示他当前的位置、附近的建筑、同伴和与用户资料相关的对象。当用户移动、改变用户资料、改变目标时这个地图和显示的对象会进行更新。

结合情境上下文信息的推荐面临的主要问题是采集何种类型的情境数据和找到真正影响推荐过程的情境上下文因素。Adomavicius（2005）在搜索过程基于情境标记识别评分片段，这些片段在协同过滤中会被用来计算特定情境环境。文中的推荐算法在所有可能的片段中搜索能产生不同推荐结果的评分片段。而 Yap 等（2007）则使用另一种方法来处理相同问题——基于贝叶斯网络，它识别对于用户来说最重要的参数最小集，因此将情境上下文捕获的开销最小化。贝叶斯网络构建的过程迭代地忽略学习过程中与用户评分变量不相关的参数。为了处理丢失的或出错的情境数据，学习过程使用两层情境上下文模型捕获情境参数间的因果关系，并证明了贝叶斯学习产生的结果能替代预测过程中需要的情境数据。

2. 基于 P2P 的自治计算

传统的基于 Web 的信息推荐系统通常采用 C/S 架构的集中式计算模型。客户端通过连接到运行推荐系统的 Web 服务器获取推荐。C/S 系统架构的主要限制是服务器必须时刻保持运行和可访问状态。而 O2O 推荐除了继承了主流推荐的信息处理方式外，还要考虑移动网络环境中可能存在的离线状况和缺失的通信标准。因此个性化 O2O 信息推荐系统还需要分布式计算模型的支持，即用户之间进行自治的数据交换，采用小规模的算法完成推荐任务。

点对点（P2P）计算模型参照了分布式计算的架构。P2P 系统的功能通过分布式架构被完全散布到各个移动设备上。P2P 计算模型通常没有专用的集中式计算系统，它依靠于互联的对等点上的资源的自愿分布（计算能力、数据、网络状况）。P2P 系统提供了纯粹的分布式的通讯中间件，理论上具有无尽的存储、通信和处理能力，具有系统“便携”，更高的延展性、可靠性和健壮性，资源聚集和可操作性，增长的自治性，动态机制，高度的匿名性等特点。

P2P 体系结构提供了一个开发个性化 O2O 信息推荐系统的便捷平台，可以使系统更加便携和可靠。Miller 等（2004）阐述了为移动设备传递高质量推荐的重要性，甚至是在不能链接到互联网的时候，并强调 P2P 体系结构可以通过本地存储个人信息保护用户的隐私，分享用户信息也可以通过加密的方式。Sarwar 等（2001）设计的 PocketLens 统实现了一个 P2P 的协同过滤算法，它通过五个对等点构成的结构来寻找邻居。PocketLens 可以在设备链接到服务器时运行或是在相互链接的便携式设备上运行，并且可以产生与主流推荐算法生成的相媲美的推荐内容。PocketLens 中运行的推荐算法是物品到物品的协同过滤，用户评分数据是以一种基于 P2P 的分布式方式维护的，因此用户将自己的评分信息保存在移动设备上，当需要进行推荐时会使用 P2P 查找方法对相关的评分信息进行检索。

Schifanella 等（2008）提出了一种相似的方法，他们发现移动设备可能因为某些原因不能访问远程服务器（如无线网络失败等）。所以推荐系统应该在没有连接的情况下也能进行推荐。由于用户设备可以与其他用户的设备进行连接（通过热点网络），因此推荐算法可以使用用户社区的数据。为此他们设计了推荐系统 MobHinter，其推荐算法使用相似度图表示用户之间的关系，通过可配置的相似阈值控制图中用户点之间的连接，允许移动设备从热点网络中识别相似网络中的邻居，使用邻居信息增量地修正本地计算的预测值，这个过程不需要与远程的服务器进行交互或是访问互联网。推荐系统维护一个“邻居的邻居”列表，具体的原则是：如果 v 是用户 u 的最相似邻居中的一员，v 的邻居有可能也是 u 的相似邻居。描述邻居的数据是在移动设备上维护的。如果“邻居的邻居”中的成员在建立模型的过程中下线，它们将被较差质量的邻居代替。

第三章 情境上下文与个性化 O2O 信息推荐服务

在日常生活中，人们经常需要使用情境。当人们与周围的环境或其他人交互时，常常会利用如天气、时间、地理位置等情境上下文信息，并依此进行分析，得出结论后作出恰当的反应。随着情境上下文感知等技术的发展，计算机也能越来越有效地获得、理解并利用情境上下文信息，尤其在移动网络环境下，情境上下文敏感的信息系统能够向用户及时提供不受地点限制的个性化服务，同时扩展了个性化服务的功能和范围。对于提供主动信息过滤服务的个性化 O2O 信息推荐来说，情境上下文及其相关技术无疑将扮演越来越重要的角色。

3.1 情境上下文的定义与分类

3.1.1 情境上下文的定义

情境上下文（Context）是一个多方面的概念，不同的研究领域（如计算机科学、认知科学、物流领域、管理学等）对这一概念有不同的理解和解释。Context 在有些中文文献里也被译为“场景”“情景”“语境”“环境上下文”等，本书则统一使用“情境上下文”这个词。

关于情境上下文的定义有很多，Knappmeyer 等（2013）认为情境上下文是关于位置（包括它的环境属性，如噪声等级、光强、温度、运动等）、人、设备、对象等的信息，还包括系统功能、提供的服务、人和计算实体参与的活动、任务、情境角色、信念和目的。Ryan 等（1997）将情境上下文定义为用户的位置、环境、标识与时间。Abowd（2003）将 5W（Who、What、Where、When、Why）作为理解情境上下文最小信息的框架。Schmidt 等（1999）认为，情境上下文是指描述一个设备或用户所处环境的因素集合。每个情境因素可以用一个唯一性的名字来标识。每个情境因素都有一组相关的属性。如情境因素“时间”可以由属性“年”“月”“日”“上午”等属性构成。而情境的属性可以根据当前的环境用各种值来确定。

在众多关于情境上下文的描述中，Dey（2000）在其博士学位论文中的定义被大部分的学者接受和引用，即情境上下文是“用于表征与用户和应用程序相关的实体状况的任何信息”，参照这一定义，认为情境上下文可分为广义和狭义两个概念范畴。广义情境上下文的定义：情境上下文是环境本身以及环境中各实体所明示或隐含的可用于描述其状态（含历史状态）的任何信息。其中，实体既可以是人、地点等物理实体，也可以是软件、程序、网络连接等虚拟实体。狭义情境上下文主要是指系统应用者（用户）所处的可以描述用户状态的信息，如地点、时间、温度、心情、伴侣等。在信息推荐领域，广义的情境上下文是指整个信息推荐系统所处的环境。而狭义的情境上下文只是指有关信息推荐需求者即信息推荐用户的状态信息，如用户所在的地点、陪伴用户的伴侣、用户需要推荐时的时间与温度、用户当前的心情（如在音乐推荐中，用户当前的心情状态对于音乐推荐而言十分重要）。本书针对广义情境上下文对个性化 O2O 信息推荐的影响进行研究，既考虑用户本身的状态，也考虑用户周边环境以及被推荐对象的状态。

3.1.2 情境上下文的分类

情境上下文的分类方法有很多，在早期的研究中，Schilit 等（1994）将情境上下文分为三类：①计算情境，如网络的可用性、通信开销、网络带宽、计算机本身情况、周边的打印机等资源；②用户情境，包括用户的基本特征信息、所处位置、家庭成员甚至社会关系等；③物理情境，如季节、时间、光线的明暗、噪声的大小、交通状况、气候、温度等。

Chen 等（2000）在 Schilit 三类的基础上又增加了两类情境上下文，从而使情境上下文的描述更加全面：①时间情境，时间、时刻、季节等；②情境历史，用于某些特定应用，比如根据历史情境上下文进行下一步的推理。

Snowdon 等（2000）则按照不同的层级结构对情境上下文内容进行以下划分：①个体层（personal）：个体层情境上下文包括个体当前活动的一些信息，例如个体的地理位置，个体的行为，以及陪伴个体的伴侣是谁等，这些个体层信息是有关个体本身的一些个性化的信息，与外部环境无关；②项目层（project）：项目层情境上下文包括项目截止期及与项目有关的所有信息；③群体层（group）：群体层情境上下文和个体每日活动关系稍弱，但关注的是全局、整体和长期的性质，群体层情境上下文主要指个体所属群体的一般性、固定的、静态的信息。如个体所属的收入水平的整体特征等；④组织层（organization）：组织层情境上下文是从战略角度来关注情境上下文信息，所以组织层情境上下文也关注相关的其他群体的活动。

李书宁等（2008）按照 5W（Who、What、Where、When、Who）标准将情境上下文分为个人信息情境、信息行为情境、处理资源情境、时间历史情境、接受服务情境五类：①个人信息情境包括用户身份、所属机构、工作、兴趣、偏好等，用以描述用户的

基本情况；②信息行为情境包括整体信息行为、信息获取行为、信息查找行为、信息行为内容以及此次行为持续时间。比如用户点击哪个商家的何种信息服务，用户在某页面停留时间等；③处理资源情境包括信息服务发生的地点、环境、天气状况、交通状况等，移动环境下的情境上下文敏感受这类要素的影响较大，其中任何一种要素的改变都会引起用户信息服务需求产生较大的变化；④时间历史情境包括用户已发生行为的发生时间、持续时间以及某行为的重复频率。由这类情境要素可挖掘出用户的行为习惯，更准确地捕获用户的偏好、兴趣；⑤接受服务情境包括推荐成功的信息服务内容、信息服务效果以及之后的反馈情况。移动环境下使得反馈行为不受时间地点限制，更为及时的反馈则更能反映客观事实，降低失真度，但同时又可能带来由于情感过激而造成事实夸大。

此外，由于提出情境上下文这一新概念是为了更好地服务人们的生活，向人们提供个性化的信息服务。因此，从用户（人）的角度来考虑情境上下文，可以将情境上下文分为以下几类：①计算情境（Computing context）——网络的可用性、网络带宽、通信开销、计算机本身情况以及附近资源等；②用户情境（User context）——用户基本特征信息、家庭成员、社会关系等；③物理情境（Physical Context）——用户所处的物理环境如位置、亮度、噪声、交通情况和温度等；④时间情境（Time context）——用户所处的时间如年份、四季、月份、星期、日、时、分等；⑤社会情境（Social context）——用户所处的社会环境如制度、法律、风俗和习惯等。

3.2　情境上下文感知

随着计算机和移动通信技术的发展，下一代移动技术——普适计算，应运而生。普适计算是指把计算机、通信设备无缝整合进用户日常生活的一种环境。普适计算环境是以人为中心的计算和通信环境，包含众多的通信与计算设备（如传感器、计算设备、人机接口设备等）和服务，以满足人们多样化、个性化的信息需求。普适计算的核心特征就是情境上下文感知。

3.2.1　情境上下文感知的定义与分类

情境上下文感知是一个新兴的跨学科研究领域，涉及通信工程、计算机、移动通信、人机交互、感知器、特征提取和人工智能，最早由 Schilit 和 Theimer 于 1994 年提出，即情境上下文感知能将情境上下文自动告知应用，而应用能适应情境上下文。此后，情境上下文感知成为计算机科学中一个众所周知的研究领域，许多学者从不同方面对情境上下文感知进行了定义和解释。目前被人们普遍接受的是 Dey（2001）对于情境上下文感知的定义，他指出情境上下文感知是指利用情境上下文信息为用户提供相关信息或服务的过程。

这里进一步将情境上下文感知的定义细化为：感知内/外部环境的动态变化，并随之对系统进行调整，以满足用户的各种个性化需求。内部环境主要指计算机、手机等通信环境，外部环境主要指与用户相关的一些环境，如时间、地点、季节等。情境上下文感知的目的是试图利用人机交互或传感器提供给计算机、手机等设备关于内/外部环境变化的信息，并让计算机、手机等设备作出相应的反应。

根据不同的分类标准，情境上下文感知可以有不同的分类结果。如根据情境上下文获得的方式，可以把情境上下文感知分为直接的显式情境上下文感知和间接的隐式情境上下文感知两类。直接的显式情境上下文感知主要是指直接输入一些环境信息，如位置信息、时间信息和设备环境信息等。间接的隐式情境上下文感知是指使用一些工具通过分析获取一些隐含的情境上下文信息，如用户的特点、偏好、习惯、知识层次等。根据系统向情境上下文反应的主动程度可以分为主动情境上下文感知与被动情境上下文感知。主动情境上下文感知是指系统主动改变行为以适应发现的情境上下文。被动情境上下文感知是指系统向感兴趣的用户呈现新的情境上下文，或者保存这些情境上下文以便让用户以后检索，用户根据这些情境上下文调整系统。根据情境上下文本身进行分类，情境上下文感知可以分为计算情境感知、用户情境感知、物理情境感知、时间情境感知和社会情境感知。

3.2.2 情境上下文感知的过程

情境上下文感知的过程包括情境数据的获取、建立情境上下文模型以及对情境上下文进行分析和处理等步骤。

情境数据可以从传感器、后台数据库、互联网等不同方式获取到。获取到的情境数据在经过过滤、除杂、格式化等预处理之后就可以成为可供系统使用的、具有明确意义的情境上下文信息。情境上下文信息通常需要在计算机系统中建立形式化模型，以便计算机可以理解现实社会中的情境上下文。通过模型推理、规则匹配等操作，计算机系统就可以找到隐藏的信息，并分析得出用户的需求。这些工作是提供情境上下文感知服务的基础。

下面将详细讨论情境上下文感知过程中的几个关键内容。

3.2.3 情境上下文获取

能否正确地获取情境上下文信息是情境上下文感知的前提条件，情境上下文敏感的系统可根据需要选择使用多种情境上下文信息。这些情境上下文信息可以是来自传感器的实时监测数据，如 GPS 定位信息、温湿度信息、污染物浓度信息等；从后台数据库或者知识库提供的接口获取的数据，如用户个人信息、历史数据等；利用云计算技术通

过网络存储或者访问相关联计算机得到的数据，如天气预报、航班实况，通过社交网络获取的用户人脉关系等。

情境上下文信息的获取面临的主要问题包括：①来自不同数据源的信息缺乏统一的格式，因此无法通过统一的方式高效地接收和处理数据；②由于传感器的灵敏度不同，数据在传输过程中存在丢失、不一致等问题，导致获取到的数据并非完全可信，通常需要对数据进行预处理之后才可以使用。针对不同的问题，已经有研究者提出了相应的解决办法。在获取来自不同设备的情境上下文信息方面，设备信息访问（Device Information Access, DIA）组件通过多种通信协议对不同的数据源屏蔽其底层架构差异，提供了操作数据的统一接口。Xu 等（2005）研发的 Cabot 组件致力于解决动态监测数据的一致性问题，并提出了在数据不一致的情况下触发情境上下文模型的解决方案。数据回归分析等方法也用于数据的预处理（Hayes et al.，2009）。

根据获取情境上下文的难易程度，情境上下文获取可以被分为低层情境获取与高层情境获取两类。

（1）低层情境获取。

低层情境的获取主要是指从传感器、GPS 等外置感应设备中直接获得原始情境数据，如地理位置信息、时间信息、声音信息、亮度信息等。其中，地理位置是一个很重要的低层情境。位置随着用户的移动而不断变化，从而对用户的行为产生影响。低层情境中的位置信息又分为户外位置信息与户内位置信息。户外位置信息主要通过 GPS 来获取，户内位置信息可以通过超声波、红外线等方式获取。另外，还可以通过结合计算机或其他通信设备进行一些少量的运算来获取一些其他低层情境。如当前的时间可以通过设备（计算机、手机等通信设备）的内置时钟获得。

（2）高层情境获取。

高层情境主要是指把直接获得的原始情境数据通过一些工具进行分析处理后得到的情境上下文语义，如用户当前活动信息、历史使用习惯、历史购买信息以及一些社会情境。高层情境的获取比低层情境的获取更加复杂，难度也更大。如用户的使用习惯、历史购买信息等可以通过借助计算机的网络日志，通过一些分析工具等来间接获取。再如，用户当前活动信息可以通过计算机视频工具进行视频跟踪以及图像处理来获取。高层情境还可以通过使用人工智能工具从若干低层情境中进行智能合成。

此外，根据获得情境上下文信息的方式不同，情境上下文获取可以分为显性获取、隐性获取和推理获取三类。

（1）显性获取。

显性获取情境上下文信息是指系统通过直接的方式获取用户以及系统的情境上下文信息。例如，在用户进入信息推荐网站之前，信息推荐网站可以向用户提供问卷，让用户填写一些表格或者回答一些有关用户所处环境的具体问题。显性获取情境上下文信息需要用户配合，可以获得比较准确的用户情境上下文信息。

（2）隐性获取。

隐性获取情境上下文信息是指通过物理设备自动感知周围环境，或从已有数据中间接获取一部分情境上下文信息，不需要用户的特别参与。一些智能感应工具能自动获取用户的情境上下文信息。如通过对用户行为产生的时间戳分析获取时间信息，通过移动设备的定位系统来获得位置信息等。特别是由于移动互联网的发展，传感技术、分布式计算技术和嵌入式技术、移动定位技术的日益成熟，使得直接通过移动终端就可以方便快捷地获取各类描述用户当前状态的情境上下文信息，情境上下文信息的隐性获取方式不需要与用户的交互，信息服务可以自动完成，有很高的隐蔽性。

（3）推理获取。

在一些情境上下文信息无法通过显式或隐式获取时，需要通过统计学或者数据挖掘的方法来获得。例如，用户家庭中哪类人不喜欢收看电视，这并不能通过在电视公司那儿得到答案，但是应用一些数据挖掘算法（如贝叶斯分类器）对该用户家庭中所观看的所有具体电视节目进行挖掘，在一定程度上找到用户家庭中哪类人不喜欢收看电视。通过推理得到的情境上下文信息，需要建立相关预测模型，并在相应的数据集上进行训练。

3.2.4 情境上下文建模

3.2.4.1 情境上下文建模方法的类型

情境上下文建模是任何情境上下文敏感系统的关键。情境上下文建模研究的主要目的在于开发统一的情境上下文模型、情境上下文表示和查询语言以及情境上下文推理算法，用于在应用系统中实现情境上下文知识的共享和交换。根据 Strang 等（2004）对已有文献和系统的调查研究，情境上下文建模方法依据其情境上下文信息的数据结构可分为如下几类。

1. “键-值”模型（Key-Value Models）

“键-值”是对情境上下文信息进行建模时所用的最简单的数据结构。Schilit 等（1994）使用“键-值”描述情境上下文信息的值（如位置信息），作为应用中的环境变量。这种方法经常被用于分布式服务框架。在这样的框架中，服务本身被描述为一组“键-值”形式的简单属性，由服务发现程序（如 SLP、Jini 等）在这些属性的基础上操作一个特定的匹配算法。“键-值”模型很容易管理，但是缺乏复杂建模的能力，很难支持高效的情境上下文检索算法。

2. 标记模式模型（Markup Scheme Models）

和所有的标记模式一样，该方法用标签标记属性和内容，并形成层次数据结构，且标签的内容通常可以由其他的标签递归定义。这类模型通常在某种通用标记语言（如

RDF、XML 等）的基础上进行变形和序列化。该建模方法的一个实例是综合结构化的环境配置文件（Comprehensive Structured Context Profiles，CSCP）（Strang，2004）。CSCP 没有定义任何固定的层次，它利用 RDF/S 的完全的灵活性描述情境上下文信息的自然结构。另一个标记模式模型的实例是通用配置文件描述语言（Pervasive Profile Description Language，PPDL）（Chtcherbina，2003）。它基于 XML 语言，允许在定义交互模式时在有限的范围内解释情境上下文信息及其依赖关系。标记模式模型只能包含一个或两个简单情境数据类型，表达形式简单、结构化，具有快速推理的能力，但缺点是表达形式固定不变，并且紧密地与应用逻辑交织在一起，随着数据量增加，处理速度变慢。

3. 图形模型（Graphical Models）

基于图形的情境上下文建模方法利用图形对象表达各种情境内容，嵌入情境上下文处理和表达过程中。该方法的典型代表是统一建模语言（Unified Modeling Language，UML），它具有强大的图形构件和通用的结构，因此也可以用于对情境上下文进行建模。Bauer 等（2003）将航空交通管理中的情境上下文的各个侧面用 UML 扩展部件进行建模。Henricksen 等（2002）在面向对象方法基础上开发了上下文建模语言（Context Modeling Language，CML）情境上下文建模语言。CML 提供了一种图形记号方法，能够分析用户情境需求，捕捉不同类型的情境上下文信息资源及用户提供的信息。该方法源于数据库技术，具有封装性和可重用性的特点，可以涵盖无处不在的环境背景。用户情境上下文的处理细节被封装在对象级，从而隐藏其他组件，只能通过指定的接口获取情境上下文信息。支持查询处理和推理，并适用于软件工程中的分析和设计。CML 语言仍然缺少一个在分布系统中情境上下文模型和实例转换的合适表达。所有的情境上下文类型被表达为一个原子事实。因此，当需要表达多层结构或部分情境上下文维度的时候，该模型可能不合适。

4. 面向对象模型（Object Oriented Models）

该方法主要利用面向对象方法的优势——封装性和重用性，来解决普适计算环境下动态情境上下文的表达问题。情境上下文处理的细节封装到一个对象里面，并对其他组件透明，允许通过继承机制访问情境上下文实例。通过继承和多态提供情境上下文感知应用和服务开发、布置的扩展性。促进情境上下文信息的重用，并自动生成情境上下文映射运行表达的代码，支持代数和抽象数据类型，支持递归模型、封装和继承，显著减少程序的开发时间。缺点是需要系统分析和设计整个情境上下文分类，模型较复杂，对开发者要求较高，并且由于计算能力有限，不能支持移动手持设备。

5. 基于逻辑的模型（Logic Based Models）

在基于逻辑的情境上下文模型中，情境上下文被定义为事实、表达和规则。逻辑建模方法能够实现情境上下文建模的三个功能：正式表达情境上下文逻辑规则，利用规则库验证情境上下文的完整性和异质性，扩展现有系统纳入更多传感器、识别更多情境上下文。典型的逻辑情境上下文模型是一个一阶五元组，即情境上下文=（类别，事实，约束，时间戳）。各种不同的情境上下文以规则和预设特征的形式代表特定情境上下文相关的事实，支持场景（situation）类型的参数表达。通常基于逻辑的系统都高度形式化，系统中能够根据规则推导出的事实添加、更新和删除情境上下文信息，加速了处理过程。局限是推理机制具有针对性，需要进行模型转换，很少单独使用。

6. 基于本体的模型（Ontology Based Models）

本体是描述概念和关系的有效工具，它特别适合将日常生活中的信息映射到机器可处理的数据结构中。较早使用本体进行情境上下文建模的是 Öztürk 和 Aamodt（1997）。他们在研究中指出，对不同领域知识进行标准化和组合是很有必要的，他们认为应该根据情境上下文信息所需的形式化和标准化的程度，对其进行本体建模。此外利用本体建立情境上下文模型的实例还有：ASC（Strang et al.，1997）、CONON（Wang et al.，2004）、COBRA-ONT（Chen et al.，2003）、ConOnto（Khedr & Karmouch，2004）、SOUPA（Chen et al.，2005）等。本体情境上下文建模具有有效的隐形推理机制和明确的知识表达，但是完整本体构建难度大，不同的模糊本体设计复杂，大规模的本体构建需要较高的成本。

3.2.4.2 情境上下文建模方法比较

Strang 等（2004）将普适计算环境中情境上下文敏感的系统对情境上下文建模的要求归纳为如下几个方面。

1. 分布式的构成（distributed composition）

任何普适计算系统都是分布式计算系统的发展，没有中心系统来负责创建、配置和维护数据和服务，特别是情境上下文的描述。相反，情境上下文模型及其数据的构成和管理随时间、网络拓扑结构和资源的变化非常大。

2. 部分验证（partial validation）

鉴于情境上下文模型中概念关系的复杂性，在结构和实例层次对情境上下文知识进行部分验证非常重要。

3. 信息的丰富性和高质量性（richness and quality of information）

传感器感知的信息质量会随时间而变化，传递的信息的丰富程度也会变化。因此，情境上下文模型要能够支持对各种不同质量和丰富性的信息的表达。

4. 不完整性和模糊性（incompleteness and ambiguity）

情境上下文信息经常是不完整的和模糊的，情境上下文模型必须能够克服这些问题，例如可以在实例层对不完整的信息进行推导和填补。

5. 形式化的程度（level of formality）

对情境上下文信息要用准确的、可追踪的形式化格式进行描述。例如，当执行任务“用附近的打印机为我打印文档”，就需要对任务中的概念进行准确的定义（“附近”“我”）。要让普适计算环境中交互的各方共享对数据及其含义的相同的解释（通常被称为共享的理解）。

6. 对现有环境的适应性（applicability）

从实现的角度来说，情境上下文模型必须适应现有的普适计算环境架构（如 Web 服务架构）。

表 3-1 显示了各种不同的建模方法对上述建模标准的支持情况。

表 3-1　情境上下文建模方法比较

方法-要求	分布式构成	部分验证	信息质量	不完整性和模糊性	形式化程度	适应性
“键-值”模型	不支持	不支持	弱	弱	弱	强
标记模式模型	强	很强	不支持	不支持	强	很强
图形模型	弱	不支持	强	不支持	强	强
面向对象模型	很强	强	强	强	强	强
逻辑模型	很强	不支持	不支持	不支持	很强	弱
本体模型	很强	很强	强	强	很强	强

从表 3-1 可以看出，本体是普适计算环境下最有效的情境上下文建模方法，该方法能最好地满足各项标准的要求。

3.2.5　情境上下文推理

在情境上下文计算中，情境上下文模型可以表示某一时刻的静态信息，而现实世界中数据的不断变化要求情境上下文模型能够作出相应的修改，及时反映出信息的改变。如“键-值”模型中通过修改元组数据来改变模型信息，面向对象的方法通过修改对象的属性值来对模型数据进行变化。然而，上述方法仅停留在对情境上下文信息的修改上。

研究人员希望系统还能够智能化地从已有数据中找出隐藏的信息，推理出用户的需求并挑选最适合用户的服务，以及自动地对模型数据的一致性和可靠性进行检查并筛选出可信数据。基于本体和进程演算的研究致力于解决这类情境上下文推理问题。

基于描述逻辑和本体模型的 OWL 通过执行 SWRL 规则来对模型信息进行扩充，SWRL 规则表示为“前件⇒后件”，其语义是“只要前件中所表示的条件在模型中被满足，则后件中表述的事实也必须在模型中存在”。如果后件中的事实在模型中不存在，推理引擎则会将其添加到模型中去。这样一种模型的执行方式符合本体的最大单向可扩展性，但是却不能对模型中的已有事实进行修改，无法满足情境上下文计算的需求。

进程演算通过语义的执行来修改模型信息，而不同的进程演算拥有不同的语义。这些语义大都是由进程演算的创建者定义好的，创建模型的领域专家无权指定语义的执行方式。Milner（2006）提出了偶图反应系统（Bigraphical Reactive System，BRS），它允许模型创建者根据需要自己创建偶图反应规则。偶图反应规则可以表示为“反应物→生成物”，在BRS的运行过程中，根据偶图反应规则去模型中查找并匹配反应物。匹配成功后会把模型中的反应物重写为生成物。这种执行规则的方式可以根据需要方便地修改模型信息，也可以根据反应规则进行模型检查。然而，以重写的方式执行反应规则很容易导致非单调推理（non-monotonic reasoning）问题，模型的一致性不易维护。虽然已有研究成果致力于解决这一问题，解决方法仍有待进一步完善和优化（李伟平等，2015）。

3.3 情境上下文敏感系统

3.3.1 情境上下文敏感系统的含义

在传统的计算机系统中，计算机基本上是重复做程序规定的动作。这些动作与情境上下文无关，而了解情境上下文变化的工作由用户完成。用户首先要观察系统情境上下文的变化，然后根据情境上下文的变化，人工调整输入，以获得期待的输出，如图3-1所示。因此，在传统的计算机系统中，感知情境上下文的任务是由人来完成的。

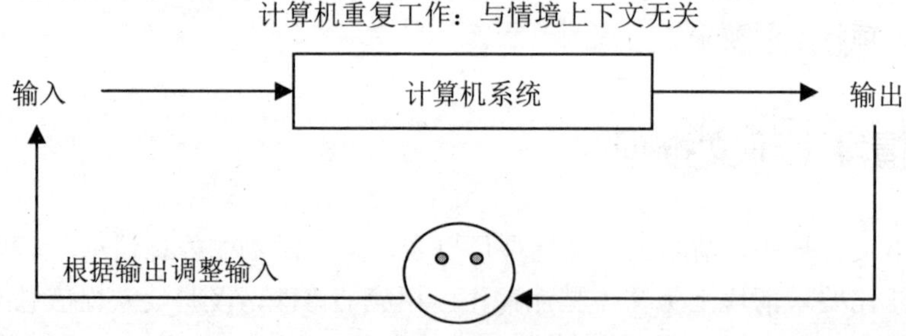

图3-1　传统的计算机系统

随着技术的不断进步与应用需求的发展，情境上下文敏感系统正逐渐成为计算机系统发展的趋势。在这类系统中，计算机通过各种智能技术手段自动感知情境上下文，从而给出相应反应的，根据输出自动调整输入，以获得期待的输出，如图3-2所示。因此，在情境上下文敏感系统中，情境上下文感知是由机器来完成的。

可以认为，情境上下文敏感系统是一个综合的计算与通信系统，它能够通过各种智能技术手段获取系统内/外部环境的动态变化，并随之对系统进行调整，以满足用户的各

种个性化需求。内部环境主要指计算机、手机等通信环境，外部环境主要指与用户相关的一些环境，如时间、地点、季节等。

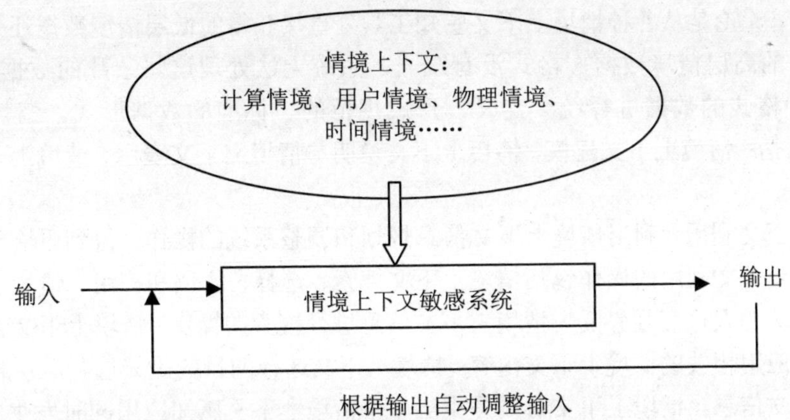

图 3-2　情境上下文敏感的系统

一个情境上下文敏感系统应该可以满足以下几点：①采集用户和设备状态相关的信息。②将采集的情境上下文信息以适当的格式进行存储。③按照特定方式组合情境上下文信息，来形成更高层次的情境上下文信息。④基于当前情境上下文信息，系统自动采取相关操作。⑤使用户随时、方便地存取信息，更好地服务用户。

情境上下文敏感的系统不仅考虑用户的兴趣和偏好，更应根据用户所处的具体环境和情境提供用户所需的服务，本质上属于个性化服务系统的一种。情境上下文敏感的系统具有以下特点。①实时性。情境上下文敏感的系统利用传感器、嵌入式设备、情境上下文感知计算等技术获取用户的情境上下文信息，根据用户所处的位置、时间、活动任务等提供动态的实时性服务。②自适应性。情境敏感的系统能够更加灵敏地感知用户周围环境的变化，根据用户情境上下文信息的变化建立一种自适应调整机制，实现信息服务与用户需求的自适应。③主动性、智能性。情境上下文敏感系统具有自动觉察、感知情境上下文信息的能力，能够基于当前的情境上下文信息自动执行或修改服务，提供主动的智能服务。

3.3.2　情境上下文敏感系统的结构

情境上下文敏感系统主要由情境上下文获取、情境上下文处理、情境上下文利用三个部分组成，如图 3-3 所示。

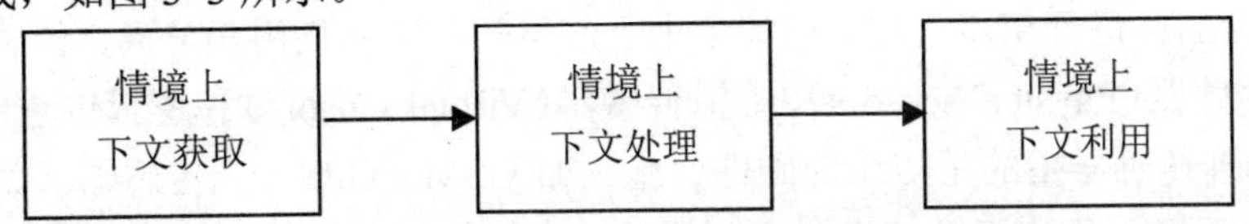

图 3-3　情境上下文敏感系统的构成

情境上下文获取：通过传感器或人机交互方式获取情境上下文信息。

情境上下文处理：主要是将原始数据表示和转换成有价值的信息。第一个阶段获得的情境数据，无论是从各种情境上下文感知工具处直接获得的低层情境数据还是通过间接方式获得的高层情境数据，格式没有统一，系统无法处理这些杂乱的数据。此时，需要对各种格式的数据进行统一定义，形成规范的、标准的数据形式。情境上下文处理主要包括：情境上下文建模、情境上下文说明与情境上下文表示、情境上下文推断与融合。

情境上下文利用：利用情境上下文信息规划和调整系统的操作，得到更恰当的输出结果。情境上下文利用的操作包括情境上下文搜索、选择、协调和应用。情境上下文搜索是通过相关的人机交互界面对情境上下文信息进行搜索的操作。情境上下文搜索的目的是找到与应用相关的情境上下文内容。情境上下文选择的目的是只选与应用相关的当前情境上下文信息。情境上下文协调是指当多个情境上下文感知应用同时发生的时候，需要设置适当的协调机制对多个情境上下文感知应用来调度安排，使情境上下文感知任务能够协调有序地完成。情境上下文应用就是指用户最终应用情境上下文信息完成相关操作，如通过应用当前的地理位置信息，用户选择一个物美价廉的餐馆。情境上下文应用分为主动情境上下文应用与被动情境上下文应用。主动情境上下文应用是指系统主动改变行为自动适应发现的情境上下文。被动情境上下文应用是指系统向用户呈现新的情境上下文，或者保存这些情境上下文以便让用户搜索，然后用户根据这些情境上下文调整系统。

3.3.3 情境上下文敏感系统的框架模型

情境上下文敏感系统的系统框架的主要功能是负责对系统中的设备、场景、物理环境等构成的计算环境进行协调、调度与管理，以便实现实体对象之间的互操作。同时屏蔽计算环境的复杂性，为应用开发提供统一的框架与应用程序接口。

从现有的研究发现，大部分情境上下文敏感系统的系统框架主要是基于特定应用而提出来的，其适应范围有限。然而，尽管现有情境上下文敏感系统的系统框架的关注面和应用范围不同，但通常都包含原始情境上下文感知、情境上下文处理、触发执行等部分。为了更好地了解情境上下文敏感系统框架的组成结构，这里提出了一个通用的系统框架概念模型，如图 3-4 所示。

（1）原始情境上下文感知层。原始情境上下文感知层负责从各种类型的传感器中采集原始情境数据并进行初步处理，使情境上下文感知与实际使用相分离。传感器主要有三种：物理传感器（Physical sensors）、虚拟传感器（Virtual sensors）和逻辑传感器（Logical sensors）。物理传感器指的是传统的硬件设施，如 GSM、GPS、光传感器（紫外线感应器等）、微型手机、各种相机、位置探测器等。虚拟传感器指的是可以用一些工具或者方法从一些软件应用或服务中的数据中获得情境数据。逻辑传感器主要是把从物理传感

器和虚拟传感器获得的数据以及系统数据库本身包含的一些静态数据集成在一起，通过处理从而完成高层任务。

<table>
<tr><td colspan="3">应用</td></tr>
<tr><td rowspan="4">情境上下文
感知
系统
框架</td><td>应用程序接口</td><td rowspan="4">情境上下文
感知
系统
框架</td></tr>
<tr><td>智能执行体</td></tr>
<tr><td>情境上下文处理
（建模、过滤、推断、融合和存储）</td></tr>
<tr><td>原始情境上下文数据感知</td></tr>
<tr><td colspan="3">操作系统</td></tr>
</table>

图 3-4　情境上下文敏感系统的概念框架

（2）情境上下文处理层。一般而言，原始的情境数据是模糊、不精确、不稳定甚至包含冲突的。这主要是因为：首先，传感器的精度是有限的；其次，同一个情境上下文可以由多个不同的传感器感知，这为潜在冲突带来了可能性；最后，原始情境上下文感知层所能提供的都是低层和初步的信息。所有这些都给情境上下文感知带来了困难，因此有必要在原始情境上下文感知层的基础上进行情境上下文处理。系统中的情境上下文来源分为两类：一是从传感器或其他感知设备直接得到的低层情境上下文，如位置、温度、时间等；二是利用低层情境上下文，结合相关技术进行推理得到的高层情境上下文。高层情境上下文揭示了多种情境上下文之间的潜在关系，是情境上下文敏感系统进行决策的重要依据。因此，有必要把低层情境上下文转化成高层情境上下文，而这种转化就是在情境上下文处理层实现。

情境上下文的建模、过滤、推断、融合和存储是情境上下文处理的主要内容。情境上下文处理的第一个目标是构建统一的情境上下文模型。通过构建统一的情境上下文模型，可以支持情境上下文之间的互操作，并允许情境上下文以统一的方式自由传输。情境上下文处理的第二个目标是通过对原始的、低层的情境上下文进行建模、过滤、推断和融合等得到各应用所需的高层情境上下文。通过以上情境上下文处理的方法与手段，简单的低层情境上下文通过联合演绎可以得出应用所需的统一格式的高层情境上下文。对各类情境上下文单独进行建模是没有问题的，但是如果对不同的情境上下文采用不同的建模方式，会导致情境上下文敏感系统不能统一管理各情境上下文，使得情境上下文之间的互操作性很差。因此情境上下文建模的主要问题是如何建立统一的情境上下文模型和表示。

从现状而言，情境上下文统一建模可以分为两种方式。其一是形式上的统一，不同的情境上下文采用相同的表示方式，如模式标识模型与图形模型等。这可用于解决情境上下文的查询、高效存储等问题，但并没有涉及情境上下文的语义。其二是语义的统一，如采用本体、UML（可部分支持语义）等，通过对语义的统一可以使情境上下文的有效利用达到一个更高的水平，但同时实现上的难度也增加了。

情境上下文的过滤、推断和融合是情境上下文处理的重要内容。由于从原始情境上下文感知层所感知的原始情境上下文是不稳定的、多样的、不精确的，所以需要采用相关技术手段对这些原始情境上下文进行过滤，从中甄别出有效的情境上下文，并采用一定的规则对这些情境上下文进行推断与融合，得出有用的可以直接被应用识别的高层情境上下文。目前，主要的情境上下文过滤、推断与融合方法主要有贝叶斯网络、模糊推理和人工神经网络等。

情境上下文的有效存储和管理是情境上下文敏感系统能得到广泛应用的关键基础之一。由于在前面情境上下文处理的过程中，已经建立了统一的情境上下文模型，因此在进行情境上下文的存储时也应该遵循情境上下文模型的相关规则。

（3）智能执行体层。智能执行是情境上下文敏感系统功能的主要体现。它是一个范围很广泛的概念，包括如设备间自发的互操作，情境上下文和应用的自适应等。所以智能执行不是一个单一的问题，与情境上下文敏感应用的目标密切相关，需要通过多种技术手段来解决。智能执行体主要的功能是通过使用多种智能技术手段来支持感知触发、互操作、自配置、自适应策略和自组织技术等。在智能执行体的帮助下，用户可以获得很好的用户体验，切实感受到情境上下文敏感给生活所带来的好处。由于本书主要分析多维推荐系统及多维推荐方法，这里就不对智能执行体的技术手段作详细的分析了。

（4）应用程序接口层。应用程序接口是情境上下文敏感系统与应用之间的衔接，需要负责提供程序开发接口，以方便开发者充分了解和利用整个情境上下文敏感系统框架的功能，从而快速地构建各情境上下文敏感的应用。目前对应用程序开发主要通过编程框架和函数接口等来实现。应用程序接口不仅应包含情境上下文敏感系统框架所能提供的服务，也应包含应用开发所应遵循的规范。

3.3.4 情境上下文敏感系统的支持平台

下面介绍实现情境上下文敏感系统概念模型的支持平台，具体的平台框架如图 3-5 所示。

情境上下文敏感系统的支持平台主要由两层功能模块组成：原始情境数据处理 A 子层和高层情境上下文信息处理 B 子层。如图 3-5 所示，原始情境数据处理 A 子层通过与传感器通信，获得原始的情境数据。在获得了需要的原始情境数据以后，原始情境数据处理 A 子层把收集到的传感器数据进行初步处理，简单的过滤以及建模，得到低层情境上下文信息，然后传递给高层情境上下文信息处理 B 子层。高层情境上下文信息处理

B 子层结合情境数据解析、构造对低层情境上下文信息作聚合推理，得到相应的高层情境上下文信息，然后发布高层情境上下文信息。高层情境上下文信息处理 B 子层通过服务调度算法向情境上下文感知服务应用层提供各种情境上下文感知服务。情境上下文感知服务以事件的形式发布，情境上下文感知应用层可以征订这些服务。当情境上下文感知服务发布时，情境上下文感知应用层会得到相应的通知。

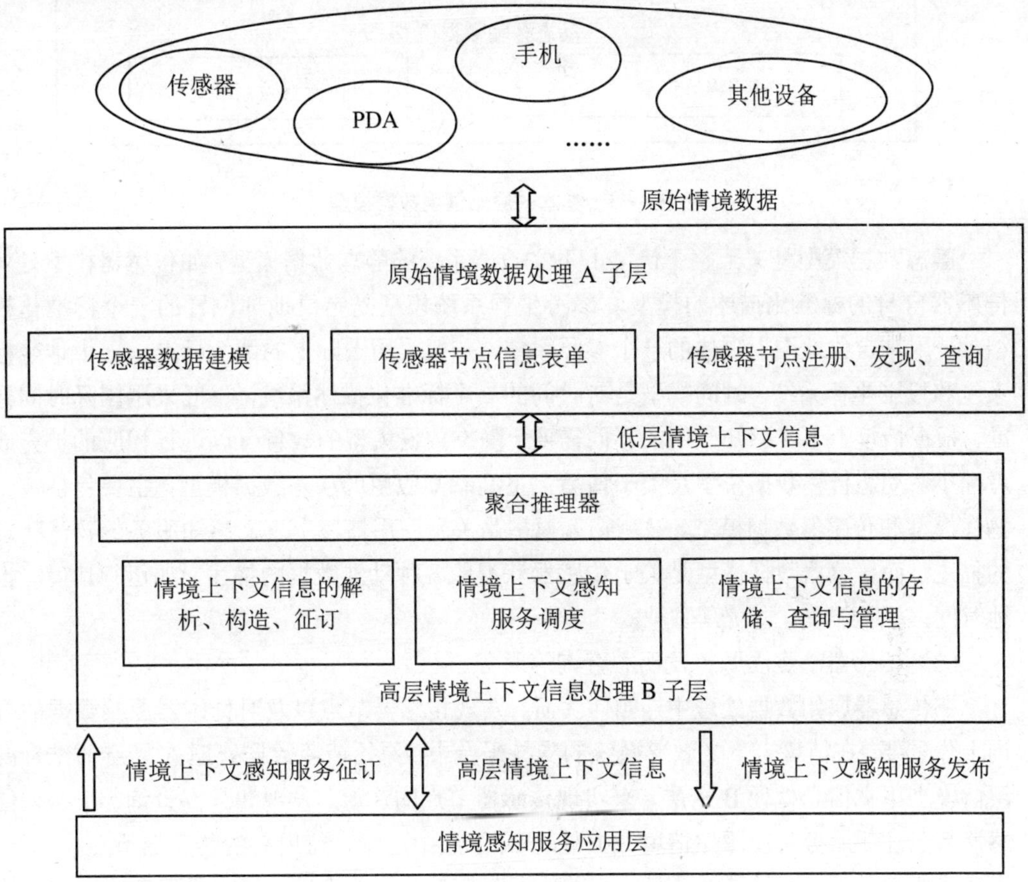

图 3-5　情境上下文敏感系统的支持平台

1. 原始情境数据处理 A 子层

（1）传感器数据建模。

由于传感器的种类很多，应用范围很广，获取的传感数据也是多种多样的，如传感器的身份数据、状态数据、时间数据和位置数据等。为了对传感器数据进行抽象简化，要采用适当的方法如模式标识模型、图形模型、本体模型等方法对传感器数据格式化并建模。根据不同的数据来源，可以建立以下静态数据模型与动态传输数据模型，如图 3-6 所示。

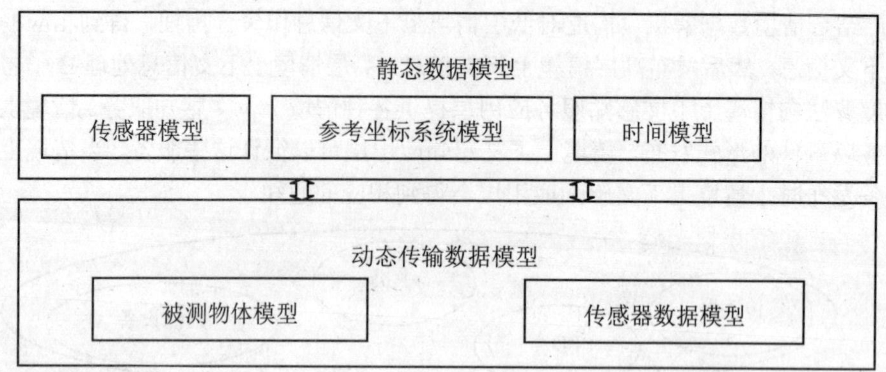

图 3-6 基本的原始情境数据模型

静态数据模型是关于整个情境上下文敏感系统的静态数据模型，如传感器模型是对传感器自身的标准化描述的模型，参考坐标系统模型是定位地理位置的一个标准化模型，是用来定位地图上物体的一个参照系统，一般采用国际上的两个标准——大地坐标系统和投影坐标系统。时间模型是对时间的一个标准化描述系统，一般采用国际时间标准。根据情境上下文感知应用的不同需要，静态数据模型的数目可以进行相应的扩充或者缩小。动态传输数据模型是关于情境上下文感知应用的动态数据模型，主要包括被测物体模型和传感器数据模型。被测物体模型是关于应用情境上下文感知服务的物体状态的描述，而传感器数据模型是关于传感器获得的各种动态数据的描述，如运行速度、当地时间、当地温度、灯光等。

（2）传感器节点注册 / 发现 / 查询等服务。

在传感器原始数据处理中，如何注册、发现传感器节点以及对传感器原始数据的查询十分重要。在情境上下文敏感系统的支持平台中，原始情境数据处理 A 子层要结合高层情境上下文信息处理 B 子层，来实现传感器节点的注册、发现和数据查询等服务。传感器节点注册服务是在原始情境数据处理 A 子层中进行，待所有的传感器节点在 A 子层注册成功之后，A 子层将保存一张关于所有节点信息的表单，该表单保存注册节点的唯一 ID 地址。以后新增的传感器节点也会在此注册登记。在情境上下文感知服务过程中，A 子层将定期向各传感器节点发送确认信息，不断更新有效的传感器节点，并删除无效的节点。在高层情境上下文信息处理 B 子层中，情境上下文解析服务将得到情境上下文感知的目的节点的 ID 号。结合这些目的节点的 ID 号，A 子层可以实现基于 ID 的传感器节点发现服务，并根据 ID 号定位节点以及验证节点的有效性。当传感器节点接收到数据查询请求时，原始情境数据处理 A 子层和高层情境上下文信息处理 B 子层协同合作，基于相应的路由算法，自动创建路径以获取相应的传感器数据，从而实现传感数据查询服务。

2. 高层情境上下文信息处理 B 子层

高层情境上下文信息处理 B 子层中的聚合推理器对从 A 子层获得的低层情境上下文信息进行聚合推理处理。聚合推理主要是指消除不同情境上下文信息的冲突，并联合多个情境上下文信息按照一定的推理规则进行情境上下文推理，为情境上下文感知应用层提供合适的高层情境上下文信息。这些情境上下文推理规则一般是若干预先定义的推理规则。当情境上下文状态发生变化时，系统进行规则匹配操作。当情境上下文状态满足某一规则规定的条件时，系统将自动执行相应的操作。

（1）情境上下文信息解析、构造、征订等服务。

在高层情境上下文信息处理 B 子层中，最基本的功能是对情境上下文信息进行解析、构造和征订等服务，如图 3-7 所示。情境上下文信息解析服务结合聚合推理器对从 A 子层获得的各种低层情境上下文信息进行解析与构造。利用基于规则的合成和基于机器学习技术的推导，高层情境上下文信息处理 B 子层构造出更高层次的情境上下文信息。情境上下文感知征订采用多通道、并行的发布/订阅事件机制，允许多个用户去“订阅”事件即多个用户请求情境上下文感知服务，这些事件由高层情境上下文信息处理 B 子层“发布”。

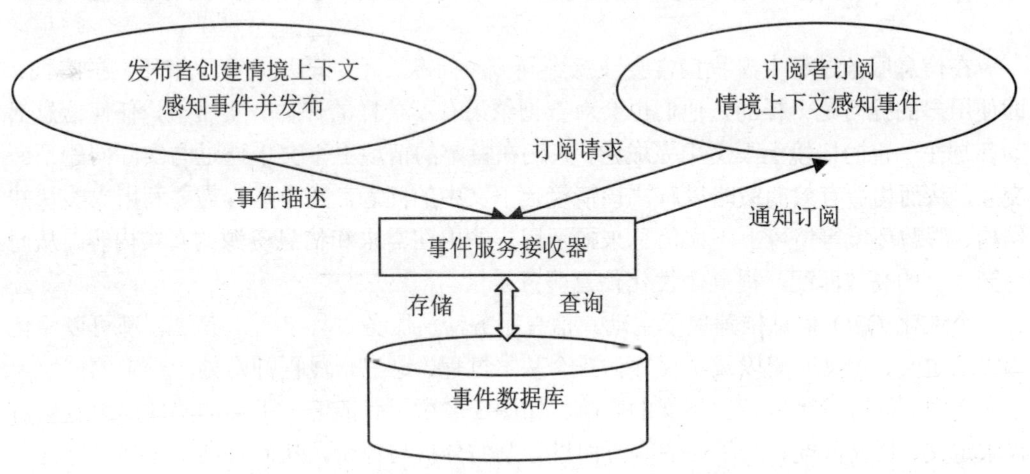

图 3-7　情境上下文信息征订

情境上下文感知征订服务需要一个事件数据库，数据库包含各种事件（各情境上下文感知服务）、发布者（高层情境上下文信息处理 B 子层）、订阅者（情境上下文感知服务的请求者）以及所有的订阅信息。当订阅者请求情境上下文感知服务事件时，事件服务接收器对事件数据库中的有关信息进行查询，并把获得的相关情境上下文信息返回给对应的订阅者。

（2）情境上下文感知服务调度。

在情境上下文敏感系统中，可能同时有多个用户提出情境上下文感知的征订服务。

这些情境上下文感知服务可以并行或串行地执行，服务之间可以设置优先级关系。系统可以设计一个情境上下文感知服务调度算法来进行情境上下文感知服务的调度。

（3）情境上下文信息的存储、查询与管理。

通过高层情境上下文信息处理 B 子层抽象（解析与构造）后的高层情境上下文信息可以存放到同一个存储空间，以便以后检索用。由于情境上下文具有瞬时性、与对象的关联性，并且情境上下文查询时通常是以范围而不是单一值为条件的，所有这些特点都为情境上下文的存储、查询和管理带来一定的困难。可以采用不同的数据结构来存放情境上下文信息，如数据表、对象、树和图；也可以采用不同的方式（如集中式或者分布式）来存储情境上下文信息。由于关系数据库的普及性，大部分情境上下文敏感系统采用关系数据库的形式来存储情境上下文信息。相应地，对于情境上下文信息的查询与管理，情境上下文敏感系统一般使用结构化查询语言（SQL）来进行查询与管理。

3.4 情境上下文敏感的个性化 O2O 信息推荐服务

3.4.1 情境上下文在个性化 O2O 信息推荐中的作用机理

在信息服务过程中，我们常会注意到同一个问题，不同的用户会采取不同的提问；即便用户的提问是一样的，他们也会对查询结果有不一样的评估。实质上，任何信息活动都是在一定的情境上下文中完成的，人们在特定的情境上下文中通过与实际问题不断交互，从而构造有效的策略以解决该情境上下文中的问题。整个过程需要利用人类认知结构、周遭环境等情境上下文信息来揭示用户的内在需求和信息资源的真实内容，从而达到二者的高效匹配，提高个性化信息服务质量。

个性化 O2O 信息推荐属于主动式信息服务，从服务过程来看，其过程都可以简化为需求定义、语义匹配以及结果评估三个基本过程，这三个过程都是处于一定的情境上下文之中，同时受到情境上下文的影响，如图 3-8 所示。情境上下文的整体作用能够对需求定义、语义匹配、结果评估等方面进行全面分析与评价，从而有利于对其进行语义解析，提高个性化 O2O 信息推荐的用户满意度。

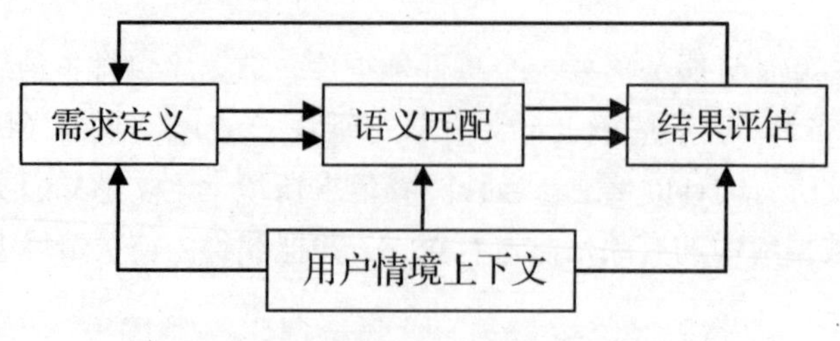

图 3-8 情境上下文作用范围

情境上下文在个性化 O2O 信息推荐服务中的作用可以从以下三个方面进行概括。

1. 辅助揭示特定语义环境下的用户兴趣需求

无数实践表明，对用户兴趣的识别和当前需求的判定，总需要经历过若干次修改和调整，直至得到满意的结果。在需求分析和重构的过程中，需要启动基于情境上下文的语义关联扩展和修正，包括在历史维度上扩展延伸、在领域维度上扩展以及根据现时情形的修正，层层解析，从而获得特定情境上下文中用户的真实需求。

2. 情境上下文在推荐过程中起到认知导航的作用

情境上下文能够记录用户在信息获取过程中的认知轨迹，如同一个独特的、针对性强的认知地图，当出现认知中断的时候，情境上下文就发挥填补空白或认知关联的作用，从而避免思维中断造成智力资源、系统资源上的浪费。

3. 情境上下文在结果处理和评估方面起到价值评判作用

情境上下文中所包含的用户认知信息，在处理和评估对语义匹配的结果时起到很重要的作用。信息推荐的结果是否令用户满意，很大程度上取决于用户的主观意愿。实际上，信息的价值应当是用户自己决定，其判断的价值标准就来自用户所处的情境上下文。用户在推荐系统中的信息选择及反馈过程，就是用户的检索思路和独特需求的真实写照，是构成提问情境上下文的一个重要方面。同时，对于结果的处理也必然受到用户情境上下文要素的影响。为节省用户对结果的整理时间、降低认知负担，需要将信息资源或服务按照用户的知识偏好、认知风格，按照领域规范惯例，按照任务中子任务的轻重缓急来进行处理。

可以看出，无论在 Web 网络环境中还是在移动网络环境中，情境上下文都将对信息推荐的过程和结果产生影响。但 Web 网络和移动网络的不同特点，使信息推荐服务对情境上下文利用的侧重不同。

在 Web 网络环境下，对推荐过程发挥作用主要是计算情境、用户情境、时间情境、社会情境等情境上下文类别。从现有的研究成果看，在基于 Web 网络的传统信息推荐中，并没有特别强调情境上下文的概念，这是因为传统信息推荐实现的基础主要为用户情境上下文，即用户的基本特征、兴趣爱好、信息行为等，推荐的内容也主要是新闻、电子文档、网络商品等虚拟对象。相对于其他类别的情境上下文而言，用户的内在需求对这类推荐结果的影响程度要显著得多。此外，Web 环境下的情境上下文状态相对稳定，不易变化，为提高推荐系统的整体效率，情境上下文的获取主要来自后台数据库和网络存储，几乎不涉及实时传感的物理设备，这也使得情境上下文感知和情境上下文计算操作的复杂度相对较低。因此，Web 环境下的推荐系统的研究重点集中于如何准确而深入地挖掘用户内在兴趣需求，对情境上下文的应用关注较少。

在移动网络环境下，除了 Web 网络环境中起作用的情境上下文类别外，更重要的是用户当前的物理情境（包括位置、亮度、噪声、天气、温度等）以及用户在此物理情境中的实时感受。尤其是个性化 O2O 信息推荐应用中，推荐的内容大多是与位置信息密切相关的现实对象，如餐馆、酒店、加油站、医院等。用户对这类对象的兴趣需求往往受到用户当前环境状态的直接影响，例如，下雨天用户会选择距离较近的餐馆用餐；如果加油站当前的人很多，用户会宁愿直接去下一个加油站。除了物理情境外，时间情境、社会情境等也会对移动用户的当前需求产生较大的影响，例如，节假日，有车的用户会到距离市区较远的餐馆；和女朋友在一起时更愿意观看爱情电影等。此外，移动网络环境下的情境上下文状态往往变化很快，需要通过 GPS、时钟等传感设备以及各种感知手段实时捕获和解析，并在移动设备有限的计算条件下进行高效的情境化推荐计算。由此可见，情境上下文敏感的个性化 O2O 信息推荐主要应用于移动网络环境下，也是目前该领域的研究重点。

3.4.2 情境上下文要素对 O2O 用户兴趣的影响

为了充分了解情境上下文要素对 O2O 业务环境下移动用户兴趣的影响程度，这里以餐饮 O2O 推荐为应用背景，通过问卷调查方式，研究 O2O 用户对餐馆和食物的选择与不同情境上下文要素之间的关联。

此次调查的对象为大众网民，接受问卷调查的网民可以获取相应的报酬。此次调查共发放问卷 200 份，回收 200 份，剔除无效问卷 3 份，有效问卷 197 份，问卷回收率 100%，问卷回收有效率 98.5%。

调查问卷中的部分题目对被调查者的基本情况进行了了解，发现：其中女性 108 人，男性 92 人，男女比例基本均衡；35～45 岁者占 40.5%，25～35 岁者占 49%，可见被调查者主要为青年人与中年人，属于家庭中具有支付能力的成员，是选择个性化 O2O 服务的主体。

本问卷旨在调查移动过程中现场环境对用户兴趣的作用，因此问卷主要询问各种动态情境上下文要素在用户选择、评价餐馆或食物时的影响力。影响力分为六个级别：无影响、影响很小、影响较小、影响中等、影响较大和影响很大；并给每一个级别设置权值，其中无影响为 0 分，影响很小为 1 分，影响较小为 2 分，影响中等为 3 分，影响较大为 4 分，影响很大为 5 分。通过各级别的百分比和权值，可以计算每个情境上下文要素的加权评分，以此来代表每个情境上下文要素的综合影响力。最终调查结果如表 3-2 至表 3-11 所示。

表 3-2 情境上下文要素在用户选择餐馆时的影响力

情境上下文要素	无影响	影响很小	影响较小	影响中等	影响较大	影响很大	加权得分
餐馆的卫生状况	1.90%	4.80%	12.10%	27.10%	32.40%	21.70%	3.484
餐馆服务员的态度	2.50%	5.50%	17.50%	32.00%	29.50%	13.00%	3.195
餐馆的噪声	0.50%	7.00%	19.00%	37.50%	31.50%	4.50%	3.060
伴侣	2.00%	10.20%	18.50%	33.20%	29.80%	6.30%	2.975
餐馆的就餐人数	2.50%	5.40%	24.50%	39.70%	22.10%	5.90%	2.914
室外天气	3.90%	8.80%	20.60%	43.10%	13.70%	9.80%	2.831
餐馆的交通状况	4.30%	9.70%	18.80%	37.70%	24.60%	4.80%	2.828
餐馆与用户的距离	3.90%	8.2%	25.1%	34.8%	22.2%	5.80%	2.806
心情	3.00%	1.18%	23.2%	34.5%	23.2%	4.40%	2.765
餐馆的光线	2.00%	11.40%	24.30%	39.10%	20.80%	2.50%	2.730
餐馆的室内温度	3.40%	8.70%	27.90%	40.40%	15.90%	3.80%	2.683
室外温度	4.90%	11.70%	26.80%	35.10%	18.00%	3.40%	2.596
室外湿度	8.60%	14.40%	31.60%	28.20%	14.80%	2.40%	2.334
季节	3.40%	20.70%	31.70%	30.80%	11.10%	2.40%	2.329
时刻	9.70%	14.10%	31.10%	33.00%	10.20%	1.90%	2.256
日期	8.80%	16.60%	34.60%	28.30%	10.20%	1.50%	2.190

表 3-3 情境上下文要素在用户选择餐馆位置时的影响力

影响因素	无影响	影响很小	影响较小	影响中等	影响较大	影响很大	加权得分
伴侣	3.00%	8.50%	23.50%	36.00%	21.00%	8.00%	2.875
餐馆与用户的距离	2.90%	8.80%	26.80%	31.70%	23.40%	6.30%	2.826
室外天气	3.00%	10.10%	23.60%	36.20%	20.60%	6.50%	2.808
心情	3.90%	12.70%	30.20%	31.70%	15.60%	5.90%	2.601
时刻	6.00%	10.60%	27.60%	34.20%	18.10%	3.50%	2.583
室外温度	4.90%	13.70%	30.70%	23.40%	23.90%	3.40%	2.579
季节	4.50%	16.40%	31.80%	31.30%	12.90%	3.00%	2.405
室外湿度	7.00%	17.40%	27.90%	33.30%	10.90%	3.50%	2.342
日期	7.80%	15.20%	31.90%	30.90%	12.70%	1.50%	2.3

表 3-4 情境上下文要素在用户选择餐馆档次时的影响力

影响因素	无影响	影响很小	影响较小	影响中等	影响较大	影响很大	加权得分
伴侣	2.00%	10.90%	22.40%	32.80%	23.90%	8.00%	2.897
室外天气	4.50%	7.00%	33.30%	29.40%	18.40%	7.50%	2.729
餐馆与用户的距离	3.40%	9.90%	32.50%	29.60%	18.70%	5.90%	2.68
室外温度	4.40%	9.30%	33.30%	27.50%	21.60%	3.90%	2.643
心情	3.50%	10.40%	31.20%	33.70%	18.30%	3.00%	2.621
时刻	6.90%	13.30%	31.00%	36.50%	9.40%	3.00%	2.374
季节	5.50%	15.90%	35.80%	29.90%	9.50%	3.50%	2.327
室外湿度	7.90%	12.90%	34.20%	30.70%	12.90%	1.50%	2.325
日期	5.90%	15.30%	36.00%	31.00%	9.90%	2.00%	2.299

表 3-5 情境上下文要素在用户选择餐馆风味时的影响力

影响因素	无影响	影响很小	影响较小	影响中等	影响较大	影响很大	加权得分
伴侣	5.00%	7.90%	25.20%	31.70%	22.30%	7.90%	2.821
室外天气	4.40%	9.30%	28.80%	31.70%	18.00%	7.80%	2.73
餐馆与用户的距离	4.00%	9.90%	26.70%	36.10%	17.80%	5.40%	2.698
室外温度	5.00%	10.90%	28.40%	31.80%	16.90%	7.00%	2.657
心情	4.50%	12.50%	26.00%	33.50%	19.00%	4.50%	2.635
季节	5.50%	14.40%	31.80%	30.80%	14.90%	2.50%	2.425
室外湿度	7.90%	14.40%	28.20%	30.20%	16.30%	3.00%	2.416
时刻	8.00%	12.90%	31.30%	31.30%	12.40%	4.00%	2.39
日期	6.40%	15.30%	34.20%	29.20%	12.40%	2.50%	2.334

表 3-6 情境上下文要素在用户选择餐馆类型时的影响力

影响因素	无影响	影响很小	影响较小	影响中等	影响较大	影响很大	加权得分
时刻	8.50%	11.90%	28.90%	35.30%	12.90%	2.50%	2.848
季节	7.50%	18.90%	30.80%	27.90%	10.90%	4.00%	2.647
日期	8.00%	14.40%	30.80%	33.80%	9.50%	3.50%	2.646
心情	6.90%	9.90%	26.10%	32.00%	21.70%	3.40%	2.643

续表

影响因素	无影响	影响很小	影响较小	影响中等	影响较大	影响很大	加权得分
伴侣	4.50%	9.00%	19.40%	38.30%	22.40%	6.50%	2.619
室外天气	5.90%	10.40%	29.20%	28.20%	19.80%	6.40%	2.505
室外温度	6.90%	11.40%	31.20%	30.70%	14.90%	5.00%	2.397
室外湿度	10.90%	15.40%	26.40%	32.80%	12.90%	1.50%	2.329
餐馆与用户的距离	4.90%	11.80%	25.10%	34.50%	19.20%	4.40%	2.278

由表 3-2 可以看出，在 O2O 用户对餐馆进行整体选择时，会更多考虑关于餐馆自身状态的要素，尤其是用户对餐馆内部环境的感受决定了用户对餐馆的兴趣。除了餐馆自身的状态，用户状态和周边环境状态也会对用户的选择产生一定的影响，由表 3-2 至表 3-6 可以看出，在 O2O 用户考虑餐馆的不同具体特征时，会受到不同餐馆外部情境上下文要素的影响，在选择餐馆的位置、档次、风味时，伴侣、室外天气、心情、室外温度等是影响 O2O 用户兴趣的关键情境上下文要素；在选择餐馆类型时，影响用户兴趣的主要为时间维度方面的情境上下文要素，如时刻、季节、日期，心情和伴侣也具有一定的影响力。

表 3-7　情境上下文要素在用户选择食物时的影响力

影响因素	无影响	影响很小	影响较小	影响中等	影响较大	影响很大	加权得分
食物的烹饪状态	5.00%	5.00%	22.80%	30.70%	27.70%	8.90%	2.98
食物的价格水平	4.50%	9.50%	21.90%	33.80%	20.40%	10.00%	2.863
伴侣	3.50%	8.00%	25.40%	35.80%	20.90%	6.50%	2.823
室外天气	4.00%	10.00%	30.30%	29.90%	20.40%	5.50%	2.694
心情	6.00%	10.40%	24.90%	34.30%	17.40%	7.00%	2.677
室外温度	5.50%	11.90%	28.90%	32.80%	16.90%	4.00%	2.557
季节	4.00%	16.00%	32.50%	26.50%	15.50%	5.50%	2.5
时刻	7.90%	13.80%	21.70%	39.40%	12.80%	4.40%	2.486
室外湿度	8.50%	15.90%	22.40%	35.80%	13.90%	3.50%	2.412
日期	0.09	0.159	0.313	0.249	0.134	0.055	2.343

表3-8 情境上下文要素在用户选择食物类型时的影响力

影响因素	无影响	影响很小	影响较小	影响中等	影响较大	影响很大	加权得分
伴侣	4.50%	6.90%	28.20%	31.20%	22.80%	6.40%	2.801
室外天气	1.50%	11.00%	30.50%	32.00%	19.00%	6.00%	2.74
季节	3.40%	9.90%	35.50%	28.10%	15.80%	7.40%	2.654
心情	4.00%	12.90%	29.40%	33.30%	14.90%	5.50%	2.587
室外温度	3.90%	13.30%	30.00%	31.50%	16.70%	4.40%	2.566
时刻	6.40%	13.40%	28.70%	34.70%	14.90%	2.00%	2.445
日期	9.40%	15.80%	29.10%	29.60%	12.80%	3.40%	2.31
室外湿度	9.50%	15.50%	28.50%	31.00%	13.50%	2.00%	2.295

表3-9 情境上下文要素在用户选择食物烹饪方式时的影响力

影响因素	无影响	影响很小	影响较小	影响中等	影响较大	影响很大	加权得分
伴侣	3.50%	16.80%	28.70%	26.70%	19.80%	4.50%	2.56
室外天气	3.40%	19.40%	31.60%	27.20%	12.60%	5.80%	2.436
室外温度	4.50%	18.00%	39.50%	20.50%	12.50%	5.00%	2.335
心情	4.90%	21.60%	30.40%	26.00%	14.20%	2.90%	2.317
季节	3.50%	25.90%	35.80%	23.90%	9.50%	1.50%	2.147
室外湿度	9.90%	23.80%	32.20%	20.80%	11.40%	2.00%	2.062
日期	8.00%	24.50%	33.00%	25.50%	6.50%	2.50%	2.055
时刻	10.00%	24.40%	31.80%	25.90%	6.50%	1.50%	1.992

表3-10 情境上下文要素在用户选择食物口味时的影响力

影响因素	无影响	影响很小	影响较小	影响中等	影响较大	影响很大	加权得分
伴侣	3.00%	17.90%	29.90%	28.40%	16.90%	4.00%	2.505
室外天气	5.00%	17.00%	38.00%	20.00%	13.00%	7.00%	2.4
心情	4.90%	19.00%	34.60%	24.90%	13.20%	3.40%	2.327
室外温度	5.90%	19.20%	33.00%	23.60%	14.80%	3.40%	2.322
季节	7.00%	22.40%	32.30%	23.90%	10.00%	4.50%	2.212
室外湿度	10.90%	18.90%	27.40%	27.40%	12.40%	3.00%	2.205
时刻	10.90%	20.40%	32.80%	22.90%	10.90%	2.00%	2.083
日期	10.50%	22.00%	37.00%	19.00%	9.00%	2.50%	2.015

表 3-11　情境上下文要素在用户选择食物食材时的影响力

影响因素	无影响	影响很小	影响较小	影响中等	影响较大	影响很大	加权得分
伴侣	5.00%	18.30%	29.70%	25.20%	16.80%	5.00%	2.455
室外天气	4.00%	18.50%	35.50%	22.50%	13.00%	6.50%	2.415
室外温度	4.50%	23.30%	33.20%	18.30%	15.80%	5.00%	2.328
心情	7.00%	20.40%	30.80%	22.40%	14.90%	4.50%	2.313
季节	6.50%	23.90%	33.80%	19.90%	13.90%	2.00%	2.168
室外湿度	10.50%	21.50%	35.00%	16.50%	15.00%	1.50%	2.085
时刻	9.50%	21.00%	36.00%	22.00%	9.50%	2.00%	2.07
日期	11.40%	20.80%	35.60%	19.30%	11.40%	1.50%	2.03

由表 3-7 可以看出，食物自身状态同样是 O2O 用户选择食物时的关键要素，用户对食物烹饪状态和价格水平的感受决定了用户对事物的兴趣。此外，由表 3-7 至表 3-11 可以看出，如果排除食物自身状态要素，用户状态和周边环境状态也会对用户的选择产生影响。在 O2O 用户考虑食物的具体特征时，伴侣、室外天气、心情、室外温度和季节是影响 O2O 用户兴趣的关键情境上下文要素。

由上述调查分析的结果可知，O2O 用户的兴趣会随着情境上下文的变化而变化。在各种情境上下文要素中，用户对推荐对象当时状态的实时感受是影响用户是否选择该对象的最关键因素，而用户的状态以及用户当时所处的环境也会或多或少影响用户的选择。

3.4.3　面向个性化 O2O 信息推荐服务的情境化用户模型

一般地，信息推荐系统需要经过用户建模、项目匹配和推荐输出三个阶段来实现精准推荐。用户建模是获取和维护与用户兴趣、需求或习惯相关的知识的过程，其结果将产生一个表示用户特有背景知识或兴趣、需求的用户模型。项目匹配阶段将以这一模型为依据，运用各种推荐技术寻找出与其相匹配的项目，然后在推荐输出阶段将这些项目以预测值、Top-N 推荐或者其他形式呈现给用户。由此可见，用户模型是推荐系统产生精准推荐的主要知识源，其捕捉用户真实偏好的能力在很大程度上决定了推荐的成功与否。

推荐系统用户模型的表示技术涵盖范围很广，从简单的用户-项目评价矩阵到复杂的基于人工智能的表示方法都可以被应用。常用的用户模型表示技术包括：基于向量空间模型的表示、基于神经网络的表示、基于案例的表示、基于用户-项目评价矩阵的表示、基于本体的表示等。

从上文的分析中可以看出，情境上下文信息会对信息推荐的过程和结果产生影响，因而在情境上下文敏感的个性化 O2O 信息推荐系统中，反映用户兴趣需求的用户模型也不可避免地被情境化，即将情境上下文要素融入用户兴趣需求的结构化表示中，并使其成为情境上下文敏感推荐计算的基础知识源。

3.4.3.1 情境化用户模型的结构

个性化O2O信息推荐系统获取用户兴趣需求的依据是用户与推荐对象的交互历史，如评价、消费或使用记录等，用户模型正是这些交互历史的形式化定义。而在情境上下文敏感的个性化 O2O 信息推荐系统中，用户模型不仅要记录交互的结果，还要记录交互发生时的情境上下文，以便获取不同情境上下文中的用户兴趣需求。因此情境化的用户模型是用户和对象历史交互情境上下文的形式化定义，包含与交互相关的各种情境上下文要素。

这里根据实现个性化 O2O 信息推荐的一般需要，构建了一个通用的情境化用户模型，如图 3-9 所示。

图 3-9 面向推荐的情境化用户模型

该用户模型中包含三个类别的情境上下文信息，每个类别中又包含若干情境上下文要素：

用户状态情境：用户标识和用户的固有属性。

对象状态情境：推荐对象标识和推荐对象的固有属性。

交互状态情境：用户与推荐对象交互时的现场状况，包括交互发生的时间、地点、天气、用户心情、用户伴侣和用户对对象的感受/评价等。

其中，用户状态和对象状态情境的内容相对稳定，不受时空的影响，属于静态情境上下文信息，而交互状态情境可能因环境或用户的感受的不同而不同，属于动态情境上下文信息。在实际应用中，上述用户模型中的三类情境上下文要素可根据对推荐系统效率和功能的具体要求进行调整，下面分别以电影 O2O 推荐和餐饮 O2O 推荐为例，构建一个简单情境化用户模型和一个复杂情境化用户模型。

1. 面向电影 O2O 推荐的简单情境化用户模型

电影 O2O 推荐的功能是推荐符合用户当前环境和需要的电影产品，考虑影响用户对电影兴趣的主要情境上下文要素为其所在的时间（周末、节假日、工作日等）、地点

（在家、在电影院等）和周边的人（朋友、家人、爱人等），构建如图 3-10 所示的用户模型。

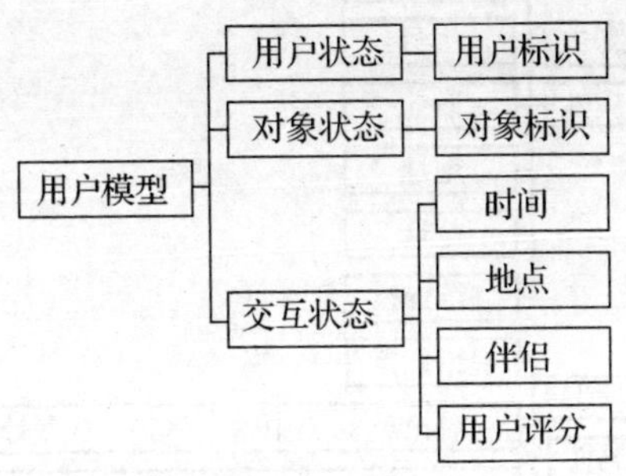

图 3-10　面向电影 O2O 推荐的简单用户模型

2. 面向餐饮 O2O 推荐的复杂情境化用户模型

餐饮 O2O 推荐的功能是为用户实时推荐餐馆和食物，为了能充分发现不同环境条件下用户对餐馆和食物的兴趣需求，构建如图 3-11 所示的用户模型。

3.4.3.2　情境化用户模型的构建方法

与传统个性化信息服务系统中的用户建模类似，情境化用户模型的构建主要包括四个方面的内容：①情境上下文信息的收集——获取有助于识别用户情境化需求的相关信息，主要为描述用户和对象历史交互情境的情境上下文信息；②用户模型的表示——选择合适的表示方法和技术对用户信息和情境上下文信息进行结构化、形式化描述；③用户模型的学习——通过一些学习技术，从用户模型中进一步分析挖掘出用户的兴趣需求；④用户模型的更新和评价——根据用户兴趣需求的改变而更新用户模型，另外，用户模型是否准确反映了用户需求，需要对建立的用户模型进行相应的评价。

在上述四个方面中，情境上下文信息的收集和用户模型的表示是用户建模的基本内容，而用户模型的学习、更新和评价主要用于对模型的完善。

1. 用户模型中情境上下文信息的收集方法

用户模型中情境上下文信息的收集方法分为隐性和显性两种。隐性情境上下文收集是通过智能传感设备自动感知用户的情境上下文。例如，通过手机 GPS 或内置时钟等感应用户当前的位置和时间信息。隐性情境上下文收集方法由系统自动完成，具有较高的隐蔽性，且不需要打扰用户，但由于受到目前传感设备的限制，只能获得层次较低、维度单一的情境上下文信息，难以支持复杂的情境上下文语义计算。显性情境上下文收集是指系统通过与用户交互的方式直接获得相关的情境上下文，例如让用户填写表格或者回答有关当前情境上下文的具体问题。显性情境上下文收集方法能够获得比较准确和丰富的情境上下文信息，但对用户的配合度要求较高。

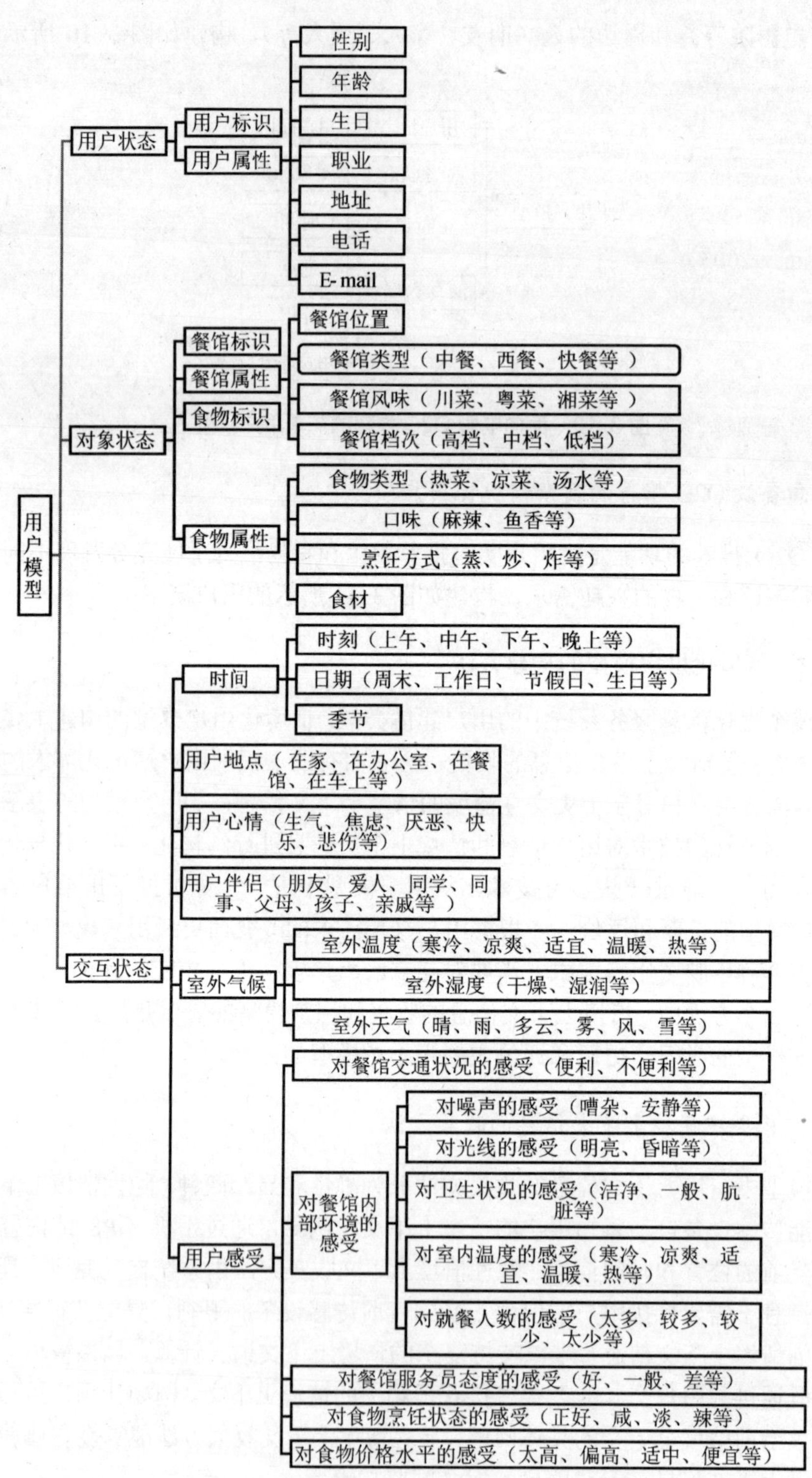

图3-11　面向餐饮O2O推荐的复杂用户模型

2. 用户模型的表示方法

传统的用户模型表示技术大部分仍可以用于情境化用户模型的表示，但由于情境上下文要素具有多维度、多层次的特点，因此需要对传统用户模型表示方法进行扩展。目前针对移动信息推荐领域，被应用较多的情境化用户模型表示方法主要有多维情境上下文评分空间和情境上下文语义本体两种。其中，多维情境上下文评分空间是由Adomavicius（2005）提出的，可以看作对传统用户-项目二维评分矩阵的扩展，可用于表示较为简单的情境化用户模型。情境上下文语义本体是目前公认的构建复杂情境上下文语义模型的最好方法，既可以描述情境上下文要素，也可以描述情境上下文关联，并支持基于规则的情境上下文语义推理。本书第四、五章将进一步对这两类用户模型表示方法进行详细阐述，并研究基于不同类别用户模型的个性化 O2O 信息推荐机制。

3.4.4 情境上下文敏感的个性化 O2O 信息推荐服务框架

根据个性化 O2O 信息推荐情境化、社会化的特点，融合现有的各类推荐方法和技术，可以构建一个情境上下文敏感的个性化 O2O 信息推荐服务的通用系统框架，如图 3-12 所示。

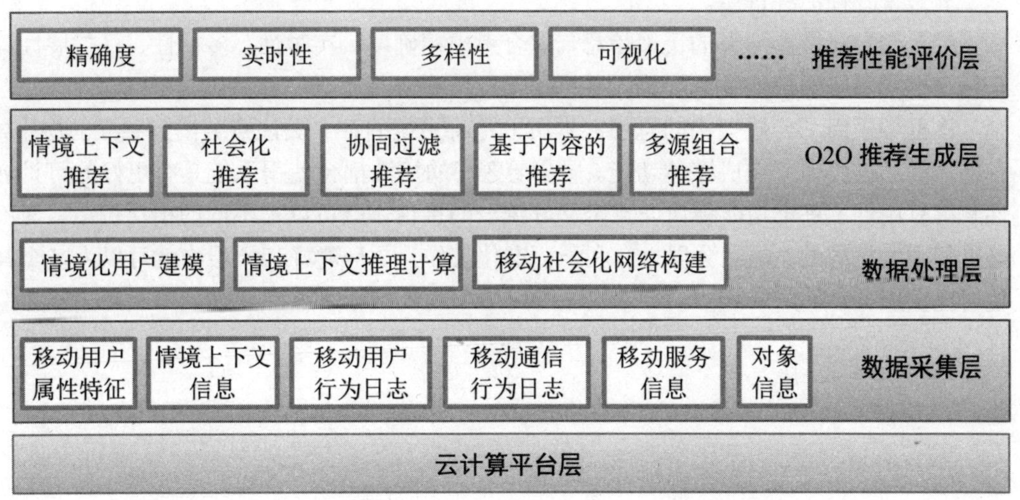

图 3-12 情境上下文敏感的个性化 O2O 信息推荐服务框架

该框架共包括以下五个层次。

一是云计算平台层。

该层为整个推荐系统框架提供基础服务，如数据的存储、计算等服务。主要包括存储云、数据云和计算云。其中存储云提供数据的存储服务；数据云提供数据的数据管理服务；计算云提供各种计算服务。

二是数据采集层。

通过传感器技术或其他方式获取用户基本信息、用户行为日志、移动网络服务信息、对象信息、情境上下文信息、通信行为日志等原始数据。

三是数据处理层。

对采集到的原始数据进行预处理；处理后的数据作为推荐系统的基础知识结构。主要包括对用户信息、情境上下文信息进行形式化表示，构建情境化的用户模型，开展情境上下文推理，对粗糙的情境上下文信息进行数量化计算或规则推理；构建移动社会化网络，即依据移动用户属性特征、移动通信行为日志、移动社交网络服务行为或基于位置的移动用户行为构建移动社会化网络。

四是 O2O 推荐生成层。

作为个性化 O2O 信息推荐系统框架的核心层，不但要实现协同过滤推荐、基于内容的推荐等基本推荐机制，还要重点实现融合情境上下文的 O2O 推荐、结合社会化网络的 O2O 推荐以及融合多源数据的组合 O2O 推荐。其中，融合情境上下文的 O2O 推荐包括基于时间的推荐、基于位置的推荐、基于多维情境上下文的推荐等，也可分为基于启发式方法和基于模型的方法；与融合情境上下文的 O2O 推荐类似，O2O 社会化推荐也有两种方法：基于启发式方法和基于模型的方法。融合多源数据的组合 O2O 推荐则需要依据不同权重对其他推荐方法产生的推荐结果进行综合排序。

五是推荐性能评价层。

结合用户对推荐结果的反馈信息，综合考虑精确度、实时性、多样性、可扩展性等指标对推荐系统的性能进行评价，并根据需要情况进行改进、完善。

该框架采用了分层架构的思想，本质上是将系统的各个关注点分离到独立的层中，各层之间通过协作来完成整体功能。层与层之间的松散耦合使得系统具有更好的可扩展性和可复用性。每个功能模块一旦定义好统一的接口，就可以被不同的模块调用，而不必重复开发相同的功能。分层也有利于标准化工作，一旦建好某一层次就可以为多个其他层提供服务。

第四章　基于多维情境上下文评分的个性化O2O信息推荐服务

4.1　基于多维评分的情境上下文建模

4.1.1　多维情境上下文评分模型

为了研究情境上下文敏感的推荐机制，Adomavicius（2005）提出了多维推荐空间的概念。所谓推荐空间（recommendation space），是指推荐发生的背景、环境等。传统信息推荐的推荐空间是二维的，即只包括用户和项目两个维度，因此传统推荐也被称为二维推荐。由于基本的二维推荐方法是以用户的历史评分为基础来推测用户对某个项目的可能评分，所以二维推荐机制可以表示为如下的评分函数：

$$R\text{：用户} \times \text{项目} \rightarrow \text{评分} \tag{4-1}$$

从该公式可以看出，最终的评分由用户与项目决定，而没有涉及情境上下文。而在情境上下文敏感的个性化 O2O 信息推荐机制中，推荐系统不仅考虑用户维、项目维，还加入一些重要的情境上下文维度如时间、地点等，由此形成多维推荐空间，因此情境上下文敏感的推荐机制也可以被称为多维推荐机制。

假设 $D_1, D_2, \cdots, D_n$ 表示情境上下文维度，其中两个维度分别是用户维与项目维，其他的维度都是情境维。每个维度 D_i 是一些属性 $A_{ij}\left(j=1,\cdots,k_i\right)$ 的笛卡尔积，即 $D_i \subseteq A_{i1} \times A_{i2} \times \cdots \times A_{ik_i}$，其中每个属性在不同的环境下都有确定的值，这些值构成一组属性值。如果一个属性的值或者多个属性的值的集合能够决定其他所有属性的值则称这个属性或者多个属性的集合为关键属性（key）。在一些情况下，一个属性的值可以决定一个维度的所有属性的值，则该维度的关键属性只有一个。例如用户维的所有属性的值可以由用户编号的值唯一决定，所以用户维的关键属性只有一个，即用户编号。

以三维推荐空间用户×项目×时间为例进行分析，其中用户维由用户编号、用户姓名、用户年龄等属性构成，并且由一组有特定的用户编号、用户姓名和用户年龄的用户组成。用户编号是用户维的关键属性。同理，项目维由项目编号、项目名称、项目价格等属性组成，并且由一组有特定的项目编号、项目名称、项目价格等属性的项目构成。项目编号是项目维的关键属性。时间维由时间编号、时间名称、具体时间（即年、月、日）等属性组成，并由一组特定时间编号、时间名称（工作日、周末、节假日）、具体时间（如从 2018 年 1 月 1 日到 2018 年 12 月 31 日）来构成。时间编号是时间维的关键属性。

给定维度 $D_1,D_2,\cdots,D_n$，可以定义这些维度的推荐空间为这些维度的笛卡尔积，即 $S=D_1\times D_2\times\cdots\times D_n$。则，多维推荐机制可以表述为如下的评分函数：

$$R:D_1\times D_2\times\cdots\times D_n\rightarrow 评分 \tag{4-2}$$

使用多维数据技术可以存储多维度下的各个评分。在推荐空间 $S=D_1\times D_2\times\cdots\times D_n$ 上的各评分结果 $r(d_1,d_2,\cdots,d_n)$ 可以直观地存储在多维立方体中的小方块中，由此形成多维情境上下文评分模型，如图 4-1 所示。图 4-1 中显示了一个用户 × 项目 × 时间的三维推荐空间的评分 $R(u,i,t)$，图中的立方体表示一个用户 × 项目 × 时间的三维推荐空间，各小方块中存放的是该三维空间下用户对项目的评分 $R(u,i,t)$。而三个表分别存储了用户维度、项目维度和时间维度中各属性的值。如图 4-1 中 $R(101,04,1)=9$ 表示用户 101 在时间 1 对项目 04 的评分是 9，即用户张芳在工作日 2018 年 1 月 9 日对项目 D20 的评分是 9。多维情境上下文评分模型在多维推荐机制中充当用户模型的角色。

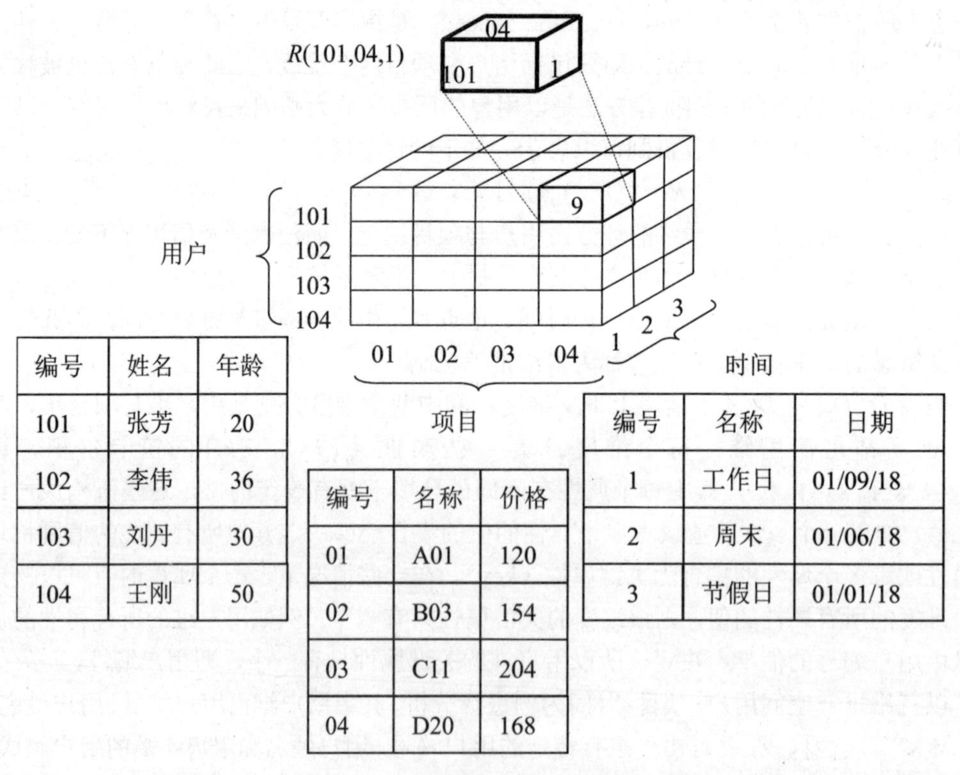

编号	姓名	年龄
101	张芳	20
102	李伟	36
103	刘丹	30
104	王刚	50

编号	名称	价格
01	A01	120
02	B03	154
03	C11	204
04	D20	168

编号	名称	日期
1	工作日	01/09/18
2	周末	01/06/18
3	节假日	01/01/18

图 4-1 用户×项目×时间推荐空间上的多维情境上下文评分

公式（4-2）中的评分函数 R 一般为部分函数，即已经有一部分初始评分直接从用户处获得或间接从一些应用中推断得到。所以，推荐系统中的关键问题就是如何对未知评分进行预测，使得评分函数变得完整。同样地，多维推荐机制也是对这些未知评分进行预测，不过在进行评分预测时要考虑情境上下文因素的影响。

下面以电影 O2O 推荐为例来分析多维推荐的维度。一个多维的电影 O2O 推荐应用中可以包含以下维度。

电影维（Movie）：包含向用户推荐的所有电影。电影维可以包含如下属性：电影标识（Movie ID）、电影名（Name）、导演（Director）、发行年份（Year）、电影类型（Movie Type）、主要演员（Main Actors）等。

用户维（User）：包含所有需要推荐服务的用户。用户维可以包含如下属性：用户标识（User ID）、用户名（Name）、住址（Address）、年龄（Age）、职业（Occupation）、客户类型（Cust Type）等。

地点维（Location）：包含可以观看电影的地方。地点维可以只有一个属性，就是地理位置。在电影 O2O 推荐中它有两种可能的取值：在电影院或者在家。

时间维（Time）：包含用户看电影的时间。时间维可以包含如下属性：日期（Time of Day），周几（Day of Week），月份（Month），年份（Year）等。

伴侣维（Companion）：表示是单独一个人看电影还是和其他人一起看电影。伴侣维同地点维类似，只有一个属性，属性值有“单独一个人”“与朋友一起”“与情侣一起”“与家人一起”等。

多维电影 O2O 推荐中，用户对电影的评分取决于该用户看电影的时间与地点以及与谁一起看电影。例如，推荐系统向张芳推荐电影时需要了解张芳此时所处的情境上下文，即她所处的时间（工作日还是周末），伴侣（单独一人，与朋友一起，与情侣一起，与家人一起），地点（家里，电影院）。

多维推荐机制中的一个重要问题是维度的选择。应用要选择出哪些维度确实对推荐结果有很大影响。例如，假设有某种情境维 X，该情境维只有一个属性，属性有两个可能的属性值，分别为 X=h 与 X=t。如果对于 X=h 与 X=t 这两种情况，用户的评分情况是一样的，说明情境维 X 对推荐结果没有什么影响，应该从多维推荐服务中删除。

传统的二维推荐只能提供一种推荐结果，即“推荐评分值最高或者排前 N 的项目给用户”，而情境上下文敏感的多维推荐机制能够提供更加个性化和精准的推荐结果。如多维的网页内容推荐服务向用户提供“在特定时间最适合用户浏览的页面”，而多维的电影 O2O 推荐服务能够向用户提供“在特点时间与谁一起在哪里看哪部电影”。

4.1.2 维度文档

多维推荐机制认为每个维度 D_i 由一组属性 $A_{ij}\left(j=1,\cdots,k_i\right)$ 构成，每个属性在不同的情况下有不同的属性值，属性 A_{ij} 构成每个维度 D_i 文档（Profile）的一部分。例如，在上面的电影 O2O 推荐系统例子中，用户维的属性如用户编号、姓名、地址、年龄、职业等是用户文档的一部分。维度文档可以分为以下几类：用户维度文档（即 User Profile），指描述用户综合信息的文档；项目维度文档（即 Item Profile），指描述被推荐对象的综合信息的文档；情境上下文维度文档（即 Context Profile），指描述环境综合信息的文档。

在建立这些维度文档之前，为了使多维推荐机制更容易普及与拓展，应用可以先设定这些文档的元数据（Metadata Model）模型。所谓元数据是关于数据的数据，或关于数据的结构化的数据。元数据可以描述信息资源或数据本身的特征和属性，规定数字化信息的组织，具有定位、发现、证明、评估、选择等功能。建立维度文档的元数据模型之后，维度文档可以遵循元数据模型的相关标准（规定）来建立。基于统一的元数据模型的维度文档更加容易普及，并且这些维度文档在使用过程中可以更加容易地加入新的因素，使得维度文档的拓展更加容易实现。通过元数据模型，可以把这些维度再分为不同的子维度（sub-dimensions），子维度由元组<属性，属性值>，即<attribute,value>表述。子维度可以只有单一的属性，也可以有多个复杂的属性。例如，地址可以由街道名称、街道号码、邮政区号、城市、国家等属性构成。基于统一的元数据模型，多维推荐服务中可以建立以下维度文档。

1. 用户维度文档

用户维度文档主要包含以下子维度。

（1）用户个人数据。

用户个人数据包括与用户相关的一些综合个人信息。如人口统计方面的资料（用户编号、姓名、身份证号、年龄、性别、籍贯、家庭住址）、就职信息、个人健康信息等。在信息推荐服务中，这些个人信息可以作为推荐算法的输入，被用作进行推荐时的一些过滤条件过滤掉一些不满足条件的项目，使信息推荐更加容易实现，并优化推荐效率。

（2）用户爱好。

用户爱好是用户维度文档中的中心维度，包含了与给定用户需求相关的属性与偏好。用户爱好可以包含一些关于用户某一特殊领域的特长信息以及用户感兴趣的主要项目信息。根据不同的应用，用户爱好可以有不同的形式。例如，在数据库应用中，用户爱好则由一系列的检索表达式来描述；在另一些应用中，用户爱好则由用户与系统交互的历史数据（如网页的浏览数据）构成；而在很多信息推荐应用中，用户爱好主要由用户对项目的评分数据构成。系统可以从用户对各项目的评分数据获得用户的爱好情况，从而基于用户爱好的基础上向用户提供个性化的推荐结果。

（3）安全与隐私。

安全与隐私维度主要是描述安全规则与行为限制章程，用来保障用户信息的安全、推荐结果的数据安全等。安全与隐私可以通过一些国际标准（如 P3P、PAPI 等）来实现。

在信息推荐中，安全与隐私文档一般不直接用在信息推荐算法中，而是在用户接收到系统提出的推荐项目名单之后，用户点击这些项目时推荐系统才需要使用到用户的安

全与隐私文档，以决定该项目最终能否展示给用户。

2. 项目维度文档

项目维度文档主要包括以下子维度。

（1）项目基本数据。

项目基本数据包括与项目相关的一些综合项目信息，如项目编号、项目名称、项目种类、项目简单说明等。在不同的推荐应用中，项目基本数据的种类是不同的，需要根据具体情况来设计。

（2）项目评分数据。

项目评分数据是指用户对项目表达喜爱程度的分数。推荐领域主要有两种评分体制：五分制与七分制。五分制共有 1～5 个评分即 1≤评分≤5。一般说来，分数越高，对该项目的喜爱度越高。“1”表示用户对该项目很不满意，“5”表示用户对该项目很满意。同样地，在七分制中，“1”表示用户对该项目很不满意，“7”表示用户对该项目很满意。评分数据是推荐系统最重要的数据基础。推荐系统首先需要获得用户对项目的评分数据，然后采用相应的算法预测出用户对某项目的评分，然后进行推荐。

（3）项目数据质量。

数据质量是项目维度文档的重要因素。大部分用户偏好与所获得的数据的准确性、数据的实时性、数据的稳定性密切相关。数据质量不仅仅与数据本身密切相关，还与数据源密切相关（如数据的可信赖度、数据的更新频率、数据的完整性）。例如，用户对某个电影下载网站的某一部电影的偏好程度不仅与该电影本身密切相关，还与提供该电影的网站有很大关系，如网站下载的速度、在线观看的速度等，都影响用户对该影片的偏好程度，进而影响用户对该电影的评分。在推荐系统中，数据质量可以作为是否向用户提供从某个数据源获得被推荐项目的重要依据。

3. 情境上下文维度文档

由于用户的爱好会随着用户所处的环境（如地点、时间等）而发生变化，所以推荐系统在向用户推荐项目时，需要考虑情境上下文维度。正如本书前面所阐述的，在多维推荐系统中，情境上下文是狭义的，即指有关推荐需求者即推荐用户的状态信息，如用户所在的地点、陪伴用户的伴侣、用户需要推荐时的时间与温度、用户当前的情绪（如音乐推荐应用中，用户当前的情绪状态对于音乐推荐服务而言十分重要）。移动通信设备、普适计算等技术的成熟使随时获得用户所处的情境上下文信息成为可能。在使用各种先进技术获得用户当前情境上下文信息之前，多维推荐系统要事先建立关于各种情境上下文信息的基本文档，即情境上下文维度文档，以便多维推荐系统在后面执行推荐算法时使用。

维度文档不仅仅包含构成维度的子维度以及子维度中的属性，还应包含以下内容。

衍生属性：主要指从情境维的基本属性衍生或者推断出来的一些统计数据。如从用户维数据中推断出的用户平均每个月看电影的次数；用户在某个电子商务网站年平均购买次数、月平均购买次数等统计数据。

推断规则：主要指从一些现象中推断出某种结果的规则。如在多维电影 O2O 推荐中，在建立用户文档的过程中，可以存储以下推断规则：李伟在周末的时候喜欢看动作电影，即 Name=“李伟”&Movie Type=“动作电影”& Day Of Week=“周末”。这个推断规则描述用户看电影的习惯。同理，在建立项目文档，如电影的文档时，可以存储以下推断规则：电影《钢琴家》一般被退休的留守老人在工作日观看，即 Movie Name=“钢琴家”& Day Of Week=“工作日”& Cust Type=“退休的留守老人”。

事件序列：一组连续发生的事件，如一组网页浏览行为的序列或者一系列电影观看的事件序列。例如，在建立用户文档的过程中，可以存储一组用户李芳的网页浏览行为。如李芳在访问某购书网站 ABC 时，经常先登录该网站的主页，然后点击“家居与园圃”类，然后再点击“园圃”类，最后退出网站，即 ABC：主页→家居与园圃→园圃→退出。这种用户行为序列可以使用数据挖掘工具从网络日志中获取。

维度文档的建立有以下好处。

首先，有利于推荐服务提供更加“丰富”的推荐结果。传统的推荐方法只是简单地向用户推荐“评分值排前 N”的项目。通过建立维度文档，系统可以利用获得的情境上下文信息提供更加“丰富”“具体”的项目，例如多维电影 O2O 推荐应用可以向用户推荐在周末时与情侣在电影院观看的电影。

其次，在推荐方法中使用情境上下文信息可以提供更加针对性的、个性化的信息。例如，当向大学生推荐电影时，服务只针对用户维中的“用户类型”为“大学生”的评分数据进行评分估算，得到的推荐结果相比传统的推荐技术更加有针对性。

4.1.3 多维情境上下文评分的聚合计算

4.1.3.1 情境上下文维度的层次结构

正如本书前面所分析的，多维推荐机制的情境上下文信息由一些情境上下文维度 K 构成，每个情境上下文维度 K 由一系列属性构成，即 $K=\left(k^1,\cdots,k^q\right)$，这些属性有着固定的等级框架结构。属性的选择代表着不同的等级（层次）形式。例如，在一个网络购物交易中，可以把购物的目的（可以视作一种目的情境）K 按照如下等级来处理，如图 4-2 所示。第一层是最底层，描述购买行为。第二层是对购物行为“目的”属性的分类 K^2 ={购物行为/个人目的，购物行为/礼物}，个人目的表示此次购物的目的是给自己购物，礼物表示此次购物的目的是送给别人。第三层是对第二层两个属性的进一步细分，如“个人目的”属性可以进一步分为以下不同目的情境：购买与工作相关的物品，以及其他物品；类似地，“礼物”属性也可以进一步细分为以下目的情境：给伴侣/朋友的礼物，以及给父母或其他亲人的礼物。通过分析 K^3 ={购买行为/个人目的/工作相关，

购买行为/个人目的/其他，购买行为/礼物/伴侣，朋友，购买行为/礼物/父母，其他亲人}。同理，第三层还可以进一步细分，得到第四层，K^4={购买行为/个人目的/工作相关，购买行为/个人目的/其他，购买行为/礼物/伴侣，朋友/伴侣，购买行为/礼物/伴侣，朋友/朋友，购买行为/礼物/父母，其他亲人/父母，购买行为/礼物/父母，其他亲人/其他亲人}。

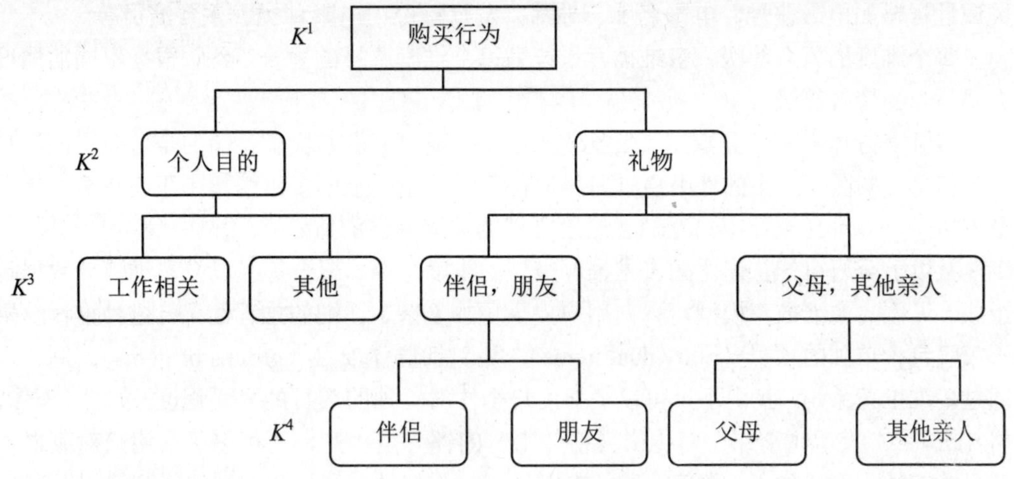

图 4-2　购买行为的目的情境层次结构

4.1.3.2　维度的聚合计算

多维推荐机制的一个关键的特征是以类似于多维数据仓库的形式存储多维评分数据，并支持不同等级的聚合计算。例如，可以从李伟对《角斗士》《叶问》等电影的评分数据中通过聚合计算得到李伟对动作电影的评分，如可以从大学生张芳、王丽等对电影《赵氏孤儿》的评分数据通过聚合计算得到所有大学生对电影《赵氏孤儿》的评分。为了方便分析，这里假设多维推荐机制中的每个维度 D_i 本来就有一些固有的聚合等级形式。例如，“产品”维可以使用标准的工业产品等级制，如北美工业分类系统。“时间”维可以使用一些固有的时间等级，如秒、分、时、天、月、季节、年等。在多维电影 O2O 推荐系统中，所有的电影可以分为不同的子类，子类可以进一步细分。“用户”维可以根据年龄或者职业以及一些其他市场营销领域中对用户进行分类的标准来进行等级区分。“地点”维可以分为在电影院、在家等。有些维度可以有多个聚合等级，如在电影 O2O 推荐中，时间维度可以有不同的等级（层次）形式，如时间{工作日、周末、节假日}，时间{春季、夏季、秋季、冬季}，时间{具体时间（秒/分/时）、日、月、年}等。在多维推荐系统中，应该根据该推荐系统的具体情况为每个情境上下文维度确定一个合适的等级形式。如在多维电影 O2O 推荐系统中，时间维度的等级形式可以选择为{工作日、周末、节假日}。

选择合适的聚合等级是多维推荐系统的一个重要问题。由于这里的研究重点是对多维推荐系统的结构以及多维推荐方法进行阐述，所以不再对如何选择合适的聚合等级进行分析。研究假设多维推荐系统已经为每个维度选择了一套恰当的聚合等级，多维推荐系统可以直接使用这些聚合等级。那么，一个优化的n-维的推荐模型包括以下内容：

各维度文档：在n-维下各种维度的数据文档。如用户维度文档、项目维度文档、情境上下文维度文档等。例如，在多维电影推荐系统中，项目维度文档包含所有电影的相关属性资料如电影编号、电影名称、导演、发行年份、电影种类、主要演员等。

每个维度的聚合等级：多维推荐系统为每个维度选择的聚合等级，根据不同的情况选择适当的聚合等级。

多维立方体中的评分数据：在多维立方体中每一个小方块里存储的是可获得的用户评分信息。如图4-1中的“用户×项目×时间”推荐空间上的多维情境上下文评分。为了节省空间，多维立方体中只存储各维度文档的关键属性的值。

从以上分析可知，优化的多维推荐模型由维度文档、聚合等级以及多维评分数据等组成。优化的多维推荐模型可以向用户提供更加复杂、详细的推荐结果。这种推荐结果不仅仅包含单独的项目（individual items），还包括群体项目（groups of items）。例如，通过多维推荐系统，我们不仅可以了解用户个体对单独的项目的喜爱程度，如R（李伟，格斗士）=7 表示“李伟”对电影《格斗士》的评分是“7”，还可以了解用户对某群体项目的喜爱程度，如R（李伟，动作电影）=5。类似地，我们也可以对用户维以及其他维度进行聚合分群。例如，通过对用户维聚合计算，可以了解某一用户群对某个项目甚至是某群体项目的评分。如在多维电影推荐系统中，可以获得“大学生”（用户群）对电影《格斗士》的评分。

一般而言，在多维推荐模型中，给定个体评分数据，我们可以利用聚合等级来计算得到聚合评分。例如，在多维电影推荐系统中，电影可以根据“电影种类”分成不同的群体，如“爱情电影”（love）、“动作电影”（action）、“科幻电影”（fiction）等。假设李伟喜爱看动作电影并对每一部动作电影给出了评分，则通过对李伟对每一部动作电影的个体评分进行聚合计算，可以得到李伟对“动作电影”整个群体的总体评分，即

$$R\left(\text{李伟},\text{动作电影}\right)=AGGR_{x.\text{MovieType=action}}R\left(\text{李伟},x\right) \tag{4-3}$$

大部分传统的联机分析处理系统采用的都是相似的聚合方法，如对所有等级因素的值进行简单的相加。然而，在多维推荐系统中，这种方法并不适用，因为评分数据并不能进行简单的相加。例如，李伟看了两部动作电影，并分别给出的评分为5和9，然而李伟对动作电影的总体评分并不能简单地由这两个评分相加而获得，即李伟对动作电影的评分≠14。因此，在多维推荐系统中要采用更加合理的聚合公式AGGR对这些评分进行聚合计算，可以采用以下聚合（AGGR）公式：AVG（平均值）法、排名前k的AVG（平均值）法以及其他更加复杂的数学方法来计算。例如采用AVG（平均值）法，可以计算出李伟对动作电影的总体评分，公式为：

$$R\left(\text{李伟，动作电影}\right)=AVG_{x.\text{MovieType=action}}R\left(\text{李伟},x\right) \tag{4-4}$$

在一些特殊的情况中，系统甚至可以根据实际情况自行定义一些公式来计算聚合评分。

4.2　基于多维情境上下文评分的信息推荐方法

4.2.1　基于多维情境上下文评分的信息推荐方法类型

根据 Adomavicius 等（2011）的研究，传统的信息推荐是基于用户偏好信息的基础上来开展的，即推荐系统的输入是用户对项目的偏好信息。这些偏好信息是推荐系统以直接或间接的方式获得并保存在系统数据库中的，通常是以记录<用户，项目，评分>的形式存储的。相比传统二维信息推荐而言，情境上下文敏感的多维信息推荐系统是在基于情境上下文的用户偏好基础上开展的，偏好信息是以记录<用户，项目，情境上下文，评分>的多维评分形式存储的。这些记录不仅包含用户对特定的项目的评分数据，还包含用户在消费该项目时所处的情境上下文信息。

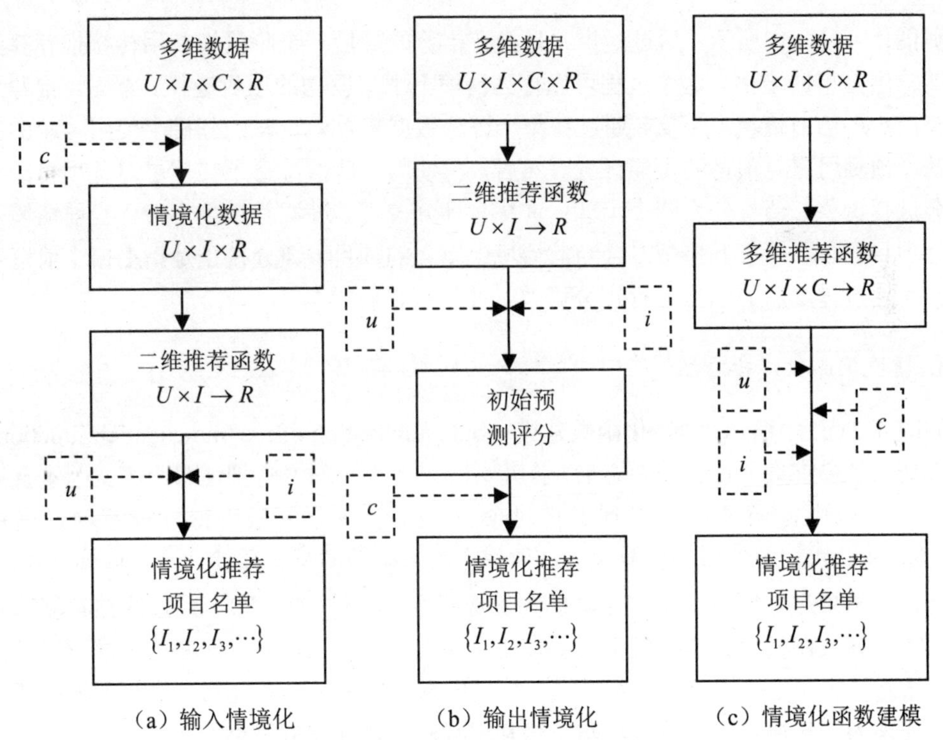

图 4-3　多维信息推荐的推荐流程

从图 4-3 中可以看到，多维信息推荐的推荐流程开始于输入数据$U \times I \times C \times R$，结束于给用户提供的一组推荐项目名单$\{I_1, I_2, I_3, \cdots\}$。多维信息推荐在流程的不同阶段可以使用当前的情境上下文c来开展 O2O 推荐活动。根据情境上下文信息c在推荐流程中的不同使用方法，可以把基于多维情境上下文评分的推荐方法分为预过滤推荐、后过滤推荐以及情境化函数建模三种。

1. 预过滤推荐方法

如图 4-3（a）中所示，预过滤推荐是指在推荐的第一个阶段把输入数据$U \times I \times C \times R$进行情境化。这个过程可以称为情境上下文驱动的数据选择（或者数据构建），即利用当前情境上下文信息c来选择相关评分数据，得到情境化数据$U \times I \times R$。筛选出符合当前情境上下文c的情境化数据$U \times I \times R$之后，基于这些选定的评分数据再采用传统的推荐算法来预测用户对项目的可能评分，最终得到推荐项目名单$\{I_1, I_2, I_3, \cdots\}$。所以，简单而言，预过滤推荐就是指在大范围的评分数据（如整个评分数据集）中根据当前情境上下文，选择出符合当前情境上下文的评分数据段，然后基于这些数据预测用户对项目的可能评分。

2. 后过滤推荐方法

如图 4-3（b）中所示，后过滤推荐是指在推荐的最后一个阶段把使用传统推荐算法得到的输出结果情境化。这个过程可以称为情境上下文驱动的项目选择。首先，推荐系统忽略用户的当前情境上下文，通过在整个评分数据集$U \times I \times R$的基础上使用传统的推荐算法，预测用户对项目的可能评分。然后，再使用当前情境上下文信息对各项目的预测评分进行调整。调整分为两个步骤：过滤与评分校正。过滤是指把不符合当前情境上下文的项目删除，只留下那些符合当前情境上下文的项目。评分校正是指根据当前情境上下文对经过过滤后的项目进行评分修改，并进行重新排名。

3. 情境化函数建模方法

如图 4-3（c）中所示，情境化函数建模（contextualization of recommendation function）是指在获得了多维数据$U \times I \times R$之后，推荐系统采用相应的方法把情境上下文因素直接纳入推荐函数中，通过计算得到用户对项目的可能评分，最终得到推荐项目名单$\{I_1, I_2, I_3, \cdots\}$。无论是把输入的数据进行情境上下文驱动的数据选择（即预过滤推荐），还是把输出结果进行情境上下文驱动的项目选择（即后过滤推荐），预过滤推荐算法与后过滤推荐算法在其相应的阶段都是要使用传统的推荐算法，可以说是传统推荐算法的演变。然而，情境化函数建模推荐方法打算采用真正的多维推荐算法。这些多维推荐算法最终表现为一些启发式计算方法与一些基于预测模型如贝叶斯网络的评分计算方法。这些算法能够把情境上下文信息加入用户、项目数据中，从而得到基于用户、项目和情境上下文的预测评分结果，即预测/评分$= R($用户,项目,情境上下文$)$。

下面将对这三类基于多维情境上下文评分的信息推荐方法进行详细阐述。

4.2.2　预过滤推荐方法

4.2.2.1　预过滤推荐方法的思想与流程

预过滤推荐方法最大的特点就是在推荐的第一个阶段把输入的多维数据 $U \times I \times C \times R$ 进行情境化。这个过程也被称为情境上下文驱动的数据选择（或者数据构建）。情境上下文驱动的数据选择的含义是指利用当前情境上下文信息 c 来过滤掉不符合 c 的评分数据，而选择符合 c 的相关评分数据，得到情境化的数据 $U \times I \times R$ 。完成情境上下文驱动的数据选择之后（即得到符合当前情境上下文 c 的情境化数据 $U \times I \times R$ ），基于这些选定的评分数据再采用传统的推荐算法来预测用户对项目的评分，根据预测评分最终得到推荐项目名单 $\{I_1, I_2, I_3, \cdots\}$ 。总而言之，预过滤推荐是指在大范围的评分数据中根据当前情境上下文，选择出符合当前情境上下文的评分数据段，然后基于这些数据预测用户对项目的可能评分。

预过滤推荐方法通过使用当前的情境上下文信息来选择（构建）情境化数据 $U \times I \times R$ ，从而在限定的数据范围内开展推荐。这种推荐方法的最大优势在于能够直接使用传统的推荐算法。这里在已有的研究基础上研制了以下几种预过滤推荐算法：基于降维（reduction-based）的预过滤推荐算法、基于降维的预过滤推荐算法与传统二维推荐算法的混合推荐算法、基于情境上下文相似度的预过滤推荐算法。这些算法的共同点是根据当前情境上下文来选择合适的评分数据，然后再采用传统的推荐算法来预测用户对项目的评分，从而向用户提出推荐结果。

4.2.2.2　基于降维的预过滤推荐算法

1. 基于降维的预过滤推荐算法概述

基于降维的预过滤推荐算法的原则是通过逐步减少情境上下文维度，把多维推荐问题转变成传统的二维（用户×项目）推荐问题。因此，基于降维的预过滤推荐算法的最大优势是情境上下文维度减少至两个维度（即用户维与项目维）后，能够直接使用传统的二维推荐算法。在使用基于降维的预过滤推荐算法的过程中，当前情境上下文 c 本质上是起查询的作用，即在多维评分数据集中查询符合当前情境上下文 c 的评分数据段。例如，对于多维电影推荐系统，如果一个用户想在周六看电影，希望获得推荐系统的推荐，那么该系统应该使用系统内周六的评分数据来向该用户推荐电影。

假设传统的评分预测函数为：

$$R^{D}_{U \times I} : U \times I \to R \tag{4-5}$$

其中，U 代表用户，I 代表项目，R 代表预测的评分，D 代表历史评分数据，由已知的记录<用户,项目,评分>组成。通过该评分预测函数，可以计算出用户对项目的可能评分，如 $R^{D}_{\text{用户}\times\text{项目}}(\text{李伟},\text{角斗士})$ 。

类似地，基于情境上下文的多维评分预测函数可以定义为：

$$R_{U\times I\times C}^{D}:U\times I\times C\to R \tag{4-6}$$

其中，U 代表用户，I 代表项目，C 代表情境上下文，R 代表预测的评分，D 代表历史评分数据，由已知的记录<用户,项目,情境上下文,评分>组成。则，该多维评分预测函数可以通过二维的预测函数来表示：

$$\forall(u,i,c)\in U\times I\times C, R_{U\times I\times C}^{D}(u,i,c)=R_{U\times I}^{D[C=c](U,\ I,\ R)}(u,i) \tag{4-7}$$

为了方便分析，这里先分析情境上下文维度固定为时间维的三维评分预测函数如何降维为传统的二维评分预测函数。

情境上下文维度为时间维的三维评分预测函数可以定义为：

$$R_{U\times I\times T}^{D}:U\times I\times T\to R \tag{4-8}$$

其中，U 代表用户，I 代表项目，T 代表时间，R 代表预测的评分，D 代表历史评分数据，由已知的记录<用户,项目,时间,评分>组成。则该三维评分预测函数可以通过二维的预测函数来表示：

$$\forall(u,i,t)\in U\times I\times T, R_{U\times I\times T}^{D}(u,i,t)=R_{U\times I}^{D[T=t](U,\ I,\ R)}(u,i) \tag{4-9}$$

在这里，条件$[T=t]$是用来进行情境上下文过滤的条件。$D[T=t](U,I,R)$就是通过过滤之后得到的评分数据段（dataset），该数据段只包含时间维的值为“t”的评分记录，并且显示用户和项目的值。如果把三维评分数据D看成一个关系，则$D[T=t](U,I,R)$就是在该关系上进行选择和投影运算的结果。选择运算的条件是“$T=t$”，投影运算选择列“U”（用户）、“T”（项目）、“R”（评分）进行投影。通过选择满足当前情境上下文的相应二维评分数据之后，可以采用传统的二维推荐算法如基于用户的协同过滤算法来计算用户对项目的未知评分，根据评分值最终得到推荐名单。

上面将三维的推荐函数按照当前情境上下文转换成二维的推荐函数的方法可以进行拓展。通过使用当前的情境上下文，可以将任意n维的多维推荐空间转换成m维的推荐空间，其中$n>m$。由于传统的推荐算法是针对二维的推荐空间提出的，所以本书提出的基于降维的推荐算法是把任意n维的多维推荐空间通过多次过滤，最终转换成二维的推荐空间，即m=2。

2. 情境上下文的泛化（context generalization）

过于明确的情境上下文会带来数据的“高稀疏性”。当降维的过滤条件太细化，那么评分数据中满足这种过滤条件的评分数据将会很少。例如，在多维推荐系统中，关于某用户与男朋友在周六去电影院看电影（即$c=$(男朋友,电影院,周六)）的评分数据可能非常少。

Adomavicius 等（2005）提出了“情境上下文的泛化”这一概念。情境上下文的泛化主要是指把过于“明确”的情境上下文一般化，将其转换为情境上下文等级结构中的上级情境上下文。例如，上面例子中的当前情境上下文为：$c=$(男朋友,电影院,周六)，

可以把该情境上下文泛化为$c'=(男朋友,电影院,周末)$。这里把情境上下文的泛化定义为：

$$c=(c_1,\cdots,c_k),\ c'=(c_1',\cdots,c_k'),\forall i=1,\cdots,k,c_i\to c_i' \tag{4-10}$$

即$c'=(c_1',\cdots,c_k')$是$c=(c_1,\cdots,c_k)$的泛化。

在多维推荐过程中，如果用户的当前情境上下文过于明确，就有必要对该情境上下文进行泛化，用泛化后的情境上下文作为降维的过滤条件，开展基于情境上下文泛化后的推荐。例如，前面的三维评分函数所使用的降维过滤条件为$[T=t]$，进行情境上下文泛化后，则可以使用过滤条件$[T\in S_t]$，其中S_t是当前情境上下文t所属的上级情境上下文（superset），称为情境上下文片段（contextual segment）。通过泛化处理之后，以上情境上下文维度为时间维的三维评分函数可以转化为如下二维评分函数：

$$\forall(u,i,t)\in U\times I\times T,R_{U\times I\times T}^{D}(u,i,t)=R_{U\times I}^{D[T\in S_t](U,\ I,\ R)}(u,i) \tag{4-11}$$

在同一情境上下文片段S_t中，在不同的时间点t、t'，同一用户对同一项目的偏好相似，但是具体的评分值可能还是不同的。如在情境上下文片段“S_t=周末”中的两个时间点“周六”与“周日”，可能某用户对项目的偏好程度是相似的，都是比较喜欢，但是该用户可能在周六给该项目的评分为 4（采用五分制评分），在周日给该项目的评分是 5。因此，在对推荐空间进行降维时，需要使用聚合函数$AGGR(R)$把这些不同的评分进行聚合，如通过取平均值的方法来聚合。所以，以上函数可以转化为：

$$\forall(u,i,t)\in U\times I\times T,R_{U\times I\times T}^{D}(u,i,t)=R_{U\times I}^{D[T\in S_t](U,\ I,\ AVG(R))}(u,i) \tag{4-12}$$

例如，在多维电影推荐系统中，如果要预测用户李伟在周六对电影《角斗士》的评分，在进行评分计算时，不仅要采用周六的评分数据，还要采用周日的评分数据，即把情境上下文“周六”泛化为“周末”，再以“$T\in$周末”为条件进行评分数据的过滤，即

$$R_{U\times I\times T}^{D}(李伟,角斗士,周六)=R_{U\times I}^{T\in周末(U,I,AGGR(R))}(u,i) \tag{4-13}$$

把以上情境上下文维度为时间维的二维评分函数进行拓展，可以得到多维的评分函数转化为二维评分函数的公式：

$$\forall(u,i,c)\in U\times I\times C,R_{U\times I\times C}^{D}(u,i,c)=R_{U\times I}^{D[C\in S_c](U,\ I,\ AGGR(R)}(u,i) \tag{4-14}$$

其中，S_c是当前情境上下文c的上级情境上下文。如果聚合函数$AGGR(R)$采用取平均值的办法，公式（4-14）可以转化为：

$$\forall(u,i,c)\in U\times I\times C,R_{U\times I\times C}^{D}(u,i,c)=R_{U\times I}^{D[C\in S_c](U,\ I,\ AVG(R)}(u,i) \tag{4-15}$$

采用不同的泛化原则，多维推荐系统对情境上下文的泛化结果也不相同。例如，采用“是否从属于（belongs-to）”这一原则，多维电影推荐系统中可以有以下的情境上下文分类等级：

伴侣维：女朋友→朋友→不单身一人

地点：电影院→任意地点

时间：周六→周末→任意时间

则对于当前情境上下文 $c = (女朋友,电影院,周六)$，根据推荐的需要，可以有不同的泛化结果：

$c' = (女朋友,任意地点,周六)$

$c' = (朋友,电影院,任意时间)$

$c' = (不单身一人,电影院,周末)$

……

因此，在多维推荐系统中，如果需要对当前情境上下文进行泛化，要根据推荐的具体需要，选择当前情境上下文适当的上级情境上下文进行泛化。

3. 基于降维的预过滤推荐算法改进

现有的对基于降维的预过滤推荐算法的研究中，作出较大贡献的是 Adomavicius。本书提出的基于降维的预过滤推荐算法是在 Adomavicius（2005）的算法基础上改进的。由于 Adomavicius 的算法在进行情境上下文过滤的时候选择的过滤条件是 $C = c$，导致算法所依据的评分数据的稀疏度过大。而本书提出的算法进行了改进，过滤的条件是 $C = c$ 或者 $C \in S_c$，因此大大减小了算法所依据的评分数据的稀疏度。

在本书提出的基于降维的预过滤推荐算法（改进）中，采取的过滤条件分为两种：一种是"绝对过滤"，即只选取完全属于当前情境上下文的评分数据段进行推荐，其过滤条件为"$C = c$"；另外一种是"相对过滤"，即选取属于当前情境上下文的泛化结果的评分数据段进行推荐，其过滤条件为"$C \in S_c$"，其中 S_c 是当前情境上下文所属的上级情境上下文。这里把这两种过滤进行了结合，研制了改进的基于降维的预过滤推荐算法，以下是具体步骤：

其中，$S_{aU_j} = \left\{ s \in S \middle| R_{a,s} \neq \varphi \,\&\, R_{U_j,s} \neq \varphi \right\}$。$\overline{R_a}$ 是 TD 中目标用户 a 对所有项目评分的平均值，$\overline{R_{U_j}}$ 是 TD 中用户 U_j 对所有项目评分的平均值。$k = 1 / \sum_{U_j \in \hat{C}} \left| sim(a, U_j) \right|$，$\hat{C}$ 是与目标用户 a 最相似的 N 个用户的集合，即与目标用户的相似度的值排名前 N 的用户。N 的值一般由推荐系统预先指定。

图 4-4 展示的算法中，1～6 步的主要功能是对多维评分数据进行"绝对过滤"和"相对过滤"，选择出历史情境上下文与当前情境上下文完全一致或者历史情境上下文属于当前情境上下文的某一上级情境上下文的评分数据段 MD。7～9 步的主要功能是对 MD 中的多种情境上下文中同一个用户对同一项目的不同评分数据进行聚合计算，本算法采用函数 AVG 来求这些评分的平均值，得到用户对某一项目的最终评分，并把元组（用户,项目,评分）存储到 TD 中，从而得到进行了情境上下文过滤后的最终的评分数据段 TD。10～12 步的主要功能是对评分数据段 TD 采用传统二维推荐算法进行评分预测，其中用户相似度的算法，这里采用相关相似度算法。通过以上算法预测出目标用户对多个项目的评分之后，根据目标用户对所有项目的评分值大小进行降序排列，就可以得到推荐给用户的候选项目名单 $I_1, I_2, I_3, \cdots$。

算法 1　基于降维的预过滤推荐算法

输入：

多维评分数据集 MR，$MR=\left\{\left(U_j,I_k,C_l,R_{U_j,I_k,C_l}\right)\right\}$，　$j=1,\cdots,m$，$k=1,\cdots,n$（总共 m 个用户，n 个项目）。C_l 为多维评分数据中的历史情境上下文，$l=1,\cdots,q$。

当前情境上下文 c，目标用户 a

输出：当前情境上下文 c 下目标用户 a 对项目 I_i 的预测评分 $P_{a,I_i,c}$

算法步骤：

$MD=\Phi$，$TD=\Phi$

$for\ \ all\left(U_j,I_k,C_l,R_{U_j,I_k,Cl}\right)\in MR$

　$if\ \ C_l=c$ or $C_l\in S_c$

　　$MD=MD\bigcup\{(U_j,I_k,C_l,R_{U_j,I_k,C_l})\}$

　$else$

　　$MD=MD\cup\Phi$

$for\ \ all\left(U_j,I_k,C_l,R_{U_j,I_k,Cl}\right)\in MD$

　$R_{U_j,I_k}=AVG\left(R_{U_j,I_k,C_l}\right)$ //用户 U_j 对项目 I_k 的评分等于多种历史情境上下文 C_l 下的评分均值

　$TD=TD\cup\left\{\left(U_j,I_k,R_{U_j,I_k}\right)\right\}$

for $all\left(U_j,I_k,R_{U_j,I_k}\right)\in TD$

$$sim\left(a,U_j\right)=\frac{\sum_{s\in S_{aU_j}}\left(R_{a,s}-\overline{R_a}\right)\left(R_{U_j,s}-\overline{R_{U_j}}\right)}{\sqrt{\sum_{s\in S_{aU_j}}(R_{a,s}-\overline{R_a})^2\sum_{s\in S_{aU_j}}(R_{U_j,s}-\overline{R_{U_j}})^2}}$$

$$P_{a,I_i,c}=\overline{R_a}+k\sum_{j=1}^{N}(R_{U_j,I_i}-\overline{R_{U_j}})\times sim(a,U_j)$$

图 4-4　基于降维的预过滤推荐算法伪码

4.2.2.3　基于降维的预过滤推荐算法与传统二维推荐算法的混合推荐算法

1. 相关概念与说明

传统的二维推荐算法是在获得的整个评分数据集基础上建立一个整体（global）的评分预测模型，而基于降维的预过滤推荐算法是在与用户当前情境上下文（如周末）相关的评分数据段基础上建立一个局部（local）的评分预测模型。由基于降维的预过滤推荐算法建立的局部模型是否比传统二维方法建立的整体模型更加有效显得十分重要。例如，对于要推荐周末在电影院看的电影，也许采用基于降维的预过滤推荐算法更加合适，而对于要推荐在家看的影碟，可能采用传统的二维推荐算法更加有效。一方面，基于降维的预过滤推荐算法开展推荐的基础是一个与当前情境上下文更加相关的（more relevant）特殊的评分数据段。另一方面，这个特殊的评分数据段包含的数据又比传统方

法依靠的数据要少（fewer data）。正是由于这两个原因，基于降维的预过滤推荐算法在有的情况下比传统方法有效，在有的情况下又不如传统方法有效。所以，多维推荐系统可以联合基于降维的预过滤推荐算法与传统的二维推荐算法来开展混合推荐。在什么情况下使用基于降维的预过滤推荐算法、什么情况下使用传统的二维方法是研究的重点，这里在已有研究的基础上提出了改进的混合推荐算法。

为了联合使用基于降维的预过滤推荐算法与传统二维推荐算法，需要通过一些评价指标来判定在各评分数据段上面哪种推荐算法更加优越。衡量推荐算法优越性的评价指标主要有平均绝对误差 MAE（Mean Absolute Error）、精准率（Precision）、召回率（Recall）以及 F 值（F-measure）等。这里用一个抽象的评价指标 μ 来表示，μ 表示从上面的评价指标中任意选择的评价指标。$\mu_{A,X}(Y)$ 表示用 μ 评价推荐算法 A 在评分数据段 X 上面进行训练，在评分数据段 Y 上进行验证得到的预测评分的正确性，其中 $X \cap Y = \Phi$。

2. 混合推荐算法

基于降维的预过滤推荐算法与传统二维推荐算法的混合推荐算法的推荐流程如下：

（1）情境上下文数据段选择阶段：情境上下文数据段是指评分数据集中情境上下文相同或者上级情境上下文相同的评分数据的子集。情境上下文数据段的选择是指从已知评分数据集中，选择出使用基于降维的预过滤推荐算法的推荐结果优于使用传统推荐算法的评分数据段，得到这些评分数据段的集合就是情境上下文数据段 $\overline{SEGM(T)}$，如图 4-5 所示。

图 4-5 中，$Context(R_i)$ 是指记录 R_i 的情境上下文，$Super\ Context(R_i)$ 是指记录 R_i 的上级情境上下文。

情境上下文数据段选择阶段可以分为两步。其中 1～12 属于第一步，该步主要是确定多维评分数据集 T 中哪些评分数据段是“大”的评分数据段。“大”的评分数据段是指该评分数据段的评分数目足够多。只有在评分数目足够多的评分数据段中进行算法的比较才有意义，否则如果评分数目太少，稀疏度很大，算法的执行就比较困难。首先对多维评分数据集 T，按照历史情境上下文的值进行分类，把属于相同情境上下文的评分数据段或者属于相同上级情境上下文的评分数据段聚合在一起。然后要确定一个阈值“H”，评分数目大于该值的评分数据段为“大”的评分数据段，并得到这些“大” 的评分数据段的集合作为初始情境上下文数据段 $SEGM(T)$。13～17 属于第二步，该步主要是在“大”的初始情境上下文数据段集合中找到所有的使用基于降维的预过滤推荐算法的推荐结果优于传统推荐算法的情境上下文数据段。使用基于降维的预过滤推荐算法 A 在评分数据段 S_k（$S_k \in SEGM(T)$）上进行数据训练与验证，并计算出评价指标 $\mu_A, S_k(S_k)$。同时使用传统二维算法 B 在多维评分数据集 T 上进行数据训练，在评分数据段 S_k 上进行验证，并计算出评价指标 $\mu_{B,T}(S_k)$。比较 $\mu_{A,S_k}(S_k)$ 与 $\mu_{B,T}(S_k)$ 的优越性，找到 $\mu_A, S_k(S_k)$ 优于 $\mu_{B,T}(S_k)$ 的评分数据段，找到的这些评分数据段的集合就是最终的情境上下文数据段 $\overline{SEGM(T)}$。

算法 2　情境上下文数据段选择算法

输入：

T　多维评分数据集

μ　某评价指标

A　基于降维的预过滤推荐算法

B　传统推荐算法

H　确定某评分数据段是“大”评分数据段的阈值

输出：

$\overline{SEGM(T)}$——使用基于降维的预过滤推荐算法 A 进行推荐的推荐结果优于使用传统推荐算法 B 的情境上下文数据段

算法步骤：

$SEGM(T)=\Phi$，　$\overline{SEGM(T)}=\Phi$

$for\ \ all\ \ R_i \in T$　//R_i 是 T 中的每一条记录

　$S_k=\{R_i\}$ //S_k 用来存放找到的具有相同情境上下文或者相同上级情境上下文的评分数据

　$for\ \ all\ \ R_j \in T$ and $R_j \neq R_i$

$if\ \ Context(R_i)=Context(R_j)\ \ or\ \ SuperContext(R_i)=SuperContext(R_j)$

　　　$S_k=S_k \cup \{R_j\}$

　$T=T-S_k$

$for\ \ all\ \ S_k$

　$m=count(S_k.Ratings)$　// m 等于 S_k 中的评分数目

　$if\ \ m>H$　//如果 m 大于阈值“H”

　　$SEGM(T)=SEGM(T)\cup\{S_k\}$

　$else\ \ SEGM(T)=SEGM(T)\cup\Phi$

$for\ \ all\ \ S_k \in SEGM(T)$

　$if\ \ \mu_{A,S_k}(S_k)\ \ is\ \ better\ \ than\ \ \mu_{B,T}(S_k)$ //当以 MAE 作评价指标，$better$ 指 MAE 小的算法推荐效果好，当以 $Precision$，$Recall$，$F-measure$ 为评价指标，$better$ 指 $Precision$，$Recall$，$F-measure$ 值大的算法推荐效果好。

　　$\overline{SEGM(T)}=\overline{SEGM(T)}\cup\{S_k\}$

　$else\ \ \overline{SEGM(T)}=\overline{SEGM(T)}\cup\Phi$

$return\ \ \overline{SEGM(T)}$

图 4-5　情境上下文数据段选择算法伪码

（2）评分预测阶段：计算当前情境上下文 c 下目标用户 a 对项目 I_i 的预测评分。首先对当前情境上下文 c 进行分析，再选择合适的推荐算法进行评分预测。对当前情境上下文 c 进行分析，主要是：

① 分析当前情境上下文 c 是否属于任意 $\{Context(S_i)\}$，如果属于则采用基于降维的预过滤推荐算法进行评分预测计算；

② 如果当前情境上下文 c 不属于所有 $\{Context(S_i)\}$，则使用传统二维推荐算法进行评分预测。

评分预测阶段的算法如图 4-6 所示：

算法 3　混合推荐算法中的评分预测算法
输入： $\overline{SEGM(T)}=\{S_1,\cdots,S_k\}$，其中，情境上下文数据段 $S_1,\cdots,S_k$ 按照其评价指标的优越性，进行降序排列，即 μ_{A,S_1} 最优，μ_{A,S_k} 最差 T　多维评分数据集 A　基于降维的预过滤推荐算法 B　传统推荐算法 c　当前情境上下文 a　目标用户 输出：当前情境上下文 c 下目标用户 a 对项目 I_i 的预测评分 $P_{a,I_i,c}$ 算法步骤： 1　$j=0$ 2　$compute$:　$j=\min\limits_{i=1,\cdots,k}\{i \mid c\in\{Context(S_i)\}\}$ 3　if　$j\neq 0$ 4　$P_{a,I_i,c}=R_{A,S_k}$　//采用基于降维的预过滤推荐算法 A 在 S_k 上找到目标用户 a 的最近邻用户，通过整合计算得到当前情境上下文 c 下目标用户 a 对项目 I_i 的预测评分 5　$else$ 6　$P_{a,I_i,c}=R_{B,T}$　//采用传统推荐算法 B 在评分数据集 T 上找到目标用户 a 的最近邻用户，通过整合计算得到当前情境上下文 c 下目标用户 a 对项目 I_i 的预测评分

图 4-6　混合推荐算法中的评分预测算法伪码

评分预测算法分为以下两步：1～4 是第一步，主要功能是分析当前情境上下文 c 是否属于 $\{Context(S_i)\}$，如果属于则采用基于降维的预过滤推荐算法进行预测评分计算。在采用基于降维的预过滤推荐算法进行预测评分计算之前，要观察当前情境上下文 c 是否属于多个 $\{Context(S_i)\}$，如果是，则找出评价指标最好的 S_i，然后在 S_i 中找到目标用户 a 的最近邻用户，计算出预测评分。情境上下文数据段中的评分数据段 $S_1,\cdots,S_k$ 是根据评价指标 μ 的优越性进行降序排列的，即在 S_1 上采用基于降维的预过滤推荐算法的推荐效果最好。因此，在找出的多个 S_i 中选择序号最小的情境上下文数据段即可。5～6 是第二步，主要功能是判断当前情境上下文 c 是否不属于所有的 $\{Context(S_i)\}$，如果不属于就使用传统二维推荐算法进行预测评分的计算。

4.2.2.4　基于情境上下文相似度的预过滤推荐算法

前面分析的基于降维的预过滤推荐算法是在多维评分数据集内根据当前情境上下文作简单的过滤，并没有对情境上下文之间的相似度进行分析。本书提出了一种新的基于情境上下文相似度的预过滤推荐算法。

基于情境上下文相似度的预过滤推荐算法需要计算出历史情境上下文 C_l 与当前情境上下文 c 的相似度。这里根据不同情境上下文中的用户评分，采用相关相似度算法来计算情境上下文的相似度。情境上下文相似度的算法分为基于用户的情境上下文相似度与基于项目的情境上下文相似度。基于情境上下文相似度的预过滤推荐算法采用基于用户的情境上下文相似度算法来计算情境上下文之间的相似度。基于用户的情境上下文相似度算法从用户的角度观察各情境上下文中的评分数据，并采用相关相似度来计算出各情境上下文之间的相似度。基于用户的情境上下文相似度算法的主要流程如下：

1. 构建基于用户的情境上下文评分矩阵

在计算基于用户的情境上下文相似度之前，首先要对多维推荐系统中的多维评分数据进行处理，构建基于用户的情境上下文评分矩阵，如表 4-1 所示。

表 4-1　用户×情境上下文×项目的评分矩阵

情境上下文号	项目号	U_1	U_2	…	…	U_m
C_1	I_1	4	5	…	…	5
C_1	I_2	3	5	…	…	1
…	…	…	…	…	…	…
C_1	I_n	1	5	…	…	4
C_2	I_2	5	1	…	…	2
C_2	I_6	4	5	…	…	4
…	…	…	…	…	…	…
C_j	I_{24}	5	1	…	…	4
…	…	…	…	…	…	…
C_j	I_n	3	4	…	…	1

基于用户的情境上下文相似度的主要思想是从用户的角度来观察情境上下文，把情境上下文看成用户空间的向量，然后通过计算相关相似度的值来获得情境上下文之间的相似度的值。

用户在同一情境上下文中可能对多个项目进行了评分，如表 4-1 所示。

由于基于用户的情境上下文相似度算法是从用户的角度来观察各情境上下文中的评分的，所以需要将上表转换成只包含用户和情境上下文的评分矩阵。从表 4-1 中可以看到，在同一情境上下文中用户可能对多个项目给出了评分，那么通过计算这些评分的平均值，可以得到用户在某一情境上下文中给出的整体评分值。因此，可以把表 4-1 转化成表 4-2。

表 4-2 用户×情境上下文的评分矩阵

C \ U	U_1	U_2	U_3	…	U_m
C_1	3	4	1	…	4
C_2	1	3	5	…	1
C_3	4	1	3	…	5
…	…	…	…	…	…
C_x	3	1	5	…	1

2. 计算基于用户的情境上下文相似度

从用户的角度观察各情境上下文中的评分数据，通过采用相关相似度算法来计算出各情境上下文之间的相似度。采用相关相似度算法中的 Pearson 相关相似度公式，历史情境上下文 C_l 与当前情境上下文 c 之间的相似度由以下公式计算：

$$sim(C_l,c)=\frac{\sum_{u\in U_{C_l,c}}\left(R_{u,C_l}-\overline{R_{C_l}}\right)\left(R_{u,c}-\overline{R_c}\right)}{\sqrt{\sum_{u\in U_{C_l,c}}(R_{u,C_l}-\overline{R_{C_l}})^2}\sqrt{\sum_{u\in U_{C_l,c}}(R_{u,c}-\overline{R_c})^2}} \tag{4-16}$$

其中，$U_{C_l,c}$ 表示是在历史情境上下文 C_l 与当前情境上下文 c 下给过评分的用户集合，$U_{C_l,c}=\left\{u\in U \middle| R_{u,C_l}\neq\varphi \,\&\, R_{u,c}\neq\varphi\right\}$。

基于情境上下文相似度的预过滤推荐算法通过公式（4-16）计算出不同情境上下文与当前情境上下文的相似度的值。根据各情境上下文与当前情境上下文相似度的值的大小进行降序排列。然后设定一个阈值 M，选择排名小于等于该阈值的情境上下文作为与当前情境上下文足够相似的情境上下文。基于降维的预过滤推荐算法并没有真正考虑情境上下文之间的相似度，只是简单地采用“绝对过滤”与“相对过滤”的方法。由于“绝对过滤”方法所选择的评分数据段是完全与当前情境上下文相等的评分数据段，与当前情境上下文是完全相似的，其相似度为 1。而“相对过滤”方法中所选择的评分数据段是属于当前情境上下文的某一上级情境上下文的评分数据段，这些评分数据段的情境上下文可能并不一定和当前情境上下文相似。本书提出的基于情境上下文相似度的预过滤推荐算法中，进行过滤时选择排名小于等于阈值 M 的评分数据段作为与当前情境上下文足够相似的评分数据段，其中包含了基于降维的预过滤推荐算法中的“绝对过滤”所选择的评分数据段，即当前情境上下文的评分数据段。

选择出与当前情境上下文足够相似的评分数据段之后，对这些评分数据段进行评分处理。由于有多个评分数据段，各用户可能在多个评分数据段中对同一个项目都有评分，所以这里采用求平均值的方法计算出用户在与当前情境上下文相似的评分数据段中对各项目的评分，从而得到最终的与当前情境上下文相似的评分数据段。然后在该评分数据段上采用传统推荐算法来计算预测评分，即在最终的与当前情境上下文相似的评分数

据段中计算其他用户与目标用户的相似度，找到目标用户的 N 个最近邻用户，找到最近邻用户之后进行评分计算。以下是基于情境上下文相似度的预过滤推荐算法。

算法 4　基于情境上下文相似度的预过滤推荐算法

输入：

多维评分数据 MR， $MR=\left\{\left(U_j,I_k,C_l,R_{U_j,I_k,C_l}\right)\right\}$， $j=1,\cdots,m$， $k=1,\cdots,n$（总共 m 个用户， n 个项目）。C_l 为多维评分数据中的历史情境上下文，$l=1,\cdots,q$。

当前情境上下文 c，目标用户 a

M：与当前情境上下文足够相似的评分数据段的数目

输出：当前情境上下文 c 下目标用户 a 对项目 I_i 的预测评分 $P_{a,I_i,c}$

算法步骤：

$MD=\Phi$， $TD=\Phi$

$R_{U_j,C_l}=AVG\left(R_{U_j,I_k,C_l}\right)$ //对多维推荐系统中的多维评分数据进行处理，各情境上下文中用户的评分等于各情境上下文中用户对各项目评分的平均值

for $l=1$ *toq*

$sim(C_l,c)=\dfrac{\sum_{u\in U_{C_l,c}}\left(R_{u,C_l}-\overline{R_{C_l}}\right)\left(R_{u,c}-\overline{R_c}\right)}{\sqrt{\sum_{u\in U_{C_l,c}}(R_{u,C_l}-\overline{R_{C_l}})^2}\sqrt{\sum_{u\in U_{C_l,c}}(R_{u,c}-\overline{R_c})^2}}$ //其中 $U_{C_l,c}=\left\{u\in U\middle|R_{u,C_l}\neq\varphi\,\&\,R_{u,c}\neq\varphi\right\}$

$\{C_l\}=\{C_1,C_2,\cdots,C_q\}$， $sim(C_1,c)>sim(C_2,c)\cdots>sim\left(C_q,c\right)$ //对情境上下文按照其与当前情境上下文相似度的值进行降序排列

for $all\left(U_j,I_k,C_l,R_{U_j,I_k,Cl}\right)\in MR$

　if $l<=M$

　　$MD=MD\bigcup\{(U_j,I_k,C_l,R_{U_j,I_k,C_l})\}$

　else

　　$MD=MD\cup\Phi$

for *all* $\left(U_j,I_k,C_l,R_{U_j,I_k,Cl}\right)\in MD$.

　$R_{U_j,I_k}=AVG\left(R_{U_j,I_k,C_l}\right)$. //用户 U_j 对项目 I_k 的评分等于各情境上下文 C_l 下的评分平均值

$TD=TD\cup\left\{\left(U_j,I_k,R_{U_j,I_k}\right)\right\}$

for *all* $\left(U_j,I_k,R_{U_j,I_k}\right)\in TD$

　$sim\left(a,U_j\right)=\dfrac{\sum_{s\in S_{aU_j}}\left(R_{a,s}-\overline{R_a}\right)\left(R_{U_j,s}-\overline{R_{U_j}}\right)}{\sqrt{\sum_{s\in S_{aU_j}}(R_{a,s}-\overline{R_a})^2\sum_{s\in S_{aU_j}}\left(R_{U_j,s}-\overline{R_{U_j}}\right)^2}}$

$P_{a,I_i,c}=\overline{R_a}+k\sum_{j=1}^{N}(R_{U_j,I_i}-\overline{R_{U_j}})\times sim(a,U_j)$

图 4-7　基于情境上下文相似度的预过滤推荐算法伪码

其中，$S_{aU_j}=\left\{s\in S\middle|R_{a,s}\neq\varphi\,\&\,R_{U_j,s}\neq\varphi\right\}$。$\overline{R_a}$ 是目标用户 a 对所有项目评分的平均值，$\overline{R_{U_j}}$ 是 TD 中用户 U_j 对所有项目评分的平均值。$k=1/\sum_{U_j\in\hat{C}}\left|sim\left(a,U_j\right)\right|$，$\hat{C}$ 是 TD 中与目标用户 a 最相似的 N 个用户的集合，即与目标用户的相似度的值排名前 N 的用户。N 的值一般由推荐系统预先指定。

展示的算法中，1～6 步的主要功能是根据多维评分数据集 *MR*，计算出各情境上下文与当前情境上下文的相似度，并按照相似度的值降序排列。7～11 步是找出与当前情境上下文比较相似的评分数据段 *MD* 。12～14 步是对找出来的评分数据段 *MD* 进行评分处理，对 *MD* 中的多种情境上下文中同一个用户对同一项目的不同评分数据进行聚合计算。本算法采用函数 *AVG* 来求这些评分的平均值，得到用户对某一项目的最终评分，从而得到最终的评分数据段 *TD* 。15～17 步的主要功能是对评分数据段 *TD* 采用传统二维推荐算法进行评分预测。预测出目标用户对各项目的评分之后，根据目标用户对所有项目的评分值大小进行降序排列，就可以得到推荐给用户的候选项目名单 $I_1,I_2,I_3,\cdots$。

在基于情境上下文相似度的预过滤推荐算法中，对阈值 M 的设定非常重要。推荐系统应该根据具体情况选择一个恰当的阈值，作为判断某历史情境上下文与当前情境上下文是否相似的依据。本书在第六章的应用实践中，将设定多个阈值，通过比较不同阈值下基于情境上下文相似度的预过滤推荐算法各评价指标的值，选择出最优的阈值 M。

4.2.3 后过滤推荐方法

4.2.3.1 后过滤推荐方法的思想与流程

Panniello 等（2009）指出与预过滤推荐过滤方法不同，在开展推荐过程中，后过滤推荐方法对输入的数据进行处理时忽略情境上下文信息，直接在所获得的所有输入数据 $U\times I\times C\times R$ 的基础上，采用传统二维推荐算法进行计算，得到用户对各项目的预测评分。然后对各预测评分进行基于用户当前情境上下文 c 的调整。最后从调整后的预测评分中获得候选的推荐项目名单 $\left\{I_1,I_2,I_3,\cdots\right\}$ 。其中，对预测评分的调整分为以下两种方法：

（1）过滤（Filtering）：根据目标用户 a 的当前情境上下文，把目标用户对各项目预测评分中与当前情境上下文不相关（irrelevant）的项目的预测评分修改为零，即把该项目直接过滤掉，不纳入候选的推荐项目名单中，其他剩下的项目就是当前情境上下文比较相关的项目，按照其预测评分的值进行降序排列。

（2）评分校正（Rating Adjusting）：根据各项目与目标用户 a 的当前情境上下文相关的程度，进行评分的重新计算，并根据得到的修改结果，按照大小对项目进行降序排列。

采用以上两种方法中的一种，推荐系统可以得到最终的情境化推荐项目名单

$\{I_1, I_2, I_3, \cdots\}$。后过滤推荐方法的流程如图 4-8 所示。

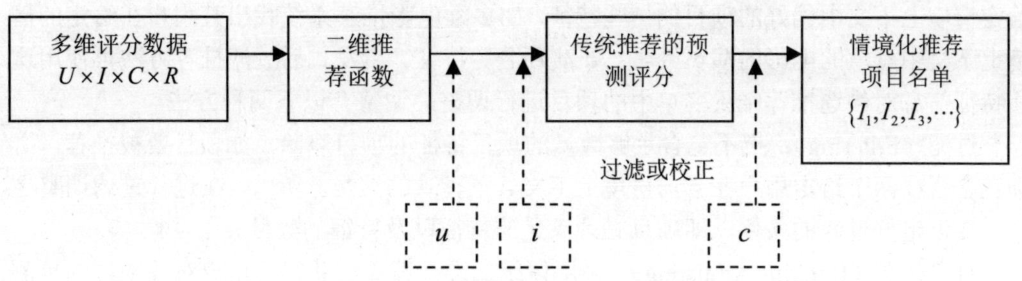

图 4-8　后过滤推荐方法的流程

例如，在电影 O2O 推荐应用中，如果一个用户想在周末看电影，需要获得推荐系统的服务。那么该多维电影推荐系统首先对该用户采用传统二维推荐算法得到该用户对所有项目（电影）的预测评分。然后，推荐系统根据历史的用户文档，发现该用户在周末只看喜剧电影。则基于后过滤推荐的思想，系统可以将那些非喜剧类的电影全部过滤掉，只留下用户的喜剧电影预测评分数据，然后进行降序排列，得到候选的推荐电影名单，或者根据其他因素（如用户在周末看的电影的演员特征），对前面采用传统二维推荐算法得到的预测评分进行重新计算，对得到的修改结果进行降序排序，从而得到候选的推荐电影名单。

后过滤推荐方法的基本思想是分析指定用户在给定情境上下文中的“情境化偏好数据”，从而得到该用户基于情境上下文的用户偏好特征（如张芳在周末只看喜剧电影），然后对之前采用传统二维推荐算法获得的预测评分数据进行调整，从而得到“更加情境化”的预测评分，最终得到情境化的推荐项目名单。后过滤推荐方法的基本思想如图 4-9 所示：

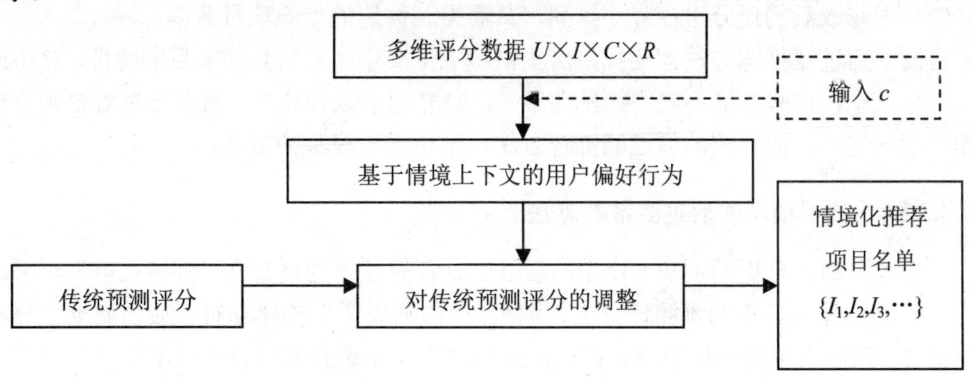

图 4-9　后过滤推荐方法的基本思想

4.2.3.2　后过滤推荐方法分类

与其他推荐方法类似，后过滤推荐方法也可以分为“启发式（heuristic）方法”与

“基于模型（model-based）的方法”。启发式后过滤推荐方法的关键在于找到指定用户在给定情境上下文中偏好的项目的一些特征，如多维电影推荐系统找出某用户在给定的情境上下文中喜欢的电影的演员姓名、导演姓名等特征。启发式后过滤推荐方法再使用这些特征信息对候选推荐结果名单中的项目进行调整，调整有以下两种方法。

过滤（Filtering）：把不包含足够数量的项目特征的项目删除，如项目要被推荐，必须包含至少两个给定用户在当前情境上下文 c 下喜欢的演员。所以，在进行过滤调整之前，要设定好过滤的条件，即项目必须满足的特征以及特征的数目。

排名校正（Ranking Adjusting）：采用传统二维推荐算法获得了用户对各项目的预测评分数之后，根据预测评分进行降序排名。根据用户的需求，提供相应数目（如 8 个）的候选项目名单。在候选项目名单中，再找出各项目满足了多少用户当前情境上下文中偏好的特征数目，根据此数目对项目进行排名校正，即满足的偏好特征数目最多的项目排名第一，满足的偏好特征数目次之的项目排名第二，依次类推，直至所有的候选项目都重新排名。

与启发式后过滤推荐方法不同，基于模型的后过滤推荐方法通过建立“预测模型”来对之前采用传统二维推荐算法获得的预测评分数据进行调整。“预测模型”计算出用户在给定情境上下文中选择某项目的概率，即计算出项目与情境上下文相关的概率，然后根据这些概率来对预测评分进行调整。同样，调整有以下两种方法。

过滤（Filtering）：在各项目中，找到用户选择该项目概率小于某一指定阈值的项目并删除，再对其他的项目根据之前采用传统二维推荐算法获得的预测评分进行降序排列，从而得到候选的推荐项目名单。

评分校正（Rating Adjusting）：对各项目的预测评分进行评分校正。修改后的用户对某项目的评分值以用户在当前情境上下文中选择该项目的概率值为权重进行加权计算。然后对修改后的评分进行降序排列，从而得到候选的推荐项目名单。

启发式后过滤推荐方法需要找出历史情境上下文中用户喜欢的项目的特征，在不同的推荐系统中，这些特征不同，数目也不同，研究起来比较烦琐，所以这里对这种方法不作详细阐述，后面介绍的后过滤推荐方法是采用基于模型的方法。

4.2.3.3 基于模型的后过滤推荐算法

正如本书前面分析的，基于模型的后过滤推荐算法是通过建立“预测模型”对采用传统二维推荐算法获得的预测评分进行调整。“预测模型”的建立对于后过滤推荐算法非常重要。如何来预测目标用户 a 在当前情境上下文中选择某项目的概率？这里主要是通过分析目标用户 a 的最近邻中在当前情境上下文中偏好某项目的人数占整个最近邻数目的比例来确定的。图 4-10 是基于模型的后过滤推荐算法的主要流程。

基于模型的后过滤推荐算法中，最重要的有两点：

（1）找到当前情境上下文中目标用户 a 的最近邻。这里的最近邻并不是在全局数据 $U \times I \times C \times R$ 上面找到的目标用户 a 的最近邻，而是先通过使用当前情境上下文信息 c 进行了过滤之后所得到的局部数据。这里，可以使用预过滤推荐过滤算法中的一些方法来解决。如使用基于情境上下文相似度的预过滤推荐算法等来进行数据过滤，从而找到当前情境上下文中目标用户 a 的最近邻。

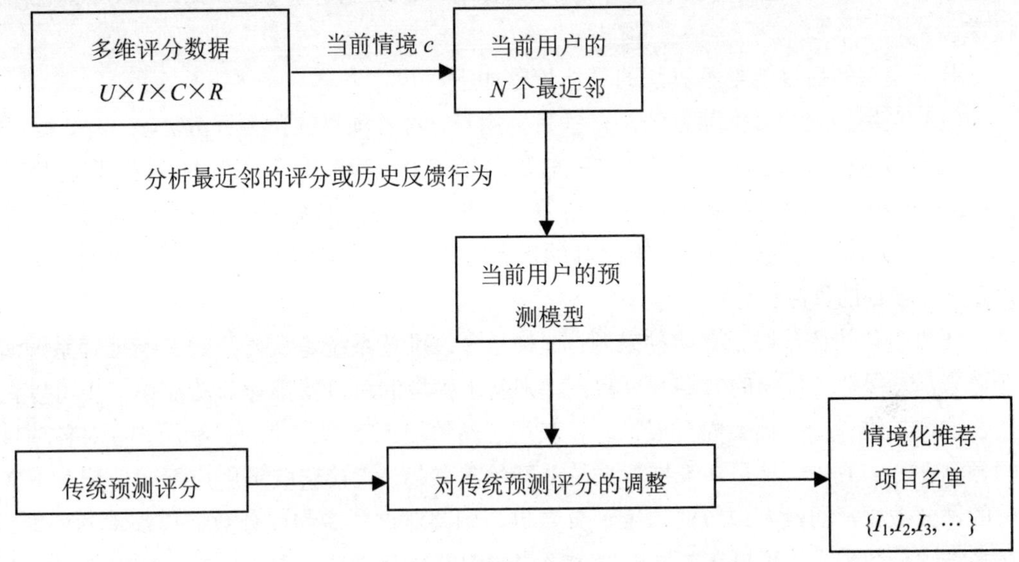

图 4-10　基于模型的后过滤推荐算法的主要流程

（2）目标用户 a 的预测模型。预测模型主要是通过分析目标用户 a 的最近邻在当前情境上下文中偏好各项目的概率，从而得到目标用户 a 在当前情境上下文中偏好各项目的概率。最后再基于这个概率，计算出目标用户 a 在当前情境上下文中对各项目的评分值。

推荐系统主要分为两种：一种是基于评分的推荐系统（rating-based recommendation system），另外一种是基于交易的推荐系统（transaction-based recommendation system）。在基于评分的推荐系统中，用户通过给项目具体的评分来表示对项目的偏好程度。在基于交易的推荐系统中，用户对项目的偏好程度并不是通过评分来表示，而是通过用户的行为来表示，如用户购买某项目、用户拒绝购买某项目，用户在浏览某项目时停留的时间或用户跳过某项目等。根据推荐系统的不同种类，主要有两种方法来分析目标用户 a 的最近邻在当前情境上下文中偏好各项目的概率。一种方法是分析最近邻在当前情境上下文中对各项目的评分，评分值越高，说明该用户偏好该项目的可能性就越大。例如如果某推荐系统采用的是 5 分制，则可以认为 4～5 分表示用户比较喜欢项目，选择该项目的可能性比较大。统计出偏好某项目的最近邻数目，用这个数目除以最近邻总数，则可以得到目标用户 a 在当前情境上下文中偏好某项目的概率。另外一种方法是分析最近邻在当前情境上下文中对各项目的历史反馈行为。用户对项目的历史反馈行为分为长时间浏览、购买、拒绝购买、跳过等行为方式，可以认为长时间浏览行为与购买行为表示用户偏好该项目的可能性非常大，而拒绝购买与跳过表示用户偏好该项目的可能性非常小。当前情境上下文c下，计算最近邻中对某项目长时间浏览或者曾经购买的最近邻数目占整个最近邻数目的比例，该比例就是目标用户a在当前情境上下文中偏好某项目的概率。

基于模型的后过滤推荐算法的具体步骤如下。

（1）采用传统二维推荐方法，得到目标用户a对各项目的预测评分。

基于模型的后过滤推荐算法首先忽略所有的情境上下文信息，在非情境化（un-contextual）的评分数据上面采用传统二维推荐方法，如协同过滤技术（基于用户、基于项目的协同过滤技术）、基于内容的推荐方法等，获得忽略了情境上下文的目标用户a对各项目的预测评分。

非情境化的评分数据有两种来源：一种是多维推荐系统是从传统的二维推荐系统演变而来，它保存了传统的二维评分数据，则基于模型的后过滤推荐算法在第一步可以直接在这种二维评分数据上面开展推荐，获得忽略情境上下文信息的目标用户a对各项目的预测评分。另外一种是多维推荐系统从开始建立起，直接获取了用户不同情境上下文中的评分数据，而没有传统的二维评分数据，则要对这些多维评分数据作简单的处理。在多维评分数据中，用户在不同情境上下文中对某项目的评分是不同的，即用户对同一项目可能有多个评分，系统对这多个评分作求平均值的处理，就可以得到忽略了情境上下文信息的用户对某个项目的评分。

（2）找到当前情境上下文中目标用户a的最近邻。

协同过滤推荐方法最重要的一个基础是“相似用户具有相似兴趣”这一基本假设。传统的协同过滤技术首先利用用户对项目（item）的历史评分计算与目标用户a的相似度，从而找到与用户相似的最近邻；然后依据最近邻对项目的评价，预测目标用户a对特定项目的兴趣程度，并按照预测的结果进行推荐。可以看出，最近邻的行为影响着目标用户a的行为。而传统的推荐方法在寻找目标用户a的最近邻时，没有考虑情境上下文信息。但是，在不同的情境上下文中，用户可能对同一项目的评分不同，所以会出现这种现象，可能在情境上下文c_1下，甲用户是目标用户a的最近邻，在情境上下文c_2下，甲用户不是目标用户a的最近邻。所以，对于同一个用户，在不同的情境上下文中，他的最近邻可能不同。因此，情境上下文对用户选择项目会有很大的影响，在寻找目标用户a的最近邻时需要考虑当前情境上下文c。

寻找目标用户a在当前情境上下文c下的最近邻的思想与前面预过滤推荐方法中对输入的评分数据进行过滤，再在过滤后的评分数据中查找目标用户的最近邻的思想是一致的，因此这里采用了基于情境上下文相似度的预过滤推荐算法来进行评分数据的过滤，从而得到目标用户a在当前情境上下文c下的最近邻，以下是具体的算法步骤。

算法 5　当前情境上下文中目标用户 a 的最近邻寻找算法

输入：

多维评分数据 MR，$MR=\left\{\left(U_j,I_k,C_l,R_{U_j,I_k,C_l}\right)\right\}$，$j=1,\cdots,m$，$k=1,\cdots,n$（即总共 m 个用户，n 个项目）。C_l 为多维评分数据中的历史情境上下文，$l=1,\cdots,q$。

当前情境上下文 c，目标用户 a

M：与当前情境上下文足够相似的评分数据段的数目

输出：当前情境上下文中目标用户 a 的最近邻用户

算法步骤：

$MD=\Phi$，$TD=\Phi$

$for \quad all\left(U_j,I_k,C_l,R_{U_j,I_k,Cl}\right)\in MR$

$\quad R_{U_j,C_l}=AVG\left(R_{U_j,I_k,C_l}\right)$ //对多维推荐系统中的多维评分数据进行处理，各情境上下文中用户的评分等于各情境上下文中用户对各项目评分的平均值

$for \quad l=1 \quad toq$

$sim(C_l,c)=\dfrac{\sum_{u\in U_{C_l,c}}\left(R_{u,C_l}-\overline{R_{C_l}}\right)\left(R_{u,c}-\overline{R_c}\right)}{\sqrt{\sum_{u\in U_{C_l,c}}(R_{u,C_l}-\overline{R_{C_l}})^2}\sqrt{\sum_{u\in U_{C_l,c}}(R_{u,c}-\overline{R_c})^2}}$ //其中 $U_{C_l,c}=\left\{u\in U\middle|R_{u,C_l}\neq\varphi \,\&\, R_{u,c}\neq\varphi\right\}$.

$\{C_l.\}=\{C_1,C_2,\cdots,C_q\}$，$sim(C_1,c)>sim(C_2,c)\cdots>sim\left(C_q,c\right)$ //对情境上下文按照其与当前情境上下文相似度的值进行降序排列

$for \quad all\left(U_j,I_k,C_l,R_{U_j,I_k,Cl}\right)\in MR$

$\quad if \quad l<=M$.

$\quad MD=MD\bigcup\{(U_j,I_k,C_l,R_{U_j,I_k,C_l})\}$

$\quad else$.

$\quad\quad MD=MD\cup\Phi$.

$for \quad all$

$R_{U_j,I_k}=AVG\left(R_{U_j,I_k,C_l}\right)$ //用户 U_j 对项目 I_k 的评分等于各情境上下文 C_l 下的评分平均值

$TD=TD\cup\left\{\left(U_j,I_k,R_{U_j,I_k}\right)\right\}$

$for \quad all. \quad \left(U_j,I_k,R_{U_j,I_k}\right)\in TD$

$sim\left(a,U_j\right)=\dfrac{\sum_{S_{aU_j}}^{s\in}\left(R_{a,s}-\overline{R_a}\right)\left(R_{U_j,s}-\overline{R_{U_j}}\right)}{\sqrt{\sum_{s\in S_{aU_j}}(R_{a,s}-\overline{R_a})^2\sum_{s\in S_{aU_j}}\left(R_{U_j,s}-\overline{R_{U_j}}\right)^2}}$

$\{U_N\}=\{U_1,U_2,\cdots,U_N\}$，$sim\left(a,U_1\right)>sim\left(a,U_2\right)>\cdots>sim\left(a,U_N\right)$

$Return\left\{U_1,U_2,\cdots,U_N\right\}$

图 4-11　当前情境上下文中目标用户的最近邻寻找算法伪码

其中，$S_{aU_j}=\left\{s\in S\middle|R_{a,s}\neq\varphi\,\&\,R_{U_j,s}\neq\varphi\right\}$。$N$的值一般由推荐系统预先指定。

（3）分析最近邻的评分数据，得到目标用户a的预测模型。

对第(2)步找到的当前情境上下文c下目标用户a的最近邻的评分数据进行分析。这一步骤主要是分析最近邻偏好第（1）步中得到的各项目的概率。推荐系统可以事先定义一个标准，来确定评分预示用户偏好项目的可能性。首先需要了解推荐系统采用的评分制度，根据不同的评分制度来定义这个标准。如前面所分析的5分制评分制度，则可以认为4～5分表示用户比较喜欢项目，偏好该项目的可能性比较大。对于项目I_k，在目标用户a的最近邻中寻找出对项目I_k给出的评分处于4～5分的最近邻用户数目$N_c(I_k)$，则目标用户a选择项目I_k的概率$p_c(a,I_k)$等于$N_c(I_k)$除以最近邻总数N，即

$$p_c(a,I_k)=\frac{N_c(I_k)}{N} \tag{4-17}$$

在分析最近邻对项目I_k的评分是否足够高（如是否属于4～5分）的过程中，也需要对推荐系统的多维数据$U\times I\times C\times R$进行过滤。过滤的方法同样是采用基于情境上下文相似度的过滤方法，找出与当前情境上下文最相似的评分数据段，然后对最近邻在这些评分数据段中对各项目的评分求平均值，得到最近邻对各项目的评分。

通过以上分析与计算，可以得到当前情境上下文中目标用户a选择所有项目的概率$\{p_c(a,I_1),p_c(a,I_2),\cdots,p_c(a,I_n)\}$，即目标用户$a$的预测模型。

（4）使用目标用户a的预测模型，对（1）中获得的目标用户a对各项目的预测评分进行调整。

前面已经分析，使用目标用户a的预测模型$\{p_c(a,I_1),p_c(a,I_2),\cdots,p_c(a,I_n)\}$对第（1）步中获得的目标用户$a$对各项目的预测评分进行调整的方法有两种：过滤与评分校正。已有的后过滤推荐算法都是单独使用这两种调整方法，然而本书进行了创新，联合这两种方法来对传统预测评分进行调整。对传统预测评分进行调整的方法分为两步：

①过滤（Filtering）：过滤的功能主要是把项目中的某些不符合当前情境上下文c的项目删除。首先要定义一个阈值p^*，如果目标用户a选择项目I_k的概率$p_c(a,I_k)$小于p^*，则把目标用户对I_k的评分修改为0，即$P(a,I_k,c)=0$。

②评分校正（Rating Adjusting）：在进行完上一步骤之后，再对评分不为0的项目，使用目标用户a的预测模型$\{p_c(a,I_1),p_c(a,I_2),\cdots,p_c(a,I_n)\}$中的概率进行评分校正。评分校正的计算方法如下：

$$P(a,I_k,c)=P(a,I_k)\times p_c(a,I_k) \tag{4-18}$$

在上面公式中，$P(a,I_k,c)$是后过滤推荐算法得到的目标用户a对项目I_k的预测评分，$P(a,I_k)$指使用传统推荐算法得到的用户a对项目I_k的预测评分。

完成以上两步之后，按照$P(a,I_k,c)$的值对所有项目进行降序排列，得到最终的情境化推荐项目名单$\{I_1,I_2,I_3,\cdots,I_n\}$。

4.2.4　情境化函数建模推荐方法

4.2.4.1　情境化函数建模推荐方法的思想与流程

如图 4-12 所示，情境化函数建模推荐方法在推荐函数（recommendation function）中直接使用情境上下文信息，把情境上下文信息作为预测用户对某一项目的评分的直接变量（因素）。与预过滤推荐方法和后过滤推荐方法都要使用传统的二维推荐函数不同，情境化函数建模推荐方法研制出真正的多维推荐函数。这种多维推荐函数可以通过使用以下两种技术研制。第一种方法是启发式技术，启发式技术通过在用户、项目数据中加入情境上下文数据，例如 $Rating = R(User, Item, Context)$ 来进行启发式计算。第二种方法是使用一些基于模型的方法，例如决策树、回归分析法（regeression）、贝叶斯网络等把情境上下文信息直接纳入用户对项目的评分预测模型中。

传统的基于最近邻的二维启发式推荐算法可以直接拓展为基于最近邻的多维启发式推荐算法。多维启发式推荐算法通过使用“n 维距离算法”把情境上下文信息纳入多维推荐函数中。“n 维距离算法”的计算公式如下所示：

$$r_{u,i,c} = k \sum_{(u',i',c') \neq (u,i,c)} w((u,i,c),(u',i',c')) \times r_{u',i',c'} \tag{4-19}$$

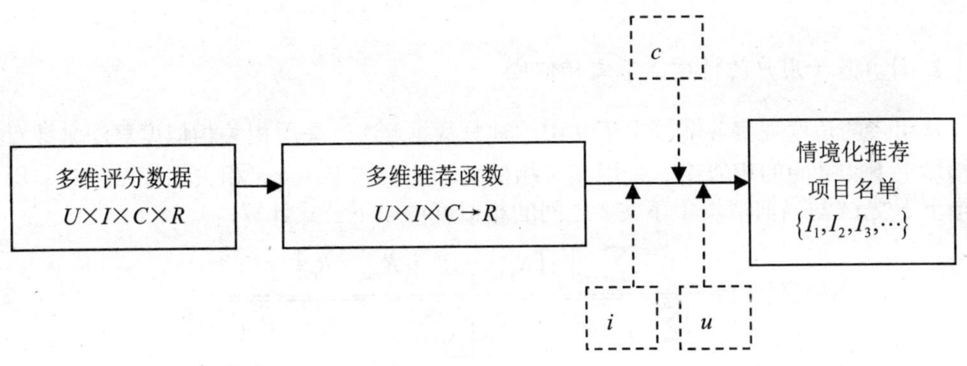

图 4-12　情境化函数建模推荐方法的推荐流程

为了更加具体，这里以三维推荐空间 $User \times Item \times Time$ 为例来分析，则“n 维距离算法”的计算公式具体化为：

$$r_{u,i,t} = k \sum_{(u',i',t') \neq (u,i,t)} w((u,i,t),(u',i',t')) \times r_{u',i',t'} \tag{4-20}$$

其中，$w((u,i,t),(u',i',t'))$ 表示评分值 $r_{u',i',t'}$ 在预测评分值 $r_{u,i,t}$ 中的权重，k 是一个常量。权重 $w((u,i,t),(u',i',t'))$ 与多维空间中两点 (u,i,t) 与 (u',i',t') 的距离成反比，两点距离越近，则两点之间的相关性越大，评分值 $r_{u',i',t'}$ 的权重值 $w((u,i,t),(u',i',t'))$ 就越大，即

$w\left((u,i,t),(u',i',t')\right)=1/dist\left[(u,i,t),(u',i',t')\right]$。有多种方法可以计算多维空间中两点的距离，在推荐领域主要是采用本书前面所分析的方法，如采用相关相似度、余弦相似度等方法来计算两点的距离，从而得到两点的相似度。

本书以下要提出的情境化函数建模推荐方法是通过采用相关相似度这一方法，首先计算出不同情境上下文之间的相似度，然后再在一个整合公式计算出到情境上下文之间的相似度之后的目标用户在当前情境上下文中对某一项目的可能评分。在计算不同情境上下文之间的相似度的过程中，根据计算所依靠的数据的不同，可以把情境上下文相似度算法分为基于用户的情境上下文相似度算法与基于项目的情境上下文相似度算法，因此本书提出的情境化函数建模推荐算法（启发式）分为基于用户的多维启发式推荐算法与基于项目的多维启发式推荐算法。

4.2.4.2 基于用户的多维启发式推荐算法

1. 构建基于用户的情境上下文评分矩阵

在计算基于用户的情境上下文相似度之前，需要先对多维推荐系统中的多维评分数据进行处理，生成基于用户的情境上下文评分矩阵。生成基于用户的情境上下文评分矩阵的方法与 4.2.2.4 小节中基于情境上下文相似度的预过滤推荐算法的第 1 步相同，在此不再赘述。

2. 计算基于用户的情境上下文相似度

从用户的角度观察各情境上下文中的评分数据，通过采用相关相似度算法来计算出各情境上下文之间的相似度。采用相关相似度算法中的 Pearson 相关相似度公式，历史情境上下文 C_l 与当前情境上下文 c 之间的相似度由以下公式计算：

$$sim(C_l,c)=\frac{\sum_{u\in U_{C_l,c}}\left(R_{u,C_l}-\overline{R_{C_l}}\right)\left(R_{u,c}-\overline{R_c}\right)}{\sqrt{\sum_{u\in U_{C_l,c}}(R_{u,C_l}-\overline{R_{C_l}})^2}\sqrt{\sum_{u\in U_{C_l,c}}(R_{u,c}-\overline{R_c})^2}} \tag{4-21}$$

其中，$U_{C_l,c}$ 表示在历史情境上下文 C_l 与当前情境上下文 c 下给过评分的用户集合，$U_{C_l,c}=\left\{u\in U\middle|R_{C_l,u}\neq\varphi\,\&\,R_{c,u}\neq\varphi\right\}$。

3. 预测目标用户 a 在当前情境上下文 c 下对项目 i 的评分

和传统二维推荐一样，预测目标用户 a 在当前情境上下文 c 下对项目的评分，需要找出目标用户 a 的“最近邻”。这里还是采用传统的二维方法，采用“相关相似度”方法在忽略情境上下文的情况下计算其他用户与目标用户的相似度，找出目标用户 a 的“最近邻”，计算公式如下：

$$sim(a,u)=\frac{\sum_{s\in S_{au}}\left(R_{a,s}-\overline{R_a}\right)\left(R_{u,s}-\overline{R_u}\right)}{\sqrt{\sum_{s\in S_{au}}(R_{a,s}-\overline{R_a})^2\sum_{s\in S_{au}}(R_{u,s}-\overline{R_u})^2}} \tag{4-22}$$

S_{au} 表示目标用户 a 与其他用户 u 共同给过评分的项目集合，$S_{au}=\left\{s\in S\middle|R_{a,s}\neq\varphi\,\&\,R_{u,s}\neq\varphi\right\}$。

根据相似度的值进行降序排名，找到排名前 N 的用户作为目标用户 a 的 top-N 个“最近邻”。然后，利用“最近邻”的评分数据，结合情境上下文相似度，预测出目标用户 a 在当前情境上下文 c 下对项目 i 的评分值。

在预测目标用户 a 在当前情境上下文 c 下对项目 i 的评分值时，需要分析各“最近邻”用户对项目 i 的评分的具体情况，找出各“最近邻”用户对项目 i 评分时所处的情境上下文 C_x，以 C_x 与当前 c 的相似度为权值，进行加权计算，得到最终的目标用户 a 在当前情境上下文 c 下对项目 i 的评分值，计算公式如下：

$$P_{a,i,c}=k\sum_{u\in\hat{U}}sim(a,u)\times R_{u,i,C_x}\times sim(C_x,c) \tag{4-23}$$

其中，$\hat{U}$ 是与目标用户 a 最相似的 N 个“最近邻”的集合，$k=1/\sum_{u\in\hat{C}}\left|sim(a,u)\right|\times\left|sim(C_x,c)\right|$，$C_x$ 是用户 u 对项目 i 评分时所处的情境上下文。

从评分预测公式可以看出，基于用户的多维启发式推荐算法是真正意义上的多维推荐算法，因为它在评分预测公式中纳入了情境上下文因素。

4. 提出对目标用户 a 在当前情境上下文 c 下的推荐结果

根据第 3 步中得到的目标用户 a 在当前情境上下文 c 下对各项目的预测评分，按照评分大小进行降序排列。如果用户只需要一个推荐结果，则把排名第一的项目推荐给用户。如果用户需要多（如 n）个项目，则把排名前 n 的项目推荐给用户，则推荐项目名单为 $\{I_1,I_2,\cdots,I_n\}$，其中 $P_{a,I_1,c}>P_{a,I_2,c}>\cdots>P_{a,I_n,c}$。

4.2.4.3 基于项目的多维启发式推荐算法

基于项目的多维启发式推荐算法的基本思想与基于用户的多维启发式推荐算法相似，也是先计算出各历史情境上下文与当前情境上下文的相似度，只不过与基于用户的多维启发式推荐算法不同，基于项目的多维启发式推荐算法是从项目的角度观察情境上下文。以下是基于项目的多维启发式推荐算法的步骤。

1. 构建基于项目的情境上下文评分矩阵

在计算基于项目的情境上下文相似度之前，首先要对多维推荐系统中的多维评分数据进行处理，构建基于项目的情境上下文评分矩阵。

基于项目的情境上下文相似度的主要思想是从项目的角度来观察情境上下文，把情境上下文看成是项目空间的向量，然后通过计算情境上下文之间的相关相似度的值来获得情境上下文之间的相似度的值。

一个项目在同一情境上下文中可能被多个用户评分，如表 4-3 所示。

表 4-3 项目×情境上下文×用户的评分矩阵

情境上下文号	项目号	U_1	U_2	…	…	U_m
C_1	I_1	4	5	…	…	5
C_1	I_2	3	5	…	…	1
…	…	…	…	…	…	…
C_1	I_n	1	5	…	…	4
C_2	I_1	5	1	…	…	2
C_2	I_2	4	5	…	…	4
…	…	…	…	…	…	…
C_j	I_{24}	5	1	…	…	4
…	…	…	…	…	…	…
C_j	I_n	3	4	…	…	1

由于基于项目的情境上下文相似度算法是从项目的角度来观察各情境上下文中的评分的，所以需要将上表转换成只包含项目和情境上下文的评分矩阵。从表 4-3 中可以看到，在同一情境上下文中同一项目可能被多个用户评分，那么通过计算这些评分的平均值，可以得到项目在某一情境上下文中的整体评分值。因此，可以把表 4-3 转化成表 4-4 所示。同样地，这里在计算评分平均值的时候，采用了“四舍五入”的形式，因此，表 4-3 中的评分都是整数。

表 4-4 项目×情境上下文的评分矩阵

情境上下文号	项目号	评分
C_1	I_1	4
…	…	…
C_1	I_n	3
C_2	I_1	2
…	…	…
C_2	I_n	1
…	…	…
C_j	I_n	1

2. 计算基于项目的情境上下文相似度

从项目的角度观察各情境上下文中的评分数据，通过采用相关相似度算法来计算出各情境上下文之间的相似度。采用相关相似度算法中的 Pearson 相关相似度公式，历史情境上下文 C_l 与当前情境上下文 c 之间的相似度可以由以下公式计算：

$$sim\left(C_l,c\right)=\frac{\sum_{i\in I_{C_l,c}}\left(R_{i,C_l}-\overline{R_{C_l}}\right)\left(R_{i,c}-\overline{R_c}\right)}{\sqrt{\sum_{i\in I_{C_l,c}}(R_{i,C_l}-\overline{R_{C_l}})^2}\sqrt{\sum_{u\in U_{C_l,c}}(R_{i,c}-\overline{R_c})^2}} \tag{4-24}$$

其中，$I_{C_l,c}$ 表示在历史情境上下文 C_l 与当前情境上下文 c 下有评分数据的项目集合，$I_{C_l,c}=\left\{i\in I\left|R_{i,C_l}\neq\varphi\,\&\,R_{i,c}\neq\varphi\right.\right\}$。

3. 预测目标用户 a 在当前情境上下文 c 下对项目 i 的评分

和传统二维推荐一样，预测目标用户 a 在当前情境上下文 c 下对项目 i 的评分，需要找出项目 i 的“最近邻”。这里还是采用传统的二维方法，采用相关相似度方法在忽略情境上下文的情况下计算项目之间的相似度，找出项目 i 的“最近邻”，计算公式如下：

$$sim\left(i,j\right)=\frac{\sum_{u\in U}\left(R_{u,i}-\overline{R_i}\right)\left(R_{u,j}-\overline{R_j}\right)}{\sqrt{\sum_{u\in U}(R_{u,i}-\overline{R_i})^2}\sqrt{\sum_{u\in U}(R_{u,j}-\overline{R_j})^2}} \tag{4-25}$$

其中，U 表示对项目 i 与项目 j 都进行过评分的用户集合，即 $U=\left\{u\in U\left|R_{u,i}\neq\varphi\,\&\,R_{u,j}\neq\varphi\right.\right\}$。

根据项目相似度的值进行降序排名，找到排名前 N 的项目作为项目 i 的 top-N 个“最近邻”。然后，利用“最近邻”的评分数据，结合情境上下文相似度，预测出目标用户 a 在当前情境上下文 c 下对项目 i 的评分值。

在预测目标用户 a 在当前情境上下文 c 下对项目 i 的评分值时，需要分析项目 i 的各“最近邻”项目被目标用户 a 评分时的情境上下文 C_x，以 C_x 与当前情境上下文 c 的相似度为权值，进行加权计算，得到最终的在预测目标用户 a 在当前情境上下文 c 下对项目 i 的评分值，计算公式如下：

$$P_{a,i,c}=k\sum_{j\in\hat{I}}sim\left(i,j\right)\times R_{a,j,C_x}\times sim(C_x,c) \tag{4-26}$$

其中，$\hat{I}$ 是与项目 i 最相似的 N 个“最近邻”项目的集合，$k=1/\sum_{j\in\hat{I}}\left|sim\left(i,j\right)\right|\times sim\left(C_x,c\right)$，$C_x$ 是目标用户 a 对项目 j 评分时所处的情境上下文。

4. 提出对目标用户 a 在当前情境上下文 c 下的推荐结果

根据第 3 步中得到的目标用户 a 在当前情境上下文 c 下对各项目的预测评分，按照评分大小进行降序排列。如果用户只需要一个推荐结果，则把排名第一的项目推荐给用户。如果用户需要多（如 n）个项目，则把排名前 n 的项目推荐给用户，则推荐项目名单为 $\left\{I_1,I_2,\cdots,I_n\right\}$，其中 $P_{a,I_1,c}>P_{a,I_2,c}>\cdots>P_{a,I_n,c}$。

4.3 基于多维情境上下文评分的个性化 O2O 信息推荐系统

为了实现基于多维情境上下文评分的个性化 O2O 信息推荐机制，这里设计了该类系统的框架，如图 4-13 所示。该系统由以下几个部分构成：多维情境上下文评分建模模块、情境上下文感知支持模块、多维 O2O 信息推荐引擎模块与移动终端交互模块。

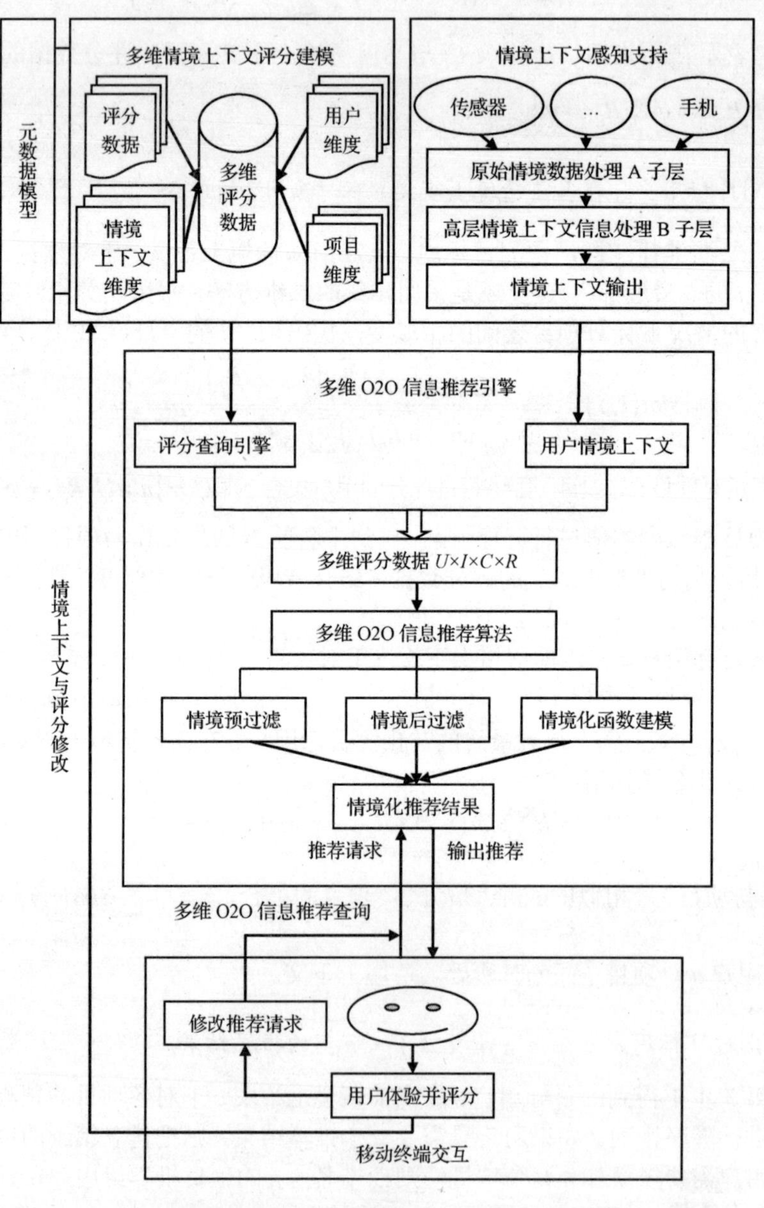

图 4-13 基于多维情境上下文评分的个性化 O2O 信息推荐系统框架

在多维情境上下文评分建模模块中，系统通过给各个维度建模，建立各维度相应的数据文档。在这些数据建模之前，系统要先统一定义一个元数据模型。这样，所有的维度数据依据一个统一的元数据模型建模，可以大大提高系统的可拓展性，并生成相应的维度数据文档。基于各维度文档，系统提取出各维度文档的主属性，并结合系统保存的评分数据生成一个多维评分数据集，包含了各维度的关键属性以及相应的评分数据，成为多维推荐引擎的关键数据来源。

情境上下文感知支持模块通过一些智能工具获得用户与推荐系统交互时所处的情境上下文信息，为多维推荐引擎提供用户当前的情境上下文信息。情境上下文感知支持模块可从各种移动终端，如手机、PDA、笔记本电脑等处获得用户的当前情境上下文。这些移动终端中一般都接入了传感器，通过传感器获得情境数据。从这些移动终端获得的一般是比较原始的、粗糙的情境数据。这种原始的情境数据是不能直接被多维推荐引擎使用的。情境上下文感知支持模块要通过使用相关技术处理这些原始的情境数据，获得最终的可以直接被多维推荐引擎使用的情境上下文信息。

多维 O2O 信息推荐引擎模块是该推荐系统最重要、最关键的部分。推荐引擎通过联合使用从多维情境上下文评分建模模块中获得的多维评分数据与从情境上下文感知支持模块获得的情境上下文信息而开展个性化 O2O 信息服务，得到最终的推荐结果并提供给用户。首先，使用评分查询工具，推荐引擎从多维评分数据集中获得用户多维情境上下文评分历史记录。然后，推荐引擎从情境上下文感知支持模块获得用户的当前情境上下文信息。联合用户的多维评分历史数据以及当前的情境上下文信息，推荐引擎得到多维推荐空间数据$U \times I \times C \times R$。对多维推荐空间数据$U \times I \times C \times R$使用相关的推荐算法，如预过滤推荐、后过滤推荐、情境化函数建模等算法，推荐引擎得到最终的推荐结果并输出给用户。

移动终端交互模块是情境上下文敏感的个性化 O2O 信息推荐系统不可或缺的组成部分。用户是推荐系统的服务对象，用户向个性化 O2O 信息推荐引擎提出推荐请求，获得系统提供的推荐结果后，用户体验该推荐结果并给推荐结果评分。如果用户对系统的推荐结果不满意，可以修改推荐请求，继续向推荐系统提出新的推荐请求。用户所处的情境上下文信息与用户对推荐结果的评分实时地传输到多维情境上下文评分建模模块中，进而实现情境上下文与评分的更新。

第五章　基于情境上下文语义的个性化 O2O 信息推荐服务

5.1　基于本体的情境上下文语义建模

5.1.1　基于本体的情境上下文建模方法分析

5.1.1.1　本体方法的优势和挑战

本体的概念最早由美国 Stanford 大学知识系统实验室（Knowledge System Laboratory）的学者 Tom Gruber 在 1993 年提出："本体是概念化的显式的表示"。之后，Studer 在 Gruber 的基础上于 1998 年扩展了本体的概念，即"本体是共享概念模型的明确的、形式化的规范说明"。这也是目前被研究者广泛接受的定义。这个定义的具体含义如下。

概念化：将客观世界中的一些现象抽象出来得到概念模型。它是客观世界的抽象和简化。

明确：显式地定义所使用的概念以及概念的约束。

形式化：精确的数学表述，能够为计算机读取。

共享：本体描述的概念应该是某个领域公认的概念集。

Guarino（1998）提出了从详细程度和领域依赖程度两个方面对本体进行划分。详细程度是一个相对的、比较模糊的概念，指描述或刻画建模对象的程度。详细程度高的称作参考（reference）本体，详细程度低的称为共享（share）本体。依照领域依赖程度，可以细分为顶层本体、领域本体、任务本体和应用本体四类。

顶层本体描述的是最普遍的概念及概念之间的关系，如空间、时间、事件、行为等，与具体的应用无关，其他种类的本体都是该类本体的特例。

领域本体描述的是某个特定领域（如医药、地理等）中的概念及概念之间的关系。

任务本体描述的是特定任务或行为中的概念及概念之间的关系。

应用本体描述的是依赖于特定领域和任务的概念及概念之间的关系。

本体是共享概念的显式表述。它关注概念之间的内在的语义联系，具有交流、互用性、软件工程三类用途。

交流是指人与人、组织与组织以及人与组织之间的沟通。本体可以提供一组共同的词汇和概念，从而实现交流。在交流活动中，本体是一个标准化模型，任何大规模集成软件系统内，各种各样、背景不同的人必须对系统及其目标有一种共同的认识，因此必须建立起标准化模型，否则无法进行沟通；本体对软件系统中所用的术语所提供的明确定义，对于同一个事物在系统中有完全一致的认识，而且这种认识也是确定的；通过本体可以集成不同用户的不同观点，以形成更加全面完整的看法。

互用性是指系统间协同工作的能力。本体可以在完全不同的建模方法、范例、语言及软件工具之间进行翻译和转换，从而实现不同系统之间的相互操作和集成。

本体在软件工程方面的作用是从软件系统的设计和开发方面进行考虑的。本体可以在可重用性、可靠性、规格说明等方面在软件工程中发挥作用。

通常当系统使用情境上下文为用户提供相关的信息和服务（相关性取决于用户的任务）时，就可被认为是一个情境上下文敏感的系统。但此定义不仅仅包含机器和人的交互，同样应该包含机器间的交互。Khedr 等（2004）认为在未来智能系统的主要特征之一就是对支持信息与服务的情境上下文敏感地发现、组合和沟通。这就强调了对情境上下文信息进行互操作和机器理解的重要性。

本体提供了很好的情境上下文信息建模手段。它提供类和属性，支持基于逻辑的方法且具有半结构性质。本体方法结合了基于逻辑的模型和面向对象技术，它的强大工具允许说明概念和关系，这使得情境上下文现实中的实体可以被形式化，投射为机器可理解的数据结构。本体提供了说明概念、子概念、关系、属性和事实的统一方法，同时提供对情境上下文知识进行共享和重用的方法。本体对概念和属性的形式化建模允许推理机对模型进行验证和对实例进行衍生。本体模式和实例可以被推理机使用产生附加知识，来帮助解决情境数据模糊性、不完整性和有效性等问题。推导出的知识可以填补由不完整、不一致数据或低质量感知所造成的情境上下文信息缺口。情境上下文知识也可以通过本体推理来解释和评估，进而可以让机器决定情境上下文的适用性，比较情境上下文事实以便推导出新的和更复杂的情境上下文内容。

尽管基于对象的模型方法也可以提供类的层次，而且允许有限的类和实例的形式化。但是它缺乏本体的半结构化性质。随着应用服务的全球化，普适计算环境必须要解决各种应用中大量数据和系统异构的问题。这就强调了对半自动化的需要和对数据源与应用进行灵活整合的需要。面向对象的模型在进行应用互操作时，需要低层的实现，因此不适合在开放的动态的系统中进行知识共享。

总之，目前本体已被公认为是普适计算环境中对情境上下文进行建模的最有效工具。一个通用的、可重用的本体可以直接影响情境上下文敏感系统的互操作性，因而直接影响创建、整合和实现新应用的速度。

Strang 等（2004）对六种现有的情境上下文建模方法进行比较后认为：本体是普适

计算环境下情境上下文建模的最有效工具。本体是“对共享概念模型的明确的、形式化的规范说明”。它提供了良好的情境上下文信息建模手段，允许对情境上下文中的概念、子概念、关系、属性和事实进行统一的描述，使情境上下文现实中的实体被形式化，映射为机器可理解的知识结构。此外，本体支持基于逻辑的推理，通过本体推理能够对情境上下文知识进行解释和评估，进而支持系统进行情境上下文匹配、比较情境上下文事实或推导出新的情境上下文知识。利用本体建立的情境上下文态势概念描述模型被称为“情境上下文本体”。许多研究者支持 Strang 的观点，并在情境上下文本体的构建标准、实现语言、建模策略等方面进行了探索。这也为本书的研究提供了一个方向，即利用情境上下文本体的优势，增强对情境上下文知识的处理和利用，改进 O2O 信息推荐机制。

尽管目前成功开发和实现的情境上下文本体已有很多，但它们大部分从通用性的原则出发，其结构设计旨在适用于各种类型的应用系统。相对来说，专门针对信息推荐设计和开发的情境上下文本体仍然比较少。

5.1.1.2 本体语言和工具

使用本体对情境上下文信息进行建模的一个重要问题就是形式化语言的选择。建模者必须清楚所使用语言的结果，以及可以支持的推理任务，以便获得最大的建模性能。

传统本体语言包括 CycL、DOGMA、F-Logic、KIF、基于 KIF 的 Ontolingua、KL-ONE、KM 编程语言、LOOM、OCML、OKBC、PLIB 等。但目前主流的本体语言主要为标记本体语言，如网络本体语言（OWL，Web Ontology Language）、资源描述框架（Resource Description Framework，RDF）、RDF 模式、DAML+OIL、SHOE 等。岳静等（2006）对各种本体语言的主要元件、分类系统、关系和函数、推理机制、表达性和推理能力等几个方面进行了对比分析。比较结果如表 5-1 至表 5-5 所示。

表 5-1 本体语言的主要元件比较

	Onto	OKBC	OCML	LOOM	Flogic	XOL	SHOE	RDFs	DAML+OIL	OWL
概念	+	+	+	+	+	+	+	+	+	+
多元关系	+	+/-	+	+	+/-	-	+	+	+	+
函数	+	+/-	+	+	+/-	-	-	-	+	-
实例	+	+	+	+	-	-	-	-	-	-
过程	+	+	+	+	+	+	+	+	ND	+
公理	+	+/-	+	+	+	-	-	-	ND	-
产生式规则	-	-	+	+	-	-	-	-	ND	ND
形式化语义	+	+	+	+	+	+	-	-	-	-

表 5-2　本体语言的分类系统比较

	Onto	OKBC	OCML	LOOM	Flogic	XOL	SHOE	RDFs	DAML+OIL	OWL
Subclass of	+	+	+	+	+	+	+	+	+	+
子集分割	+	–	+/–	+	+/–	–	–	–	–	–
分解	+	–	+/–	+	+/–	–	–	–	+/–	+
Not Subclass of	+/–	–	–	+/–	–	–	–	–	+	–

表 5-3　本体语言的关系和函数比较

	Onto	OKBC	OCML	LOOM	Flogic	XOL	SHOE	RDFs	DAML+OIL	OWL
关系函数	+	+	–	+	+	–	–	–	+	+
一元关系	+	+	+	+	–	–	+	–	+	+
二元关系	+	+	+	+	–	+	+	+	+	+
N 元关系/函数	+	+/–	+	+	+/–	–	+	+	+/–	–
类型限制	+	+	+	+	+	–	+	+	+	+
完整性限制	+	+	+	+	+	–	–	–	–	–
实用定义	–	–	+	+	+	–	–	–	–	?

表 5-4　本体语言的推理机制比较

	Onto	OKBC	OCML	LOOM	Flogic	XOL	SHOE	RDFs	DAML+OIL	OWL
有效	–	–	+	+	+	–	–	–	+	+
完整	–	–	–	–	+	–	–	–	+	+
自动分类	–	–	–	+	–	–	–	–	+	–
出错处理	–	–	–	–	+	–	–	–	–	+/–
单调性	+	+	+	+	+	ND	+	ND	+	+
非单调性	+/–	+	+/–	+	+	ND	–	ND	–	–
单个继承	+	+	+	+	+	ND	+	+	+	+
多个继承	+	+	+	+	+	ND	+	+	+	+
过程执行	+	+	+	+	–	–	–	–	–	–
强制检查	+	+	+	+	+	–	–	–	–	+
前向	+	+	+	+	+	–	ND	–	–	–
后向	+	+	+	+	+	–	ND	–	–	–

表5-5 本体语言的表达性和推理能力比较

	Onto	OKBC	LOOM	Flogic	XOL	SHOE	RDFs	DAML+OIL	OWL
表达能力	强	中	中	中	中	中	中	中	中
推理引擎	无	中	强	强	无	中	无	弱	较弱

在上述本体语言中，OWL是目前万维网联盟（World Wide Web Consortium，W3C）组织最新推荐的本体建模语言，也是在各领域应用较多的本体语言，是进行情境上下文建模的有效工具。

OWL语言的最新版本是OWL2，它继承并扩展了前一代OWL的语言特性，具有更简洁的语法和更强的语义表达能力，能更好地支持描述逻辑推理。OWL2本体是一组公理（axioms）的集合，公理是指对实体（entities）的明确逻辑断言。OWL2通过对象（objects）、种类（categories）、关系（relations）的概念来描述真实世界，将真实世界的对象归入种类，再声明它们所具有的关系。对象、种类和关系统称为实体。更具体地，OWL2中将对象称为个体(individuals)，也称为实例(Instances)，将种类称为类(classes)，将关系描述为属性（properties）。属性具体又分为三种，分别是：对象属性（object properties）、数据类型属性（data properties）和注释属性（annotation properties）。对象属性描述个体和个体间的关系，具有应用领域（domain）和取值范围（range）。domain是拥有对象属性的个体所属的类，而range是作为对象属性值的个体所属的类，可以说对象属性连接了其应用领域类和取值范围类。数据属性描述个体与数据类型（如string、integer、datetime等）之间的关系。OWL2本体的基本架构如图5-1所示。

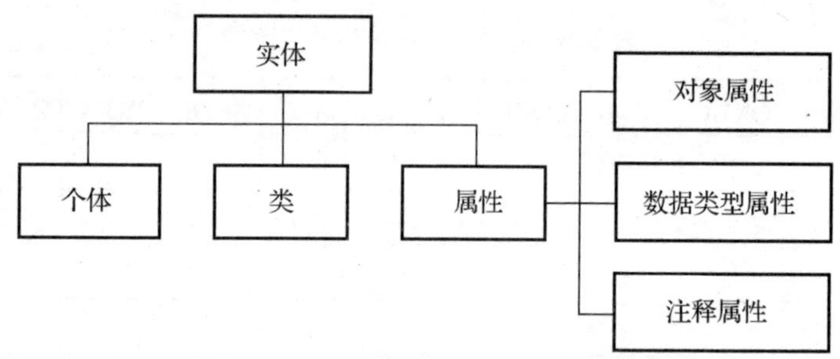

图5-1 OWL2本体的基本架构

5.1.1.3 情境上下文本体的构建标准

情境上下文本体是指基于本体方法开发的情境上下文语义模型。Krummenacher等（2007a）的研究中提出了一系列针对情境上下文本体的构建标准，不仅涉及了情境上下文本体的重要特征，而且还考虑了本体工程方面的关键问题。

（1）情境上下文建模标准

情境上下文建模标准是情境上下文本体构建标准的第一部分。这里考虑的因素是数据的不确定性和质量，信息的可追溯性和可兼容性，以及模型的可应用性等问题。这个

标准允许对情境上下文语义模型解决相关问题的方式进行详细的考察。

适用性（Applicability）：传统上，模型的定义是以单一任务为基础的，因此，针对一个给定的问题就开发一个相关的模型。然而，情境上下文信息来源和应用于不同设备和应用的异构系统。从实现的角度上看，一个作为情境上下文信息编码结构的模型必须非常灵活。该标准考虑情境上下文语义模型的结构在不同应用领域中的可用性和适用性，即衡量模型是否为应用领域所限。

兼容性（Comparability）：情境上下文信息通常被不同粒度的感知器和设备提供。不同的制造者所使用的不同的测量和编码系统导致对同一实体描述的异构性。因此，必须提供方法对不同单元和编码的值进行比较。而且高层的情境上下文通常包含没有序化的不可计算的值。该标准衡量情境上下文语义模型是否提供手段支持对情境上下文信息多样性的兼容，并支持不可计算的值。

可追踪性（Traceability）：为了对情境上下文信息提供足够的控制和解释能力，必须能够确定数据的起源和经历过的操作。这在计算情境上下文时尤为重要，因为必须要知道推导的规则。该标准衡量情境上下文语义模型是否提供对信息来源和信息处理过程的追踪。

历史和日志（History，logging）：通常决策需要依赖过去的事件和事实。因此模型必须要支持对历史信息的日志记录。日志与时间戳密切相关，是信息版本的重要工具。基于时间对信息进行比较可以提供解决情境数据模糊问题的工具：当传感器错误时，可以用过去的测量来填补信息；当突然出现改变时，可以检测出不一致性。该标准衡量情境上下文语义模型是否能够解决数据的日志和历史记录问题。

质量（Quality）：传感器传递的情境上下文信息的质量是随时间变化的。该标准衡量情境上下文语义模型是否考虑了信息的质量问题，是否提供手段来提高模型的精确度、解析度和丰富性。

可满足性（Satisfiability）：该标准衡量推导出的情境上下文信息与模型的兼容问题。

推理（Inference）：低层的情境数据由传感器产生并按顺序组合成为高层情境上下文信息，如环境、活动和过程等。该标准衡量情境上下文语义模型是否具有衍生高层信息类别的机制或手段。

不完整和不可靠性（Incompleteness 和 ambiguity）：传感器网络和移动设备的连接通常是不稳定和不可靠的。因此在任何时间点获得的情境上下文信息都是不确定的。该标准衡量情境上下文本体模型是否提供手段来控制情境数据的随意性。

（2）本体工程标准

本体工程标准是情境上下文本体构建标准的第二部分。此标准主要考虑本体的灵活性、扩展性和完整性，概念和属性的一致性与粒度，以及语言的形式化方式。

可重用性，标准化（Reusability, standardization）：上面所描述的 Applicability 和本体的可重用性不同。提高可重用性意味着在几个独立建模任务间发挥最大的作用。而 Applicability 是指对相同或相似的任务来说，如何发挥本体的最大作用。该标准衡量本体是否允许在其他的独立建模任务中进行重用。

灵活性，扩展性（Flexibility, extensibility）：该标准是指在本体中加入新的定义而不会改变现有的依赖关系。该标准衡量扩展本体模型是否容易，模型是否能根据给定的应用进行灵活的、低成本的调整。

通用性（Genericity）：本体是资源中知识和关系的整合。因此对信息建模而言，提供一个通用的、多功能的基干结构非常重要。可以跨越许多领域使用的本体通常是上层本体，属于最通用的一类本体。该标准衡量情境上下文本体是否局限于某些应用领域，是否为情境上下文建模提供了上层本体。

粒度（Granularity）：一个细粒度的本体定义的概念接近对象，而相反粗粒度的模型中的术语则更为广泛和易区分。因此粒度代表了个体概念的多样性与覆盖范围。上层本体通常是粗粒度的，而应用本体的粒度更精细。该标准衡量本体中概念定义和其含义范围的细节程度。

一致性（Consistency）：该标准衡量在本体的内容中是否存在隐性或显性的冲突。

完整性（Completeness）：完整的本体应该隐性或显性地覆盖了所需建模的领域。尽管本体可能没有覆盖所有可能的方面，但是如果它的目标领域被限制在某个特定的现实世界，那么它就应该是完整的。该标准衡量本体是否覆盖了所有的相关的概念和属性，是否全部实体和它们的关系已被建模。

冗余性（Redundancy）：冗余错误可能是明确的重复定义，也可能由于信息推导所导致。冗余性的形成主要是多个具有相当定义的概念或实例，却具有不同的名称。该标准衡量本体中是否存在多余的重复的定义。

可读性（Readability）：该标准衡量标签标识本体实体的能力，它主要关系到人对本体的可理解性。

可扩展性（Scalability）：该标准衡量本体的可扩展性，具有三种类型：认知扩展性（人理解本体的可能性）；工程扩展性（可用工具的支持）；推理扩展性（对大数据集的推导）。

语言和形式化（Language, formalism）：该标准衡量本体建模所用的语言及其表述能力。

5.1.1.4 情境上下文本体的比较

根据上面的标准可以对现有的情境上下文本体模型进行评价比较。Krummenacher 等（2007a）选择了一些核心标准，并对一些重要的情境上下文本体的相关特征进行了分析，其结果如表 5-6 所示。

表 5-6 情境上下文本体的比较

标准		标准	
Genericity	ASC,CAPNET,CDF, ConOnto,mySAM,SOUPA	Quality	ASC,CDF,CMF-VTT，CONON, GAIA，SCAFOS
Traceablity	CMF-VTT,CONON	Satisfiability	ASC
History	ASC,CMF-VTT,GAIA	Comparability	ASC

5.1.2　情境上下文本体的基本构成

情境上下文敏感计算本身的特点决定了对情境上下文信息进行完整形式化建模不太现实。但 Wang 等（2004）在研究中指出：地点、用户、活动和计算等实体是当前情境上下文的最基本的情境上下文元素。这些情境上下文元素不仅仅形成了情境上下文语义模型的纲要，而且可以提供相关情境上下文信息的索引。在实际的普适计算环境中，应用和服务通常根据其职能环境被分为不同的子领域（如在家里、在餐馆、在交通工具上），每个领域在细节特征上非常不同。因此在建立情境上下文本体模型结构时，比较好的做法是将其分为上层本体和特定领域本体两层。上层本体是一个高层次本体，作为通用的情境上下文语义模型，描述基础情境上下文实体的一般特征，提供各领域共享的共同概念。特定领域本体则是一组领域情境上下文本体的集合，定义了每个子领域的概念及其特征的细节。两层情境上下文本体模型结构既提供了对通用概念的重用，也为定义特定应用知识提供了灵活的接口。

在现有的情境上下文本体中，CONON 模型就是典型的两层本体模型，其实例如图 5-2 和图 5-3 所示。

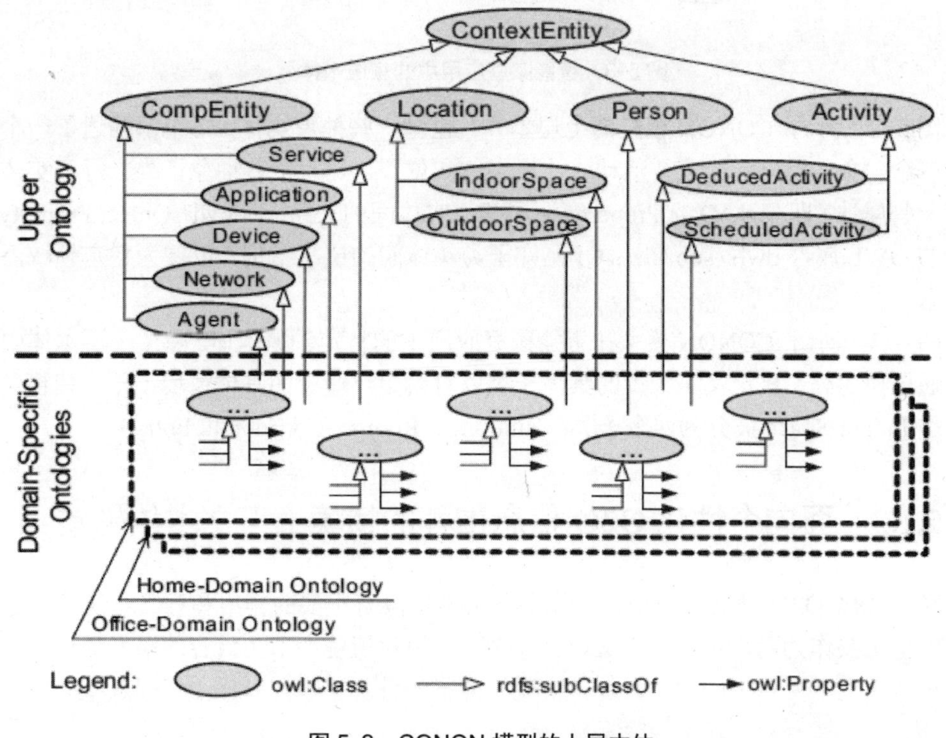

图 5-2　CONON 模型的上层本体

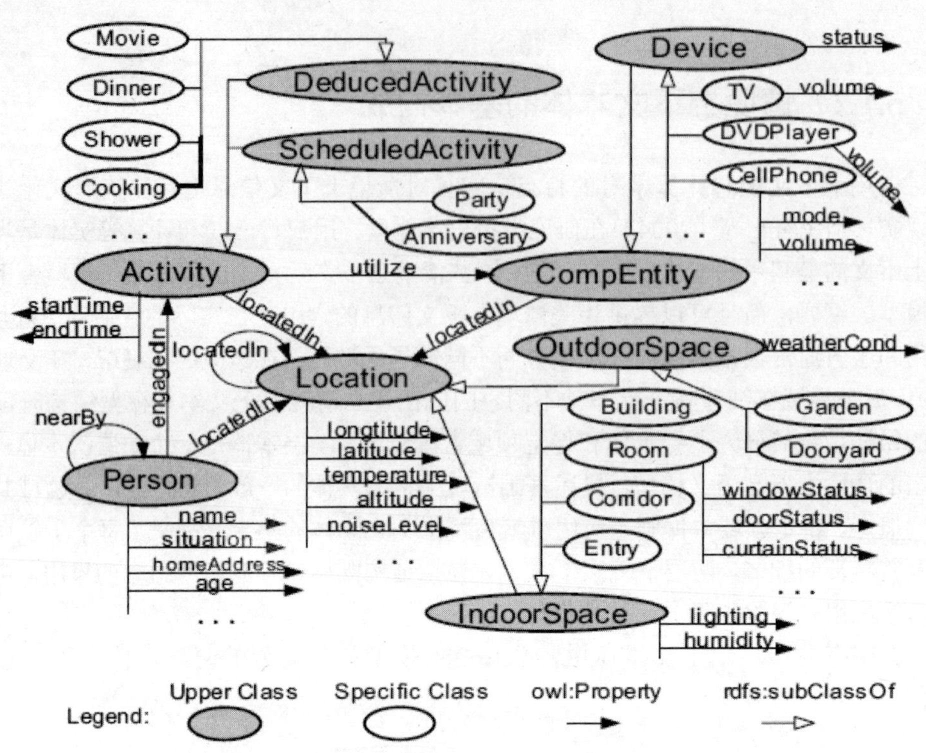

图 5-3　智能家庭应用中的领域本体

图 5-2 显示了 CONON 模型的上层本体。包含一些抽象实体，每个都描述了一个物理或概念对象，包括：个人、活动、计算实体和位置，还有一些抽象子类。每个实体都具有一些属性（即 owl：Data Property），和其他实体间的关系（即 owl：Object Property）。内建的 OWL 属性 owl：sub Class Of 允许子类实体间的层次结构，以便为特定领域添加新概念。

图 5-3 显示了 CONON 模型在智能家庭应用中的特定领域本体。除了上层本体中定义的通用概念外，还定义了大量的具体子类以对给定环境中的具体情境上下文建模（如抽象类 Indoor Space 被分为四个子类：Building、Room、Corridor 和 Entry）。

5.1.3　面向个性化 O2O 信息推荐的情境上下文本体构建

在个性化 O2O 信息推荐中，情境上下文本体具有重要的作用和意义。情境上下文本体模型主要作为用户情境上下文语义模型，实现对情境上下文内容的语义描述，以此支持与情境上下文相关的用户兴趣，实现智能推荐计算。

5.1.3.1　面向 O2O 推荐的情境上下文本体构建原则

尽管目前成功开发和实现的情境上下文本体已有很多，如 CoOnto、CoOL 等，但它

们大部分从通用性的原则出发，其结构设计旨在适用于各种类型的应用系统。相对来说，专门针对信息推荐开发设计和开发的情境上下文本体并不多见。Yu 等（2006）、Naudet 等（2008）、Celma 等（2008）在此方面进行了一些探索，其中比较有代表性的是 Naudet 等（2008）开发的多媒体（音乐、电视等）推荐系统。该系统中的用户模型由四个子本体构成：人（Person）、内容（Content）、类别（Category）和情境上下文（Context）。其中，人、内容和类别子本体主要由静态信息组成，描述用户和推荐对象的固有属性与特征，情境上下文子本体则由动态信息构成，描述用户环境的变化。根据用户在不同情境上下文中对推荐对象的不同兴趣，系统将产生不同的推荐结果。

通过分析个性化 O2O 信息推荐服务的特点和需求，认为在面向此类应用构建情境上下文本体时，除了参考 Krummenacher（2007a）等提出的通用标准外，还需要重点遵循以下原则。

（1）情境上下文本体的内容要满足信息推荐的需要，能反映用户和对象交互的历史情境上下文。个性化信息推荐的依据是用户与推荐对象的交互历史，如评价、消费或使用记录等。在移动状态下，用户的历史行为会受到历史环境条件的制约，系统要判断“在不同环境下用户对何种对象感兴趣”，因此 O2O 推荐系统的情境上下文本体模型应该作为历史情境上下文的记录，用户、推荐对象、两者之间的交互以及交互发生的环境构成情境上下文本体的主要内容。

（2）情境上下文本体的结构设计要兼顾通用性和扩展性。设计良好的情境上下文本体应能够适用于各种推荐系统，以便进行系统间的信息共享和重用，减少重复开发的成本。但同时，由于信息推荐服务的应用领域很广，各种服务或资源都有可能成为推荐对象，因而情境上下文本体结构又必须能针对特定领域进行灵活的扩展。

（3）情境上下文本体要有效支持推荐系统中的情境上下文语义推理。在基于情境上下文本体的推荐系统中，情境上下文语义推理是挖掘用户深层兴趣、产生推荐结果的主要途径。无论是本体自身的描述逻辑推理，还是基于本体的规则推理，对本体的质量都具有较高的要求，因此设计情境上下文本体时要充分考虑其一致性和完整性，并减少概念冗余。

5.1.3.2　上层情境上下文本体结构

考虑到情境上下文本体的通用性和扩展性，笔者借鉴 CONON 模型的两层结构思想，将面向 O2O 推荐的情境上下文本体分为上层本体和领域本体两个部分。上层本体定义所有推荐服务的共享概念，描述主要情境上下文实体的一般特征。领域本体则位于上层本体的下层，其概念多为上层本体中概念的子类，用于定义具体应用领域中的细节，描述特定推荐服务中特殊的情境上下文特征。

1. 上层情境上下文本体中的类、属性和个体

上层情境上下文本体中的核心概念类有 User（用户）、Object（推荐对象）和

InteractionSituation（交互情境），如图 5-4 所示。对象属性 hasInteractionSituation 和 hasUser 代表用户与交互情境之间的关系，对象属性 withInteractionSituation 和 hasObject 代表推荐对象与交互情境之间的关系。其他概念类和属性均围绕三个核心概念定义，用于描述用户、推荐对象和交互情境的不同方面。

图 5-4　上层情境上下文本体中的核心概念和属性

描述用户信息的类为 UserDescription，作为对象属性 hasUserDescription 的取值范围与 User 类相连。UserDescription 又具有 1 个对象属性 hasGender（用户性别）和 7 个数据属性：userName（用户姓名）、age（用户年龄）、birthday（用户生日）、email（用户电邮地址）、address（用户的联系地址）、tel（用户联系电话）和 vocation（用户的职业）。hasGender 的取值范围为 Gender（性别类）。如图 5-5 所示。

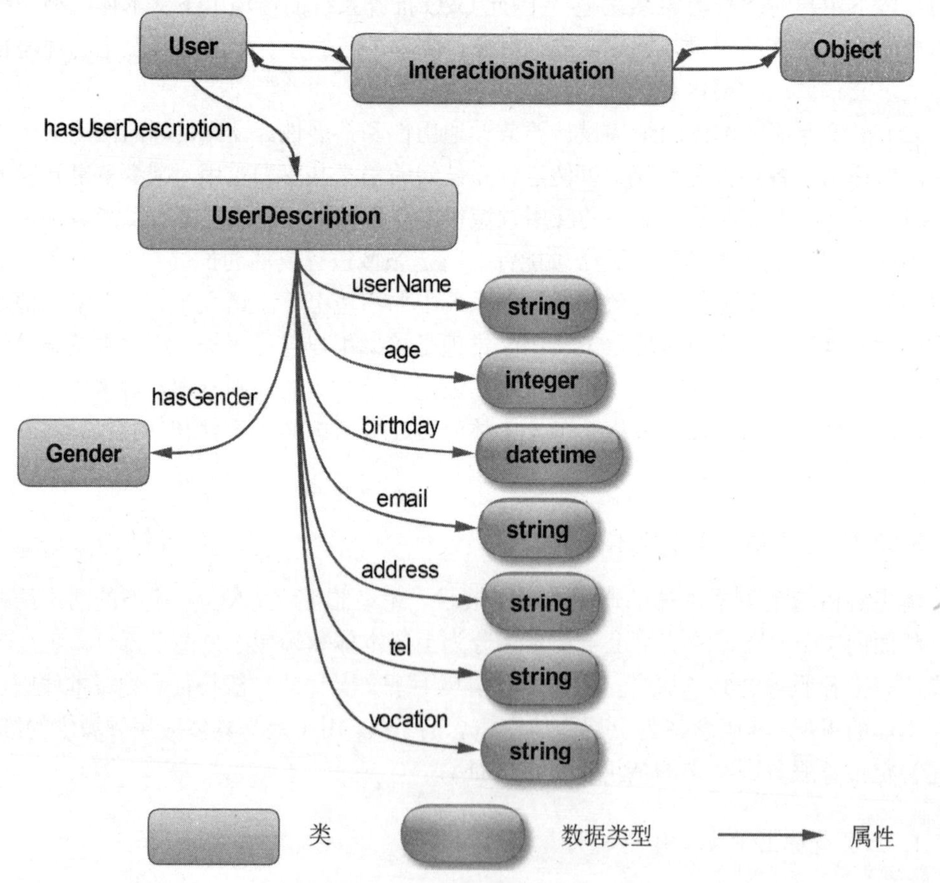

图 5-5　用户的相关类和属性

描述推荐对象的类有两个：ObjectDescription 和 ObjectStatisticalFeature，分别作为对象属性 hasObjectDescription 和 hasObjectStatisticalFeature 的取值范围与 Object 类相连。其中 ObjectDescription 描述推荐对象的固有信息，而 ObjectStatisticalFeature 为对象统计特征类，当用户对推荐对象作出评价后，ObjectStatisticalFeature 将计算用户群所有评价结果的统计值，并作为推荐对象特征的反映，如图 5-6 所示。

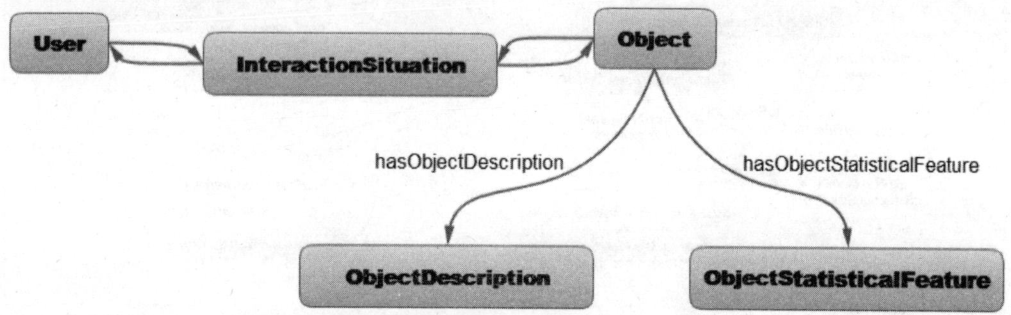

图 5-6　描述推荐对象的相关类和属性

描述交互情境的主要类包括 TemporalInformation、Location、ClimateCondition、Companion、EmotionState 和 CommenttoObject，它们均作为对象属性的取值范围与 InteractionSituation 类相连，分别表示情境上下文发生的时间、地点、气候条件、情境上下文中用户的伴侣、用户的心情以及用户对推荐对象的感受，如图 5-6 所示。

TemporalInformation 具有 1 个数据属性 date&time 和 1 个对象属性 hasTemporalLabel，分别记录具体的日期时间和具有的特定含义的时间标记。hasTemporalLabel 的取值范围为 TemporalLabel（时间标记类），包含如“生日”“周末”“春节”“夏季”等个体。

Location 具有两个对象属性 hasGPSInformation 和 hasLocationLabel，分别表示位置的 GPS 信息和位置所具有特定含义。hasGPSInformation 的取值范围为 GPSInformation（GPS 信息类），GPSInformation 又包含 longtitude（经度）和 latitude（纬度）两个数据属性。hasGPSInformation 的取值范围为 LocationLabel（地点标记类），包含如“在家”“在办公室”“在车上”“在室外”等个体。

ClimateCondition 具有 3 个对象属性 hasOutsideTemperature、hasHumidity 和 hasWeather，分别表示室外温度、湿度和天气。其中 hasOutsideTemperature 的取值范围为 Temperature（温度类），包含如“寒冷”“凉爽”“适宜”“温暖”“热”等个体。hasHumidity 的取值范围为 Humidity（湿度类），包含如“干燥”“湿润”等个体。hasWeather 的取值范围为 Weather（天气类），包含如“晴”“雨”“多云”“风”“雪”等个体。

Companion 代表用户伴侣的类型，包含如“朋友”“爱人”“亲人”“同学”“同事”等个体。

EmotionState 代表用户的心情状态，包含如“愉快”“悲伤”“生气”“焦虑”“厌恶”等个体。

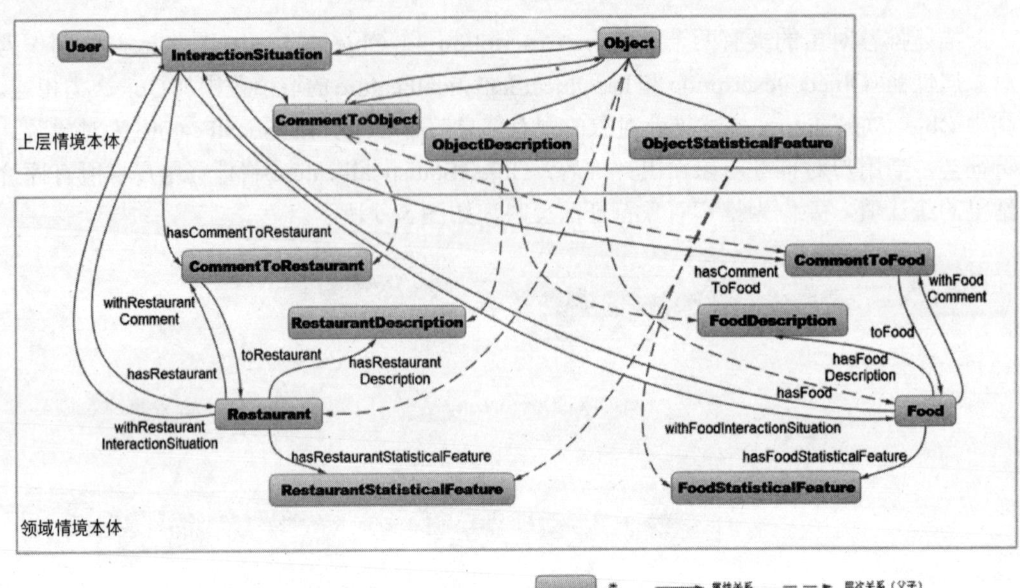

图5-7　描述交互情境的相关类和属性

CommentToObject记录用户对推荐对象的评价。它具有对象属性toObject，其取值范围为Object类。同时，它也作为对象属性withComment的取值范围和Object类相连。

由于上层本体只定义O2O推荐服务中的通用概念，不涉及具体应用领域，因此无法对推荐对象进行详细描述。上层本体中的Object、ObjectDescription、ObjectStatistical Feature和CommentToObject类，均只作为抽象类，可在领域本体中对其进行子类扩展，用来描述不同应用中的推荐对象。

2. 上层情境上下文本体中的约束

上层情境上下文本体的完整定义除了声明类、属性和个体的公理以外，还包含各种约束。下面给出上层本体中各种约束的含义及其OWL2的语法定义。

（1）类的不相交性

上层情境上下文本体中的所有类均互不相交，即同一个体不能同时属于其中任意的两个类，定义为：

DisjointClasses（:User :UserDescription）

DisjointClasses（:User :Gender）

DisjointClasses（:User :Object）

……

（2）枚举类

Gender类属于枚举类，它包含且只包含“男”和“女”两个个体。定义为：

EquivalentClasses（:Gender　ObjectOneOf（ :男 :女））

（3）互逆属性

上层情境上下文本体中有三对属性互逆：hasInteractionSituation 和 hasUser，withInteractionSituation 和 hasObject，withComment 和 toObject，定义为：

InverseObjectProperties（:hasInteractionSituation :hasUser）

InverseObjectProperties（:withInteractionSituation :hasObject）

InverseObjectProperties（:withComment : toObject）

（4）函数型属性

函数型属性约束了个体之间的一对一关系，例如 hasUserDescription（User, UserDescription）属性为函数型，表示每个用户只能有一组信息描述。其定义为 FunctionalDataProperty（:hasUserDescription）。其余的函数型属性包括：age，birthday，hasGender，hasObjectDescription，hasObjectStatisticalFeature，hasUser，hasTemporalInformation，date&time，hasUserLocation，hasGPSInformation，latitude，longtitude，hasClimateCondition，hasOutsideTemperature，hasHumidity。定义为：

FunctionalDataProperty（:age）

FunctionalDataProperty（:bithday）

FunctionalDataProperty（:hasGender）

……

（5）非对称属性、非自反属性

上层情境上下文本体中所有的对象属性均为非对称且非自反的属性，定义为：

AsymmetricObjectProperty（:hasUserDescription）

IrreflexiveObjectProperty（:hasUserDescription）

……

5.1.3.3　领域情境上下文本体结构

领域情境上下文本体是对上层情境上下文本体的扩展，将上层本体中的抽象类具体化，并在上层本体的框架下补充针对特定应用领域的新类和新属性。

以餐饮 O2O 推荐服务为例，该领域中的推荐对象主要为餐馆和食物，情境上下文本体用于记录在各种情境上下文中用户与餐馆或食物的交互。一个交互情境的基本设定为：一个用户进入一个餐馆并选择了若干食物，因此该领域情境上下文本体要在上层情境上下文本体的基础上添加与餐馆和食物有关的描述信息和交互信息。

1. 领域情境上下文本体中的类、属性和个体

首先对上层情境上下文本体中抽象类和属性进行扩展，为其添加子类和子属性，如表 5-7 所示。

表 5-7 扩展上层情境上下文本体中的抽象类和属性

上层情境上下文本体中的原有类	领域情境上下文本体中添加的子类
Object	Restaurant（餐馆）和 Food（食物）
ObjectDescription	RestaurantDescription（餐馆信息）和 FoodDescription（食物信息）
ObjectStatisticalFeature	RestaurantStatisticalFeature（餐馆统计特征）和 FoodStatisticalFeature（食物统计特征）
CommentToObject	CommentToRestaurant（餐馆评价信息）和 CommentToFood（食物评价信息）
上层情境上下文本体中的原有属性	领域情境上下文本体中添加的子属性（括号中的前项为 Domain，后项为 Range）
hasObjectDescription	hasRestaurantDescription（Restaurant, RestaurantDescription)和 hasFoodDescription (Food, FoodDescription)
hasObjectStatisticalFeature	hasRestaurantStatisticalFeature(Restaurant, RestaurantStatisticalFeature)和 hasFoodStatisticalFeature (Food, FoodStatisticalFeature)
withInteractionSituation	withRestaurantInteractionSituation(Restaurant, InteractionSituation)和 withFoodInteractionSituation(Food, InteractionSituation)
hasObject	hasRestaurant(InteractionSituation, Restaurant)和 hasFood (InteractionSituation, Food)
hasComment	hasCommentToRestaurant (InteractionSituation, CommentToRestaurant)和 hasCommentToFood(InteractionSituation, CommentToFood)
toObject	toRestaurant(CommentToRestaurant, Restaurant)和 toFood(CommentToFood, Food)
withComment	withRestaurantComment(Restaurant, CommentToRestaurant)和 withFoodComment(Food, CommentToFood)

图 5-8 显示了餐饮 O2O 服务的领域情境上下文本体和上层情境上下文本体之间的扩展关联。

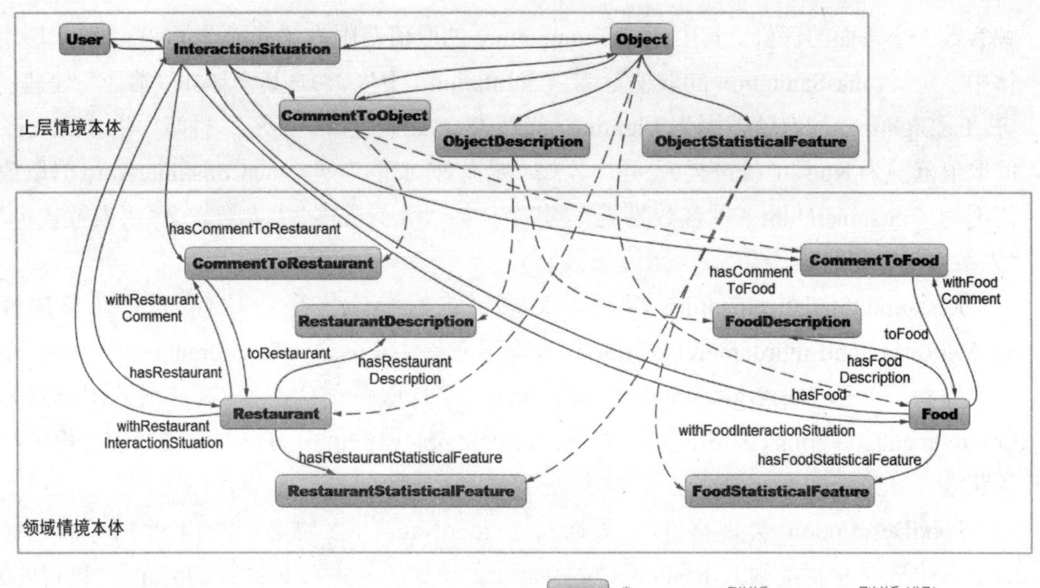

图 5-8 领域情境上下文本体和上层情境上下文本体间的关联

其次，在领域情境上下文本体中，围绕餐馆和食物添加描述其细节的类和属性。

RestaurantDescription 类具有 1 个数据属性 restaurantName（餐馆名）和 5 个对象属性：hasRestaurantLocation（餐馆位置）、hasRestaurantType（餐馆类型）、hasRestaurantFlavor（餐馆风味）、hasRestaurantServiceLevel（餐馆服务档次）和 hasMenu（餐馆菜单），其取值范围分别为 Location、RestaurantType、Flavor、ServiceLevel 和 Menu 类。Location 类表示位置，在上层本体中已经定义。RestaurantType 类代表餐馆类型，其个体如“中餐”“西餐”“快餐”等。Flavor 代表风味，其个体如“川菜”“粤菜”等。ServiceLevel 代表服务档次，其个体如“高档”“中档”“低档”。Menu 为菜单类，它具有对象属性 hasMenuItem，其取值范围为 MenuItem（菜单项类）。MenuItem 具有对象属性 hasItem，其取值范围为 Food 类，记录菜单项中的食物。MenuItem 同时还具有 1 个数据属性 itemPrice，记录菜单项中食物的价格。

CommentToRestaurant 类具有 3 个对象属性：hasRestaurantTrafficState、hasRestaurantWaiterState 和 hasRestaurantEnvironmentCondition，分别代表用户对餐馆交通状况、服务员态度和环境条件的评价。其中，hasRestaurantTrafficState 的取值范围为 TrafficState（交通状况类），其个体如“交通便利”“交通不便利”等。hasRestaurantWaiterState 的取值范围为 WaiterState（服务员态度类），其个体如“态度好”“态度一般”“态度差”等。hasRestaurantEnvironmentCondition 的取值范围为 EnvironmentCondition（环境条件类）。EnvironmentCondition 又具有 hasTemperature、hasSanitation、hasLighting、hasNoise 和 hasConsumerNum 5 个对象属性，分别表示用户对餐馆室内温度、卫生、光线、噪声和

顾客数 5 个方面的评价。其中，hasTemperature 的取值范围为 Temperature 类，在上层本体中已定义。hasSanitation 的取值范围为 Sanitation（卫生类），其个体如“洁净”“肮脏”等。hasLighting 的取值范围为 Lighting（光线类），其个体如“明亮”“昏暗”等。hasNoise 的取值范围为 Noise（噪声类），其个体如“嘈杂”“安静”等。hasConsumerNum 的取值范围为 ConsumerNum（顾客数量类），其个体如“人数太多”“人数较多”“人数较少”“人数太少”等。

RestaurantStatisticalFeature 类用于记录餐馆的统计特征，具有 3 个对象属性 hasAvgRestaurantEnvironmentCondition（平均环境条件）、hasAvgRestaurantTrafficState（平均交通状况）和 hasAvgRestaurantWaiterState（平均服务员状态），其取值范围分别为 EnvironmentCondition、TrafficState 和 WaiterState 类，属性值由用户群对餐馆的评价值统计获得。

FoodDescription 类具有 1 个数据属性 foodName（食物名）和 4 个对象属性：hasFoodType（食物类别）、hasFoodCookway（食物烹饪方式）、hasFoodTaste（食物口味）和 hasIngredient（食物主要材料），其取值范围分别为 FoodType、Cookway、Taste 和 Ingredient 类。FoodType 类表示食物类别，其个体如“热菜”“凉菜”“汤水”等。Cookway 类表示烹饪方式，其个体如“炒”“蒸”“烤”等。Taste 类表示口味，其个体如“麻辣”“鱼香”“椒盐”等。Ingredient 类表示食材，其个体如“猪肉”“鸡蛋”“黄瓜”等。

CommentToFood 类具有 2 个对象属性：hasFoodCookState 和 hasFoodPriceLevel，分别代表用户对食物的烹饪状况和价格水平的评价，hasFoodCookState 的取值范围为 CookState（烹饪状况类），其个体如“正好”“咸”“淡”“甜”“不甜”“辣”“不辣”“酸”“不酸”等。hasFoodPriceLevel 的取值范围为 PriceLevel（价格水平类），其个体如“价格太高”“价格偏高”“价格适中”“价格便宜”等。

FoodStatisticalFeature 类用于记录食物的统计特征，具有 2 个对象属性：hasAvgFoodCookState（平价烹饪状况）和 hasAvgFoodPriceLevel（平均价格水平），其取值范围分别为 CookState 和 PriceLevel 类，属性值由用户群对食物的评价值统计获得。

图 5-9 显示了领域情境上下文本体中描述餐馆和食物的类和属性。

2. 领域情境上下文本体中的约束

领域情境上下文本体同样也包含了关于类、属性和个体的约束定义。第一，定义属于同一父类的子类互不相交，例如，Restaurant 和 Food 不相交，CommentToRestaurant 和 CommentToFood 不相交等。第二，定义 4 对互逆属性：withRestaurantInteractionSituation 和 hasRestaurant，withFoodInteractionSituation 和 hasFood，withRestaurantComment 和 toRestaurant，withFoodComment 和 toFood。第三，定义函数性属性：hasRestaurant Description，hasFoodDescription，hasRestaurantStatisticalFeature，hasFoodStatisticalFeature，

hasRestaurant，hasCommentToRestaurant，toRestaurant，toFood，restaurantName，hasRestaurantLocation，hasRestaurantType，hasRestaurantFlavor，hasRestaurantServiceLevel，hasMenu，hasItem，itemPrice，hasRestaurantTrafficState，hasRestaurantWaiterState，hasRestaurantEnvironmentCondition，hasTemperature，hasSanitation，hasLighting，hasNoise，hasConsumerNum，hasAvgRestaurantEnvironmentCondition，hasAvgRestaurantTrafficState，hasAvgRestaurantWaiterState，hasFoodType，hasFoodCookway，hasFoodTaste，hasFoodCookState，hasFoodPriceLevel，hasAvgFoodCookState，hasAvgFood PriceLevel。第四，定义领域情境上下文本体中新添加的所有属性为非对称且非自反属性。

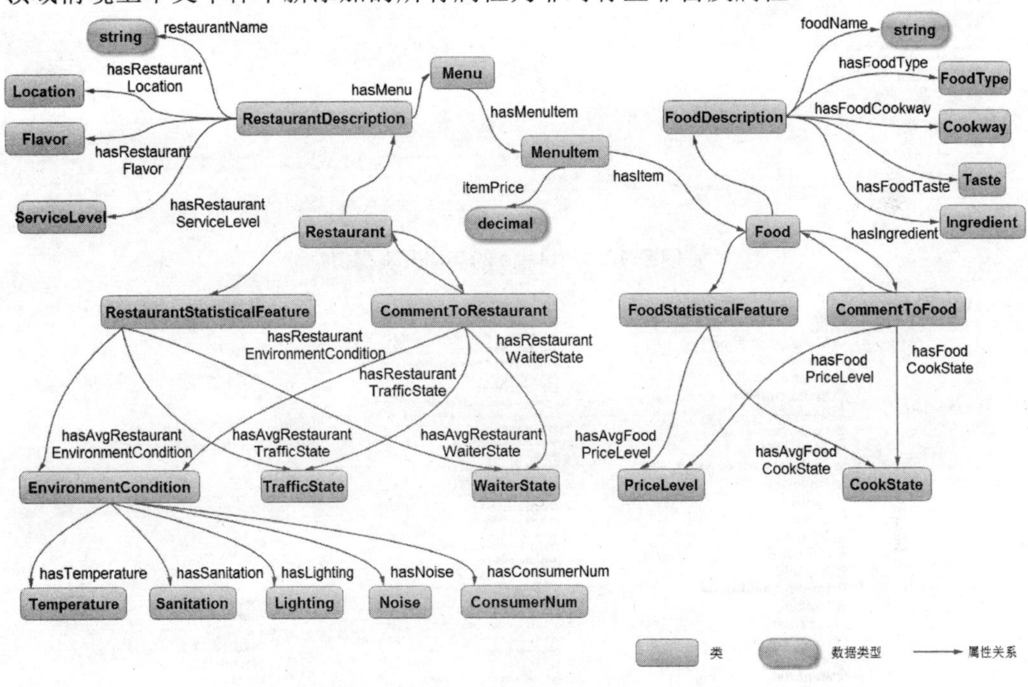

图 5-9　描述餐馆和食物的相关类和属性

5.1.3.4　情境上下文本体的实现

斯坦福大学开发的 Protégé 工具是实现情境上下文本体的有效工具之一，该工具是目前最著名的开源本体编辑平台，完全支持 OWL2 本体语言，并集成了 HermiT、Pellet 等逻辑推理机，能直接实现本体推理。

在 Protégé 的实体开发窗口中建立情境上下文本体的类层次结构和属性层次结构，并设定相关的约束，如图 5-10 所示。

图 5-11 显示了通过 Protégé 开发的面向餐饮 O2O 推荐的情境上下文本体的完整类层次结构、对象属性结构和数据属性结构。

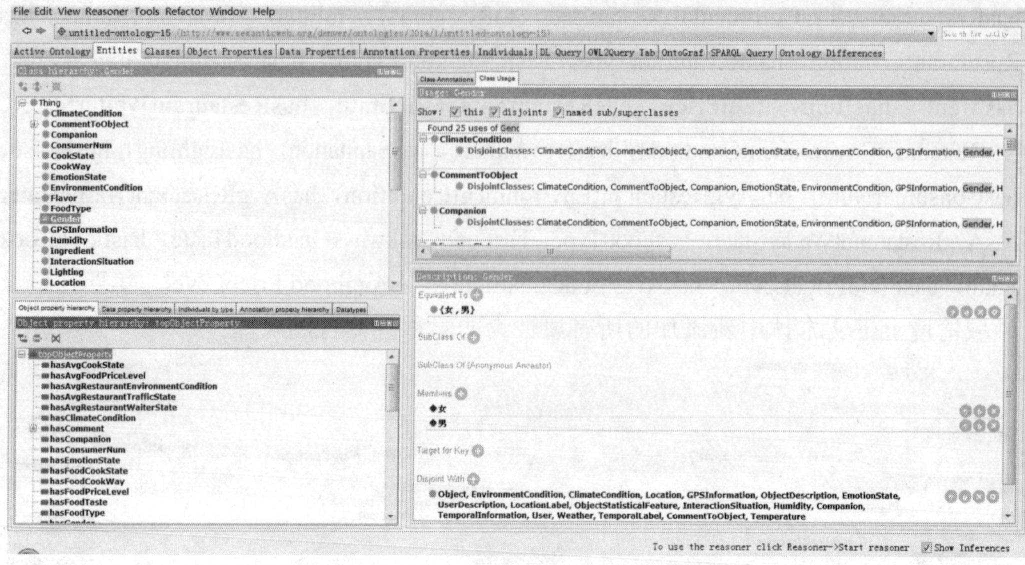

图 5-10　Protégé 的实体开发窗口

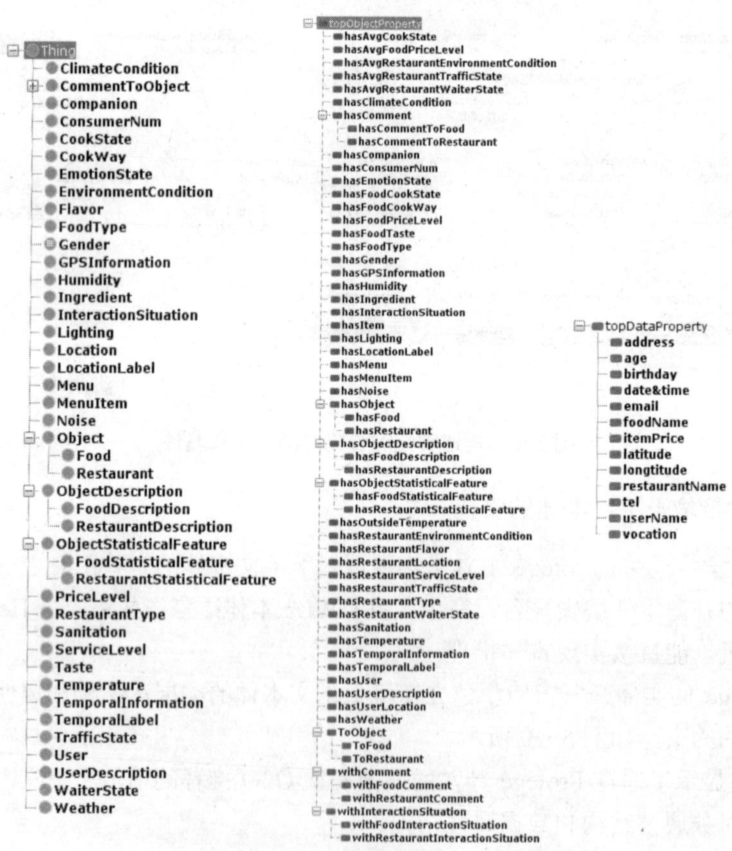

图 5-11　面向餐饮 O2O 推荐的情境上下文本体的完整结构

5.2　基于 UGC 的情境上下文语义获取

5.2.1　UGC 概述

UGC 是“User Generated Content”（用户创造内容）的缩写，也被称为 CGM（Consumer-generated media）或 UCC（User-created content）。UGC 的概念于 2005 年提出，它源于互联网领域，是伴随着以提倡个性化和分享为主要特点的 Web2.0 概念兴起的。UGC 并不是某一种具体的业务，而是一种用户使用互联网的新方式，即由原来的以下载为主变成下载和上传并重。在 UGC 模式下，网友不再只是观众，而是成为互联网内容的生产者和供应者。人们可以通过各种互联网技术（如 BBS、SNS 社区、博客、播客、开源软件、问答式数据库、推客、互联精灵等），把自己创作的内容展示和传播给互联网上其他的用户。UGC 中的内容包括很多，其中文字、图片、音频、视频及其相关组合方式等都可以是用户创造的内容。

近年来，随着全球 3G 商用的日益推进和移动互联网业务的不断发展，UGC 概念日益受到人们的关注，基于 UGC 的服务不断发展，将互联网强大的应用服务能力扩展到移动终端上，用户可以随时随地查询或创造内容。由于 UGC 服务模式具有用户主动参与程度高、互动空间更大的特点，能够满足用户的个性化需求，越来越多的用户开始采纳这一新兴的服务，基于 UGC 的服务正日益改变着我们的生活方式。

前文已经提到，情境上下文获取的方法分为隐性获取和显性获取两种。隐性情境上下文获取是指通过智能传感设备自动感知用户的情境上下文。隐性情境上下文获取方式由系统自动完成，具有较高的隐蔽性，且不需要打扰用户，但由于受到目前传感设备的限制，只能获得层次较低、维度单一的情境上下文信息，难以支持复杂的情境上下文语义计算。显性情境上下文获取是指系统通过与用户交互的方式直接获得相关的情境上下文，例如让用户填写表格或者回答有关当前情境上下文的具体问题。显性获取方式能够获得比较准确和丰富的情境上下文信息，但对用户的配合度要求较高。

在建立基于情境上下文语义的个性化 O2O 信息推荐机制时，复杂情境上下文的获取成为其难点之一，通过隐性方式获得的简单情境上下文信息显然不能满足构建语义化情境上下文本体模型的需要。为解决此问题，这里提出了一种基于 UGC 的情境上下文语义获取方法，它是一种以显性方式为主、隐性方式为辅的综合情境上下文语义获取方法。它的基本思想是，利用移动网络环境下用户的社会化特性，将用户的分享意愿和情境上下文获取巧妙地结合起来，通过社会化多维情境上下文标签系统引导 O2O 用户在构筑社会网络关系的同时，主动分享当前情境上下文的内容。

5.2.2　O2O 用户的情境上下文分享意愿分析

用户的主动分享意愿是基于 UGC 的情境上下文语义获取方法的基础，为此，这里设计了调查实验对O2O用户的情境上下文分享意愿进行了研究，了解哪些情境上下文要素适合通过UGC方式采集，以及哪些交互方式能更好地促进用户对情境上下文的分享。

通过在线网络和电子邮件的方式发放调查问卷。从问卷发布至调查结束，历时3个月，总共收到182份问卷，根据问卷前后是否填写一致和必填选项是否填写判断问卷的有效性，最终确认147份有效问卷，有效问卷的回收率为80.76%。

问卷由三个部分的内容组成：关于被调查者的基本情况、用户在不同情况下对情境上下文要素的分享意愿、用户在分享情境上下文意愿时所偏好的交互形式。

1. 被调查者的基本情况

调查结果如表5-8所示，可以看出被调查者的男女比例基本均衡，主要为受教育程度较高的青年人。从被调查者的年龄和知识层次看，他们属于O2O信息服务的主要使用者，对于问卷所涉及的O2O服务内容能够正确理解。

表5-8 被调查者的基本信息情况

被调查者基本情况		人数	百分比（%）
性别	男	83	56.46
	女	64	43.54
年龄	18岁以下	3	2.04
	18～26岁	126	85.71
	27～30岁	14	9.52
	30岁以上	4	2.72
教育程度	高中及以下	9	6.12
	高职、专科	13	8.84
	本科	125	85.03
	硕士及以上	0	0

2. 用户对情境上下文要素的分享意愿

以餐饮O2O服务为背景，询问用户在一般情况下、有个性化推荐服务时和有优惠服务时，是否愿意分享各种情境上下文要素。

图5-12显示了在没有任何刺激条件的情况下用户对于情境上下文要素的分享意愿。可以看出有30%以上的O2O用户愿意分享心情、同行伴侣、室外气候、餐馆名称、餐馆内的环境、餐馆服务员的态度、食物的名称、食物的价格高低、食物的烹饪状态等情境上下文要素。

图5-13显示了在系统能根据用户分享的情境上下文为其提供餐馆和食物推荐时，

O2O 用户对情境上下文要素的分享意愿。可以看出，有 30%以上的 O2O 用户愿意分享心情、同行伴侣、室外气候、餐馆名称、餐馆内的环境、餐馆服务员的态度、食物的名称、食物的价格高低、食物的烹饪状态等情境上下文要素。

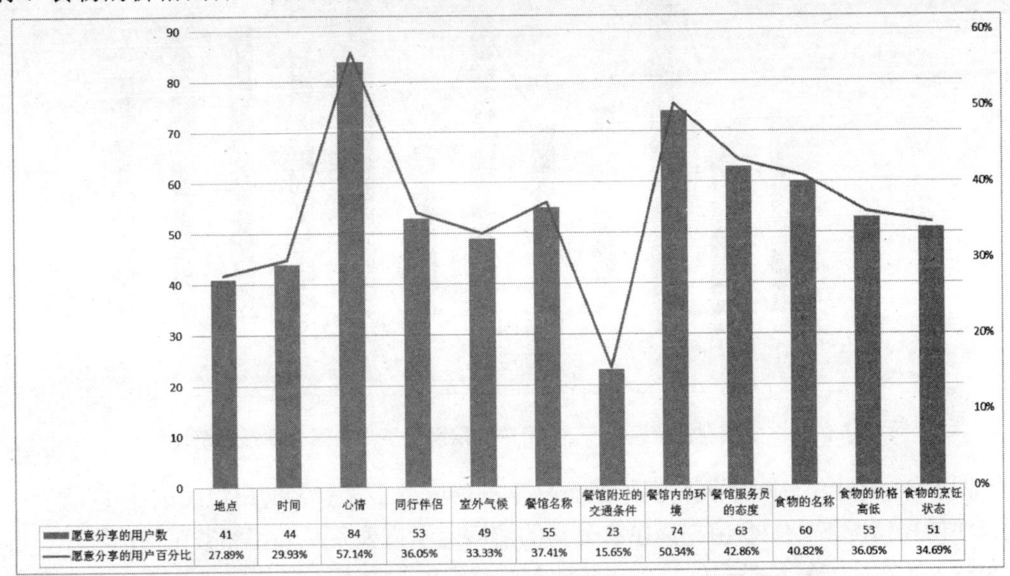

	地点	时间	心情	同行伴侣	室外气候	餐馆名称	餐馆附近的交通条件	餐馆内的环境	餐馆服务员的态度	食物的名称	食物的价格高低	食物的烹饪状态
愿意分享的用户数	41	44	84	53	49	55	23	74	63	60	53	51
愿意分享的用户百分比	27.89%	29.93%	57.14%	36.05%	33.33%	37.41%	15.65%	50.34%	42.86%	40.82%	36.05%	34.69%

图 5-12　一般情况下 O2O 用户的情境上下文要素分享意愿统计

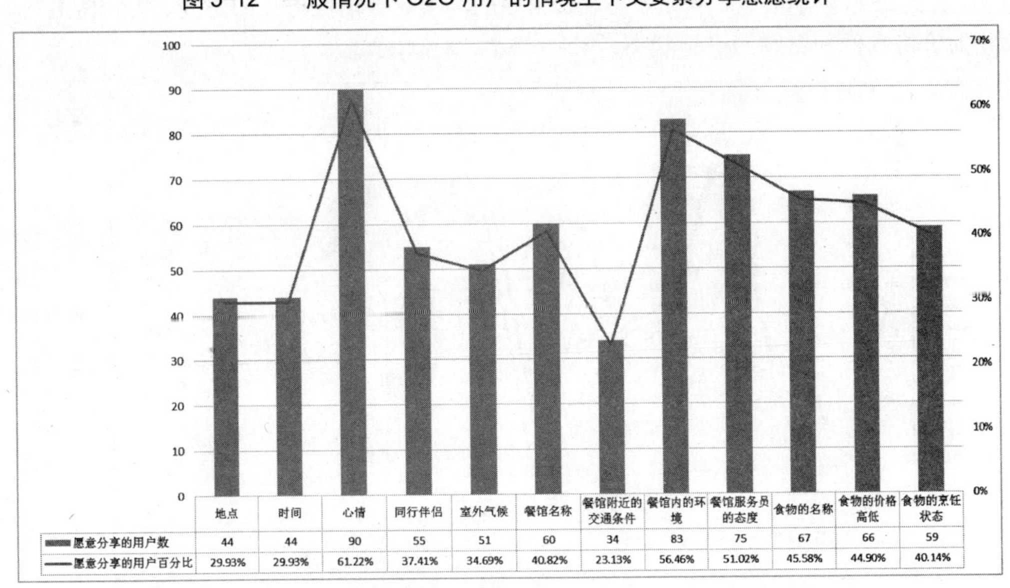

	地点	时间	心情	同行伴侣	室外气候	餐馆名称	餐馆附近的交通条件	餐馆内的环境	餐馆服务员的态度	食物的名称	食物的价格高低	食物的烹饪状态
愿意分享的用户数	44	44	90	55	51	60	34	83	75	67	66	59
愿意分享的用户百分比	29.93%	29.93%	61.22%	37.41%	34.69%	40.82%	23.13%	56.46%	51.02%	45.58%	44.90%	40.14%

图 5-13　提供推荐服务时 O2O 用户的情境上下文要素分享意愿统计

图 5-14 显示了在系统能为分享情境上下文的用户提供某些餐饮优惠时，O2O 用户对情境上下文要素的分享意愿。可以看出，有 30%以上的 O2O 用户愿意分享地点、时间、心情、同行伴侣、室外气候、餐馆名称、餐馆内的环境、餐馆服务员的态度、食物的名称、食物的价格高低、食物的烹饪状态等情境上下文要素。

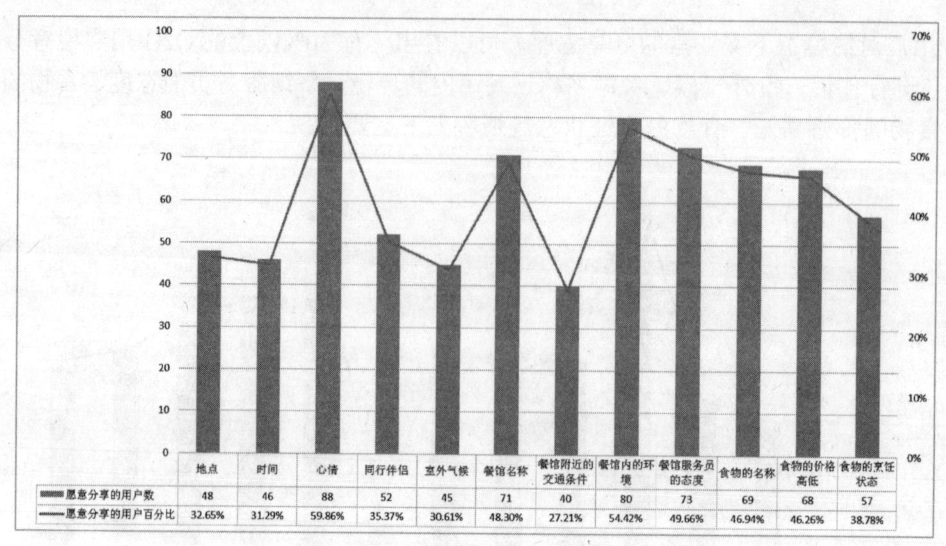

	地点	时间	心情	同行伴侣	室外气候	餐馆名称	餐馆附近的交通条件	餐馆内的环境	餐馆服务员的态度	食物的名称	食物的价格高低	食物的烹饪状态
愿意分享的用户数	48	46	88	52	45	71	40	80	73	69	68	57
愿意分享的用户百分比	32.65%	31.29%	59.86%	35.37%	30.61%	48.30%	27.21%	54.42%	49.66%	46.94%	46.26%	38.78%

图 5-14　提供餐饮优惠时 O2O 用户的情境上下文要素分享意愿统计

图 5-15 对比了 3 种不同情况下愿意分享各情境上下文要素的用户比例，可以看出，无论在何种情况下，O2O 用户最愿意分享的情境上下文要素是心情和餐馆内的环境。相对来说，在系统能够提供餐饮推荐服务或餐饮优惠时，会有更多的用户愿意分享情境上下文，尤其愿意分享地点、餐馆名称、餐馆内的环境、餐馆服务员的态度、食物的名称、食物的价格高低和食物的烹饪状态。

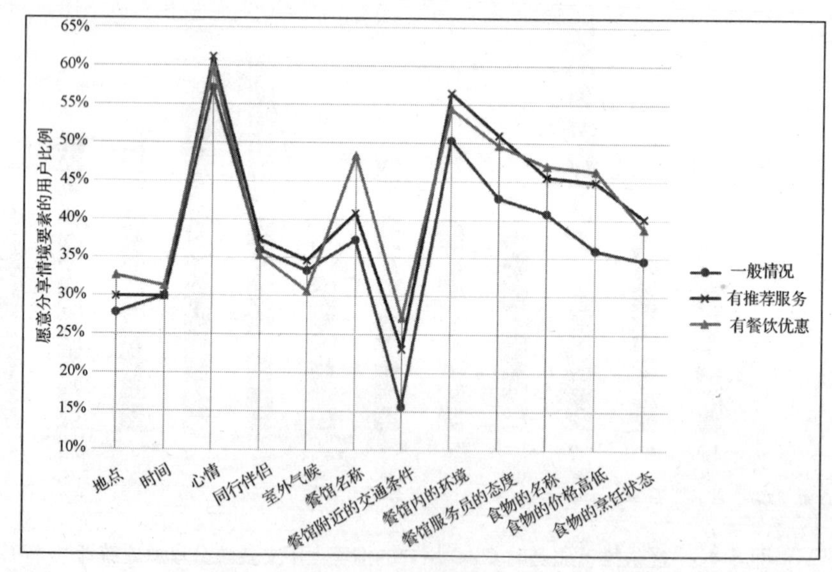

图 5-15　不同情况下 O2O 用户的情境上下文要素分享意愿对比

3. 用户分享情境上下文意愿时偏好的交互形式

同样以餐饮 O2O 服务为背景，设定 6 种用于分享多维情境上下文要素的交互界面，

询问哪一种交互界面更能够引导用户操作，使用户更加愿意分享情境上下文要素。

6 种交互界面如图 5-16 所示。

界面 1：垂直列出所有情境要素，情境要素的内容可自由输入

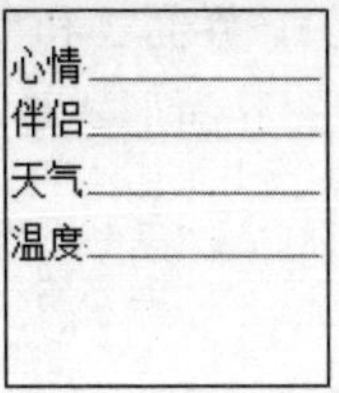

界面 2：垂直列出所有情境要素，情境要素的内容通过列表选择

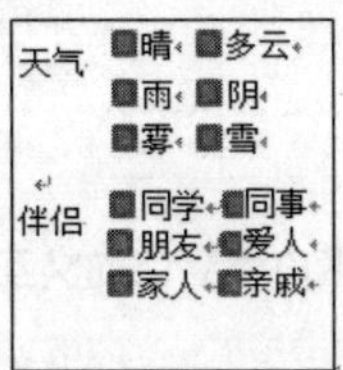

界面 3：每一页一个情境要素，情境要素的内容可以自由输入

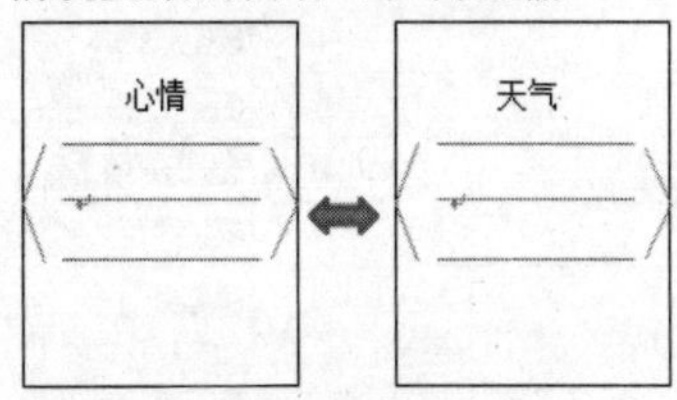

界面 4：每一页一个情境要素，情境要素的内容通过列表选择

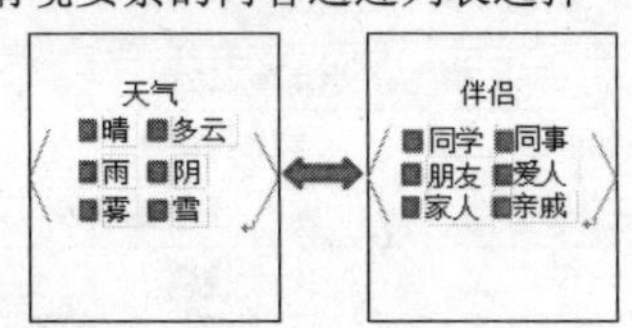

界面 5：用九宫格列出所有情境要素，情境要素的内容可自由输入

界面 6：用九宫格列出所有情境要素，情境要素的内容通过列表选择

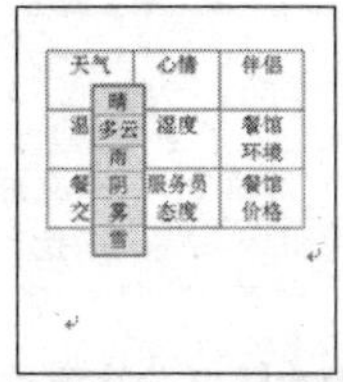

图 5-16　用于分享情境上下文要素的 6 种交互界面

图 5-17 至图 5-20 显示了 O2O 用户对不同交互界面的偏好调查结果。可以看出，O2O 用户喜欢的交互形式是界面 6、界面 4 和界面 2，认为方便的交互形式是界面 4、界面 2 和界面 6，认为能够增加其分享意愿的交互形式是界面 6、界面 4 和界面 2，认为会降低其分享意愿的交互形式是界面 1、界面 3 和界面 5。由此可见在设计基于 UGC 的用户情境上下文感知系统时，比较好的界面形式是界面 6 和界面 4。

选项	小计	比例
A.界面1	10	6.8%
B.界面2	31	21.09%
C.界面3	8	5.44%
D.界面4	31	21.09%
E.界面5	19	12.93%
F.界面6	48	32.65%

图 5-17　用户最喜欢的交互形式统计

选项	小计	比例
A.界面1	0	0%
B.界面2	38	25.85%
C.界面3	6	4.08%
D.界面4	54	36.73%
E.界面5	15	10.2%
F.界面6	34	23.13%

图 5-18　用户认为最方便的交互形式统计

选项	小计	比例
A.界面1	9	6.12%
B.界面2	62	42.18%
C.界面3	20	13.61%
D.界面4	70	47.62%
E.界面5	25	17.01%
F.界面6	82	55.78%

图 5-19　用户认为能增加分享意愿的交互形式统计

选项	小计	比例
A.界面1	90	61.22%
B.界面2	30	20.41%
C.界面3	88	59.86%
D.界面4	6	4.08%
E.界面5	51	34.69%
F.界面6	14	9.52%

图 5-20　用户认为会降低分享意愿的交互形式统计

从上述 O2O 用户的情境上下文分享意愿调查可以看出，在个性化 O2O 信息推荐应用中，通过设计良好的交互界面引导用户分享情境上下文信息是可行的，这也为基于 UGC 的情境上下文语义获取方法的实现奠定了基础。

5.2.3　基于 UGC 的情境上下文语义获取方法

基于 UGC 的情境上下文语义获取方法，主要通过社会化多维情境上下文标签系统引导 O2O 用户分享其感知的情境上下文信息，同时补充物理传感设备感知的情境数据，再结合用户数据库和对象数据库，获得较完整的情境上下文内容描述。

5.2.3.1　情境上下文语义获取方法模型

图 5-21 显示了基于 UGC 的情境上下文语义获取方法的模型。该方法首先通过交互界面引导 O2O 用户感知当前情境上下文，并通过多维情境上下文标签系统描述和发布当前情境状况；其次对用户分享的情境上下文标签进行语义解析，即在标签库中对情境上下文标签进行检索和匹配，将其映射为机器可读的形式化情境上下文概念，同时根据情境上下文概念的语义将其划归到情境上下文本体中相应的概念类或数据属性下，作为本体中的个体或取值；最终系统将利用情境上下文概念实例化预先定义的情境上下文本体结构，使当前情境上下文的内容记录到用户的情境上下文本体模型中，作为系统理解用户情境上下文语义的基础。

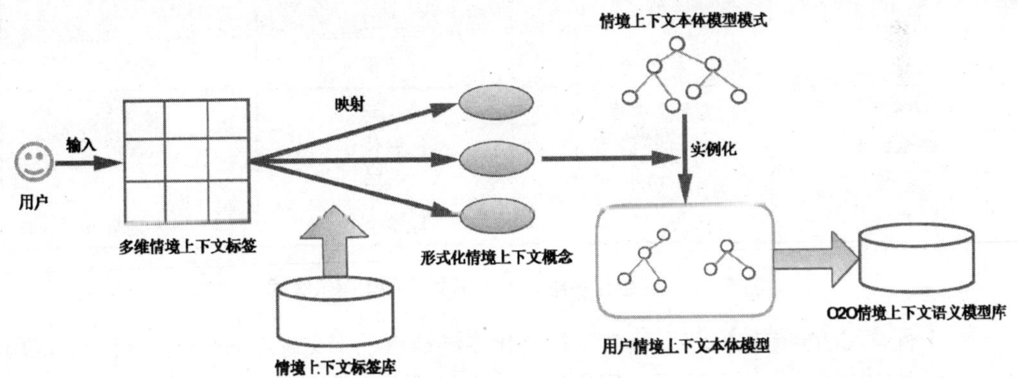

图 5-21　基于 UGC 的情境上下文语义获取方法模型

5.2.3.2　社会化多维情境上下文标签系统

社会化多维情境上下文标签系统是借鉴社会化标签的思想，并依据情境上下文的多维性设计的标签输入系统。社会化标签是一种大众分类方式，用户以标签（Tag）的形式为网络信息资源定义一个或多个描述，也可以检索其他用户定义的具有相同标签的资源，它体现了群体的力量，使得内容之间的相关性和用户之间的交互性大大增强。而社会化多维情境上下文标签系统则由用户以标签的形式对其所在的情境上下文进行描述并与其他用户进行交流。不同于普通社会化标签的完全自由和随意，多维情境上下文标签系统要求用户在情境上下文维度的框架内定义标签（如在“心情”维度下定义标签“快乐”），这样既可以从不同的角度全面反映情境上下文内容，也为机器解析标签语义提供基础。

依据 5.2.2 小节中对交互形式的调查结果，这里采用网格形式设计社会化多维情境上下文标签体系，情境上下文标签按维度呈现给用户，每个维度由标签提示和标签内容两个部分组成，标签提示用于引导用户理解情境上下文维度的含义，标签内容则由用户输入，用户可以从系统提供的预定义标签内容中选择，也可以自行创建新的标签内容，每个维度下允许输入一个或多个标签内容，如图 5-22 所示。

标签名 标签值 1 …… 标签值 n	标签名 标签值 1 …… 标签值 n	标签名 标签值 1 …… 标签值 n	标签名 标签值 1 …… 标签值 n
标签名 标签值 1 …… 标签值 n	标签名 标签值 1 …… 标签值 n	标签名 标签值 1 …… 标签值 n	标签名 标签值 1 …… 标签值 n
标签名 标签值 1 …… 标签值 n	标签名 标签值 1 …… 标签值 n	标签名 标签值 1 …… 标签值 n	标签名 标签值 1 …… 标签值 n
标签名 标签值 1 …… 标签值 n	标签名 标签值 1 …… 标签值 n	标签名 标签值 1 …… 标签值 n	标签名 标签值 1 …… 标签值 n

图 5-22　社会化多维情境上下文标签体系示意图

在个性化 O2O 信息推荐系统中，社会化多维情境上下文标签系统主要用于获取用户和对象的交互情境，因此通常在用户浏览、选择或评价某个对象时被激活，系统会将用户分享的情境上下文内容与该对象关联，并显示在该对象的相关信息中，供所有用户查看或评价。这样在用户分享情境上下文的过程中，将逐步形成由对象链接起来的用户社会化网络。

社会化多维情境上下文标签体系的内容构成可根据不同情境上下文的应用需求而设定。以个性化餐饮 O2O 推荐为例，根据 5.2.2.2 小节中对交互状态情境上下文内容的分析可知，情境上下文维度中的时间、地点、气候、伴侣、情绪等和当前的交互对象本身并没有直接关联，但用户对餐馆或食物的感受则是直接与交互对象相关。因此，为满

足情境上下文语义获取的需要，需设置三类情境上下文标签。

1. 环境相关标签

该类包含时间、地点、气候、伴侣和心情 5 个描述当前环境基本状况的情境上下文标签，其中时间和地点标签的内容可以由系统通过物理设备感知后自动填写，也可以由用户填写，如图 5-23 所示。

图 5-23　环境相关标签

2. 餐馆相关标签

该类包含餐馆环境、餐馆交通、服务员态度 3 个描述餐馆状态的情境上下文标签。标签的值反映了用户对餐馆这 3 个方面情况的主观感受，用户对餐馆“湘粤人间”的状态描述标签如图 5-24 所示。

图 5-24　餐馆相关标签

3. 食物相关标签

该类包含食物价格、食物烹饪 2 个描述食物状态的情境上下文标签，标签的值反映了用户对食物这 2 个方面情况的主观感受，用户对食物“水煮鱼”的状态描述标签如图 5-25 所示。

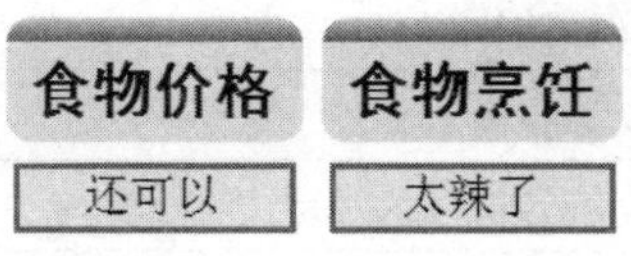

图 5-25　食物相关标签

在具体的应用中，为方便用户交互，可以在用户与餐馆交互时，将环境相关标签和餐馆相关标签组合，同样用户与食物交互时，可将环境相关标签和食物相关标签组合。同时，由于餐馆和食物之间可能具有某种关联（如某餐馆提供某种食物、两种食物由同一餐馆提供），而用户的当前环境基本状况在短时间内不太可能改变，因此在用户提供了与某一对象交互时的环境相关标签值后，在一定时间范围内，其他关联的对象可以沿用此对象的环境相关标签值，由此减轻用户的交互负担，提升交互体验。

5.2.3.3 情境上下文标签向情境上下文概念的映射

用户输入的情境上下文标签内容虽然描述了用户所在的交互情境，但其本身为自然语言表达，如果需要机器理解用户情境上下文，则必须先把情境上下文标签映射为机器可以理解和处理的形式化情境上下文概念。为了方便构建用户情境上下文本体模型，还要明确情境上下文概念在情境上下文本体结构中所属的概念类或数据属性。

实现情境上下文标签映射的基础是情境上下文标签库，其中记录了各情境上下文标签内容和形式化情境上下文概念之间的对应关系，以及情境上下文概念在情境上下文本体中的位置。情境上下文标签库的结构如图 5-26 所示。

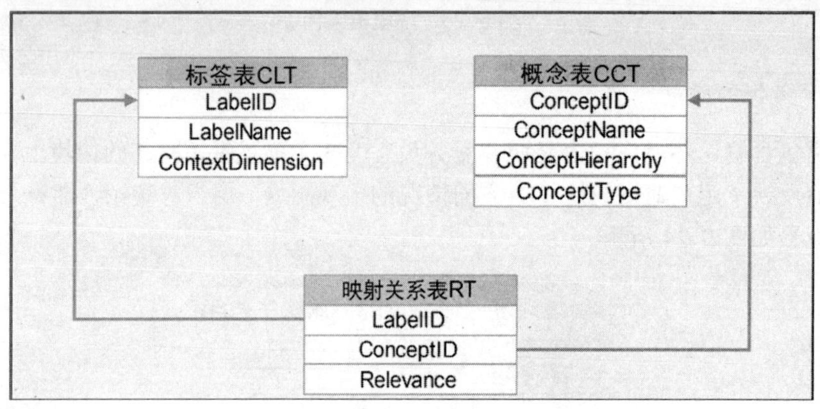

图 5-26 情境上下文标签库的结构

情境上下文标签库中共有 3 个关系数据表：情境上下文标签表 CLT、情境上下文概念表 CCT 和映射关系表 RT，其中各字段的含义如表 5-9 所示。

表 5-9 情境上下文标签库的表字段含义

表字段	含义
LabelID	情境上下文标签标识符
LabelName	情境上下文标签内容
ContextDimension	情境上下文标签所属的情境上下文维度
ConceptID	情境上下文概念标识符
ConceptName	情境上下文概念名称
ConceptHierarchy	情境上下文概念在情境上下文本体中的层次位置，即情境上下文概念所属的概念类或数据属性
ConceptType	情境上下文概念的类型，是情境上下文本体中的个体还是取值
Relevance	情境上下文标签和情境上下文概念之间的语义相关度，取值范围为 0 到 1，值越大表示语义相关度越高

情境上下文标签和情境上下文本体概念之间的对应关系由 RT 表记录，但标签和概念之间并不一定是一一对应关系，一个标签内容根据语义可能会映射到多个概念，每个映射的相关度也不同，因此 RT 表中设 Relevance 值记录标签和概念间的语义相关度。

情境上下文标签库中的情境上下文标签、情境上下文概念及其映射关系一般由语义专家人工设置。随着自然语言处理技术的发展，通过自动程序将自然语言标签映射为形式化概念逐步成为可能，但此不在本书的研究范围之内，故在此不再赘述。

情境上下文标签与情境上下文概念的映射过程可以通过如图 5-27 所示的标签库查询语句完成（给定情境上下文标签内容 l 和最小语义相关度 r）。

```
Select CLT.LabelName, CLT. ContextDimension, CCT .ConceptName,
CCT .ConceptHierarchy, CCT .ConceptType
FROM  RT INNER JOIN
        CLT ON RT.LabelID = CLT.LabelID INNER JOIN
        CCT ON RT.ConceptID = CCT.ConceptID
WHERE (CLT.LabelName = l) AND (RT.Relevence > r)
```

图 5-27　标签库查询语句

根据情境上下文标签库进行概念映射后的实例如表 5-10 所示。

表 5-10　情境上下文标签到情境上下文概念的映射结果

标签内容	标签维度	情境上下文概念	所属本体概念类或数据属性	情境上下文概念的类型
我的生日	时间	生日	类 TemporalLabel	个体
餐馆内	地点	在餐馆	类 LocationLabel	个体
骄阳似火	气候	晴朗	类 Weather	个体
		热	类 Temperature	个体
女朋友	伴侣	爱人	类 Companion	个体
还可以	心情	愉快	类 EmotionalState	个体
湘粤人家	餐馆	湘粤人家	属性 restaurantName	值
干净	餐馆环境	洁净	类 Sanitation	个体
空调有点冷	餐馆环境	寒冷	类 Temperature	个体
很快就到了	交通状况	交通便利	类 TrafficState	个体
热情	服务员态度	服务好	类 WaiterState	个体
水煮鱼	食物	水煮鱼	属性 foodName	值
还可以	价格	价格中等	类 PriceLevel	个体
太辣了	烹饪状态	辣	类 CookState	个体
干锅豆腐	食物	干锅豆腐	属性 foodName	值
不划算	价格	价格太高	类 PriceLevel	个体
味道还不错	烹饪状态	正好	类 CookState	个体

5.2.3.4 情境上下文本体模型的实例化

上文已经提到，通过多维情境上下文标签系统获得的情境上下文概念代表用户对于交互情境的感知，为了构建完整的情境上下文语义模型，还需要补充物理设备的感知信息，并对某些情境上下文信息进行补充计算。

首先，对于交互情境中的时间维度和地点维度，除了用户输入的时间标签和地点标签外，还要对物理设备感知到的时空信息进行处理，将其转换为情境上下文本体中的时间或地点概念。将当前具体时间（年、月、日、时、分、秒）作为 date&time 属性的值，同时调用专门的时间语义处理程序，从常规时间信息中提取预定义的时间标记概念，并作为 TemporalLabel 类的个体。例如根据时间 2014-10-01 9:30:00pm，可获得“假日”“夜晚”“秋季”等时间标记概念。将当前地点的 GPS 坐标作为 longitude 和 latitude 属性的值，同时调用专门的地点语义处理程序，判断用户位置的特殊性，并设定地点标记概念。例如，计算用户位置和周边建筑物的距离，以此判断用户“在室内”或“在室外”等。通过物理设备感知获得的时空概念和通过多维情境上下文标签系统获得的动态情境上下文维度概念，合并后将组成“交互情境概念集”。

其次，为了获得用户群对推荐对象的总体感受，需要对同一对象的所有用户评价进行统计计算，获得平均值后，将其作为情境上下文本体模型中该对象的统计特征相关类的个体。例如，有 5 个用户对某餐馆的服务员态度进行了评价，分别为：“态度好、态度好、态度一般、态度一般、态度差”，计算其平均值为“态度一般”，该平均值将被记录为 WaiterState 类的个体，并通过 hasAvgRestaurantWaiterState 属性与该餐馆的 RestaurantStatisticalFeature 类的个体相连。因此，每当交互情境中有新的用户评价产生时，都需要重新计算评价均值，计算结果组成“对象统计特征概念集”。

此外，除了通过多维情境上下文标签和物理设备感知所获得的动态情境上下文维度概念外，还需要在情境上下文语义模型中补充描述用户和推荐对象基本状态的静态情境上下文维度信息，可从已有的用户数据库和对象数据库的字段中提取，用户数据库记录用户注册时提交的个人信息，如姓名、性别、年龄、联系方式等；对象数据库记录对象登记时提供的对象描述信息，如名称、位置、性质等。提取出的信息经过规范化处理后组成“用户状态概念集”和“对象状态概念集”。

在获得描述当前情境上下文的全部情境上下文概念后，可依照情境上下文本体的结构将情境上下文概念记录在用户情境上下文本体模型的相应位置上，即通过对情境上下文本体的实例化形成对当前情境上下文的语义表示，用户情境上下文本体模型的实例化算法如图 5-28 所示。

假定有如下情境上下文：在周末的晚上，天气晴朗凉爽干燥，30 岁的男性用户“王欣”愉快地和朋友在名为“悠乐居”的餐馆就餐。该餐馆位于城郊，是一个四川风味的中档中餐厅，王欣选择的食物是“香辣虾”和“凉拌黄瓜”。“香辣虾”是香辣口味的热

炒菜，价格是 62 元。“凉拌黄瓜”是酸甜口味的凉拌菜，价格是 18 元。王欣觉得该餐馆的交通便利，餐馆内温度适宜、洁净明亮，但有些拥挤嘈杂，服务员的态度较好，两个菜味道都不错，“香辣虾”的价格中等，但“凉拌黄瓜”的价格偏高。

1. 创建情境上下文本体 CO。
2. 在情境上下文模型库中查找当前用户的情境上下文本体模型，
   如果存在，则：将现有用户情境上下文本体模型的内容复制到 CO，
   如果不存在，则：
   {
      （1）则将预定义的情境上下文本体结构复制到 CO，
      （2）为 User 类添加新的个体，代表当前用户，
      （3）根据“用户状态概念集”，为描述用户的相关类添加个体，
      （4）根据本体中的属性建立新个体间的关系。
   }
3. 在 CO 中查找当前情境上下文所涉及的推荐对象，
   如果不存在，则：
   {
      （1）为对象类（Object 的子类）添加新个体，代表当前对象，
      （2）根据“对象状态概念集”，为描述对象的相关类添加个体，
      （3）根据本体中的属性建立新个体间的关系。
   }
4. 根据“对象统计特征概念集”，查找 CO 中是否存在相关的特征统计值，
   如果存在，则：（1）更新相关统计特征类的个体，
   如果不存在，则：（2）添加相关统计特征类的个体。
5. 为 InteractSituation 类添加新的个体，代表当前交互情境上下文。
6. 根据“交互情境上下文概念集”，为交互情境上下文的相关类添加个体。
7. 根据本体中的属性建立新个体间的关系。
8. 将 CO 存入情境上下文模型库中，作为当前用户的情境上下文本体模型。

图 5-28　用户情境上下文本体的实例化算法

从上述情境上下文中提取相关的概念，并作为个体划归至其所属的类，由此可将该情境上下文表示为情境上下文本体中的个体和关系，形成实例化的情境上下文本体模型，如图 5-29 所示。

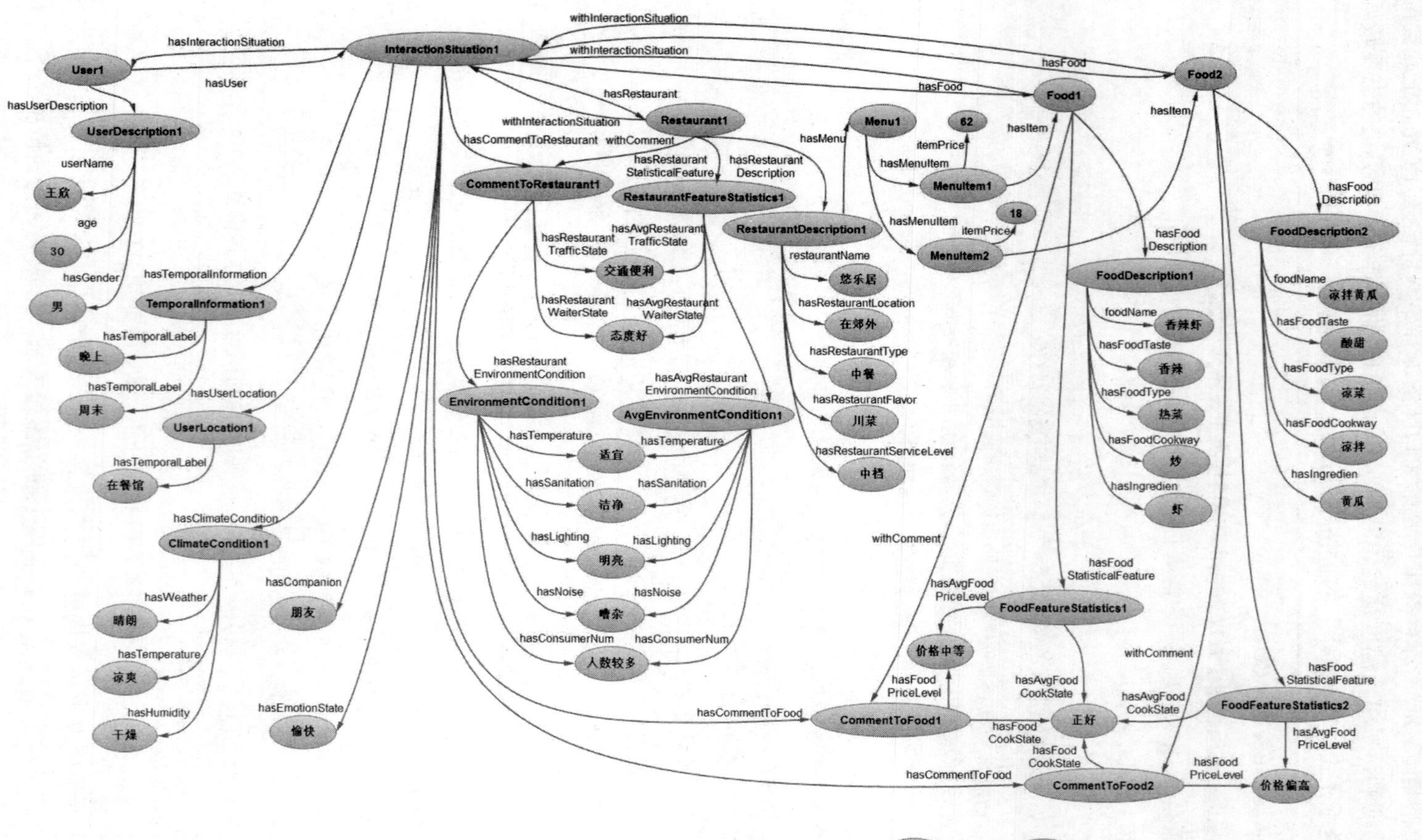

图 5-29　实例化的情境上下文本体模型

根据上述情境上下文，在 Protégé 的个体开发窗口中创建相应类的个体，并参照类间关系设定个体间的关系，如图 5-30 所示。

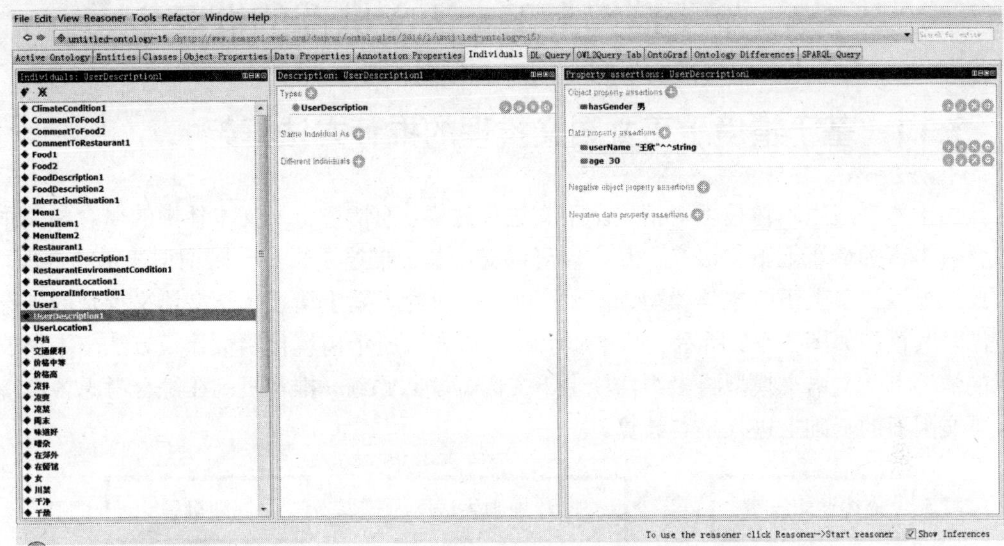

图 5-30　Protégé 的个体开发窗口

上述情境上下文中所涉及的全部个体及其所属的类如图 5-31 所示。

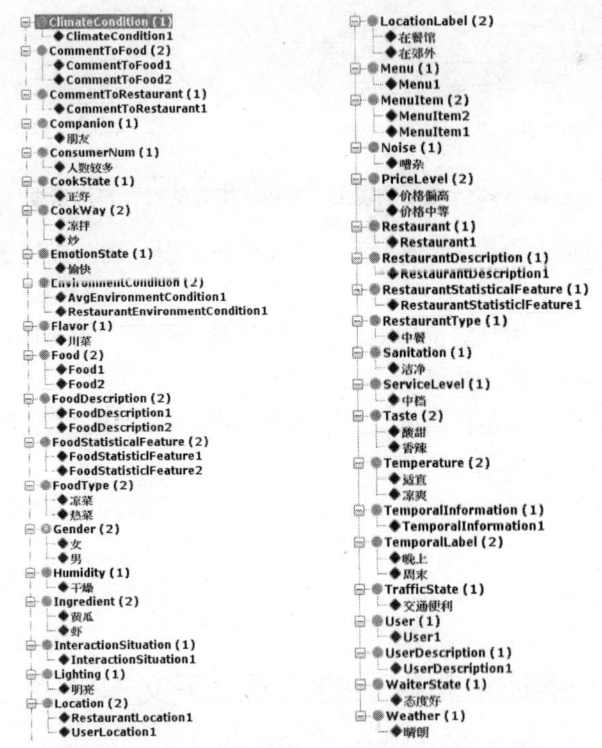

图 5-31　情境上下文相关的全部个体及其所属类

5.3 基于情境上下文语义推理的推荐

5.3.1 基于情境上下文语义推理的推荐方法框架

由于本书运用本体技术对情境上下文进行建模，而情境上下文本体中的概念和关系蕴含着丰富的情境上下文语义，且本体可以支持基于描述逻辑和一阶谓词逻辑的推理。因此这里以情境上下文本体模型为基础，进一步研究了基于情境上下文语义推理的推荐方法，其模型如图 5-32 所示。从本质上看，该方法属于情境化函数建模方法。本体表示的情境上下文语义模型将多维情境上下文因素输入系统，推荐机制在综合考虑各情境上下文因素的基础上进行推荐计算。

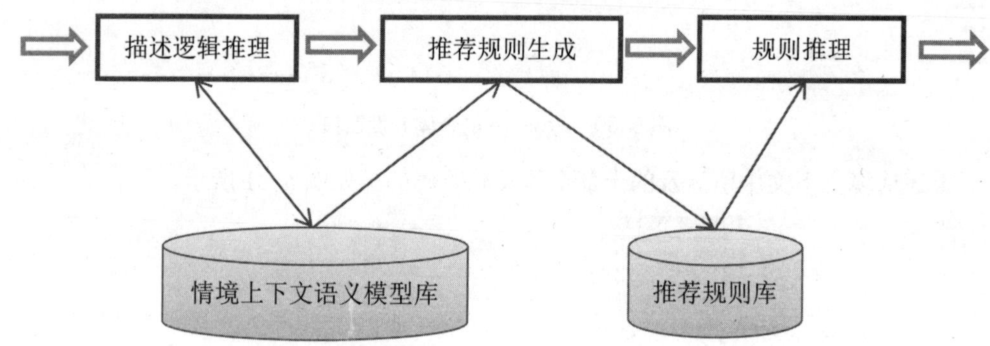

图 5-32 基于情境上下文语义推理的推荐方法模型

从图 5-32 中可以看出，情境上下文语义推理过程分为：描述逻辑推理、推荐规则生成与规则推理三个子过程。

描述逻辑推理的作用是对情境上下文本体进行一致性、相容性、实例性等方面的判定，使已建立的本体层次结构清晰，相互间无冲突。

推荐规则生成的作用是根据情境上下文本体中的概念和关系，生成与推荐相关的语义规则，并存入推荐规则库中。

规则推理的作用是根据用户的当前情境上下文和推荐规则库中的规则，推导出与用户相关的推荐结果。

下面将分别对描述逻辑推理、推荐规则生成、规则推理的实现进行详细探讨。

5.3.2 基于描述逻辑推理的情境上下文本体检验

情境上下文本体在建立的过程中，不可避免地会产生各种语义上的错误、冲突和不

一致。而这些问题可能导致语义推理的错误，进而影响推荐结果的有效性。因此，情境上下文本体本身的语义检验是情境上下文语义推理中必不可少的环节。

5.3.2.1 本体与描述逻辑推理

描述逻辑（Description Logic）是基于对象的知识表示的形式化，它吸取了 KL-ONE 的主要思想，是一阶谓词逻辑的一个可判定子集。描述逻辑的重要特征是很强的表达能力和可判定性，它能保证推理算法总能停止，并返回正确的结果。在众多知识表示的形式化方法中，描述逻辑在近十多年来受到人们的特别关注，主要原因在于：它们有清晰的模型-理论机制，很适合于通过概念分类学来表示应用领域，并提供了很多有用的推理服务。

基于描述逻辑表示的知识库主要由 TBox 和 ABox 两部分组成。TBox 定义了特定知识领域的结构并包含一系列公理，可以通过已有概念构成新的概念。ABox 包含了 TBox 中概念的实例。

描述逻辑的类层次关系可以使知识的表示更具有结构化，且将类和实体分离的架构也易于推理，通过以类为基础的推理可以将类中约束的隐含关系挖掘出来。

5.3.2.2 情境上下文本体检验

情境上下文本体的检验通过基于描述逻辑的推理来实现。在描述逻辑中，推理分成概念推理（TBOX 推理）和实例检测（ABOX 推理）两种。

概念推理包括判定概念的可满足性、包含性、相等关系和不相交性。

可满足性（Satisfiability）：如果存在一个 T 的模型 I 使得 C'不为空，那么称概念 C 关于 T 是可满足的，并且称 I 是 C 的一个模型。

包含性（Subsumption）：如果对于 T 的每个模型 I，都有 C' $\subseteq$ D'，那么称概念 D 关于 T 包含概念 C。

相等关系（Equivalence）：如果对丁 T 中的每个模型 I，都有 C'||D'，那么称概念 C 和概念 D 关于 T 是相等的。

不相交关系（Disjointness）：如果对于 T 中的每个模型 I，都有 C'|D'=，那么称概念 C 和概念 D 关于 T 是不相交的。

实例检测指判定一个给定的个体是否一个给定概念的实例。

在进行本体检验时，推理的主要作用是冲突检测、表达优化和本体融合。

1. 本体中的冲突检测

好的推理机应该能检查出本体中的冲突，包括实例体系的冲突和定义体系的冲突。目前已有的推理机工具可以检测一个类是不是另一个类的子类。通过在本体中对所有的类进行这样的检测，就可以达到检测冲突的目的。

2. 本体的优化表达

在实际应用中，类、属性和实例之间的关系是非常复杂的，推理机要能够把这些错综复杂的关系整理清楚，用符合应用需求的格式组织本体中的信息，例如用树结构来描述类和属性的层次关系，用图来表达实例之间的联系等，这样在获取本体信息时就可以使用成熟的、低复杂度的算法，从而提高效率。

3. 本体的融合

本体融合是指将已经存在两个或两个以上的本体合成一个新的本体，在开放的信息环境下，本体的合并显得特别重要，可是手工合成本体显得力不从心。推理机在这方面可以辅助人们完成工作。操作者可以先指定不同本体中的一些同义概念，由推理机针对概念的联系把本体合并。

本体检验的推理可以采用专门的本体推理机实现，目前这方面的研究已有很多，也出现了一些比较成熟的产品，如 RACER、FaCT++、Pellet 等。它们的特点是针对性强、使用方便，且都采用描述逻辑作为理论基础。专用本体推理机可以有效地降低系统开发成本，提高推理效率。

采用 Protégé 内置的 Pellet 推理机对图 5-29 中实例化的情境上下文本体模型进行检验。从检验结果可以看出，本体推理可以正常进行，说明本体中不存在冲突，但推理机推导出若干新的属性关系，对本体的结构进行了补充和优化。例如，从图 5-33 可以看出，对于个体 CommentToFood1，推理机补充了两个新关系：

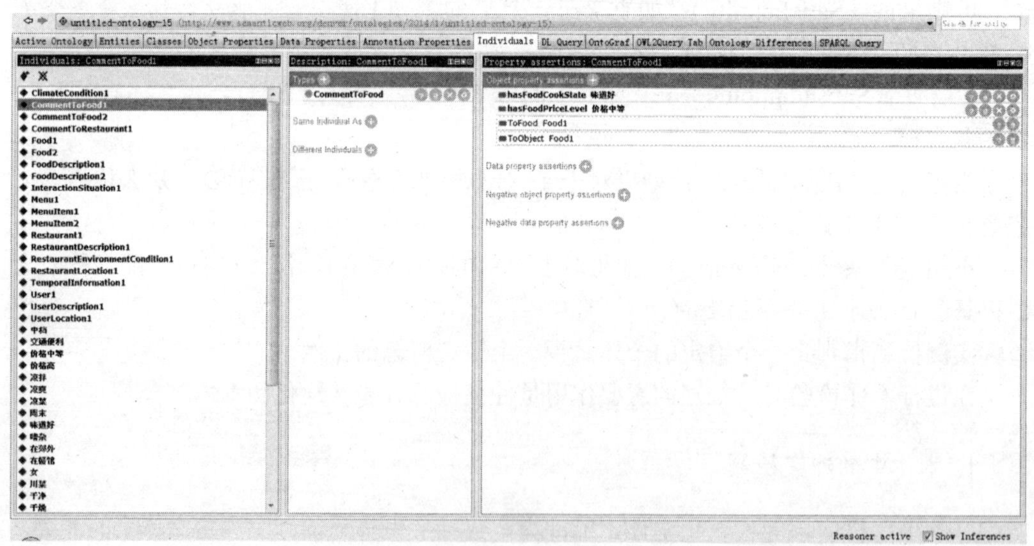

图 5-33　Pellet 推理机对情境上下文本体模型的补充

$$\text{CommentToFood1} \xrightarrow{\text{toFood}} \text{Food1}$$

$$\text{CommentToFood1} \xrightarrow{\text{ToObject}} \text{Food1}$$

进一步地，推理机可以对每个推导结果给出一个或多个解释，例如上述两个新关系的解释分别如图 5-34 和图 5-35 所示。

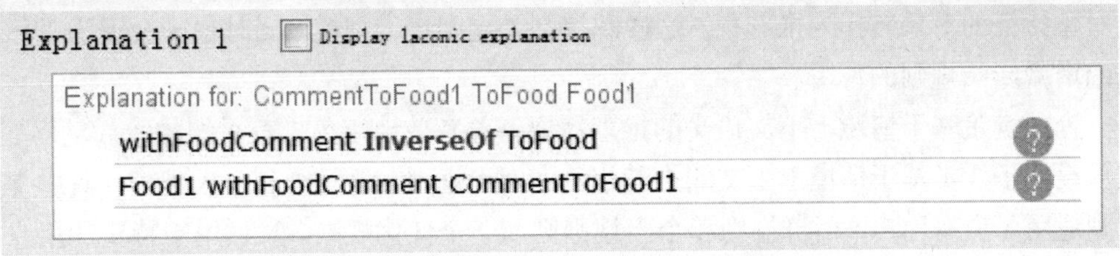

Explanation 1　☐ Display laconic explanation

Explanation for: CommentToFood1 ToFood Food1

withFoodComment **InverseOf** ToFood

Food1 withFoodComment CommentToFood1

图 5-34　Pellet 推理机对推导结果的解释（1）

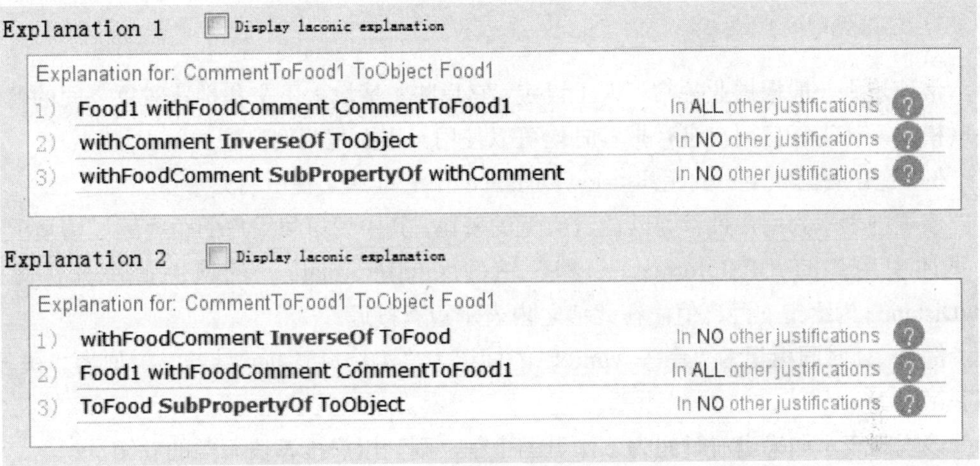

Explanation 1　☐ Display laconic explanation

Explanation for: CommentToFood1 ToObject Food1

1) Food1 withFoodComment CommentToFood1　In ALL other justifications

2) withComment **InverseOf** ToObject　In NO other justifications

3) withFoodComment **SubPropertyOf** withComment　In NO other justifications

Explanation 2　☐ Display laconic explanation

Explanation for: CommentToFood1 ToObject Food1

1) withFoodComment **InverseOf** ToFood　In NO other justifications

2) Food1 withFoodComment CommentToFood1　In ALL other justifications

3) ToFood **SubPropertyOf** ToObject　In NO other justifications

图 5-35　Pellet 推理机对推导结果的解释（2）

5.3.3　基于情境上下文本体模型的推荐规则生成

本体所拥有的推理能力是以类别为基础的关联性推理为主，与描述逻辑具有很好的结合性。但描述逻辑不能表达类似“If...Else...”的判断，在运用知识推理解决应用领域业务问题时能力有限。因此很多应用系统在本体的基础上添加业务相关的语义规则，作为本体语义描述能力的补充，也便于通过规则推理解决业务问题。业务规则生成有两种方式：一是由业务专家人工定义；二是根据历史业务情况由系统自动生成。这里仍然以餐饮 O2O 推荐服务为背景，重点探讨以情境上下文本体模型为基础在个性化 O2O 信息推荐中生成推荐规则的方法。

在情境上下文敏感的推荐系统中，推荐规则主要用于揭示用户情境上下文和推荐对象之间的关联模式，是根据用户的历史情境上下文推断生成的。基于情境上下文的推荐规则的基本格式为：情境上下文C→对象O，其含义为“在情境上下文C下为用户推荐对象 O”。但在实际应用系统中，如果将情境上下文与对象直接相关，则可能掩盖一些重要的语义关系，而且项目的多样性也会导致规则的繁复。因此比较好的选择是将情境上下文与对象的特征相关联，规则表述为：情境上下文C→对象特征F，进而再寻找符合对象特征的对象集作为推荐集。这样既控制了规则集的规模，同时也不会因为具体对象的增减影响规则的使用。

为了满足基于情境上下文语义的推理需要，并有效地避免推荐系统的冷启动问题，这里设定了3类基于情境上下文的推荐规则：常识规则、群规则和个人规则，其中常识规则适用于所有用户，而群规则和个人规则则属于个性化规则，只适用于特定的用户或用户群。

1. 常识规则的生成

常识规则一般根据业务常识人工设定，它反映了情境上下文和推荐对象之间的普遍关联模式，在为任何用户进行推荐时均可以使用。下面是两例典型的常识规则：

例1：If 餐馆和用户的距离<=lowDistance then 推荐（餐馆名）。

该规则表示为用户推荐与其位置接近的餐馆。其中餐馆和用户的距离通过情境上下文本体中用户的 GPSInformation 和餐馆的 GPSInformation 的属性值进行计算。lowDistance 为给定的距离值，在此值之内表示距离接近。

例2：If 时间标记为“中午”and 时间标记为“工作日”then 推荐（类型为“快餐”的餐馆）。

该规则表示如果当前时间为工作日的中午，则为用户推荐快餐类的餐馆。

常识规则的设定除了反映一些基本的情境上下文规律外，也为了在系统刚刚运行时避免由于情境上下文本体模型不完善和个性化推荐规则缺乏所造成的冷启动问题。

2. 群规则的生成

群规则是指可以被多个用户共同使用的推荐规则，分为用户群规则和情境上下文群规则两种：

（1）用户群规则。

该类规则是根据用户基本信息对所有用户分类后产生的特定用户群与推荐对象之间的关联规则，其基本格式为：

用户群属性→对象特征

例如，

If 性别为“女”and 年龄为“40～50岁”then 推荐类型为“热菜”的食物

用户群规则描述用户属性与对象基本特征之间的关联，反映了具有某种共同属性特

征的用户群对对象的兴趣偏好。

（2）情境上下文群规则。

该类规则是根据环境基本信息对所有情境上下文分类后产生的特定情境上下文与推荐对象之间的关联规则，其基本格式为：

情境上下文群属性→对象基本特征

例如，

If 时间为“冬季”and 心情为“快乐”then 推荐类型为“中餐”的餐馆

情境上下文群规则描述情境上下文属性与对象基本特征之间的关联，反映了在某些特定情境上下文中用户对对象的普遍兴趣偏好。

群规则从所有用户的情境上下文本体模型中自动归纳生成，其方法类似于 Apriori 关联规则挖掘算法。在情境上下文本体模型所记录的每一个交互情境中，描述性别、年龄、生日、地址、职业等情境上下文要素的概念值反映了当前用户的基本信息，描述时间、位置、气候、伴侣、情绪等情境上下文要素的概念值反映了交互时的环境基本信息，而描述推荐对象基本信息的概念值，如餐馆的位置、规模、档次、类型、风味、食物的类型、烹饪方法、口味、原料、价格等，反映了用户在此次交互中所选对象的基本特征，也是用户在交互情境中偏好的代表。对所有用户的情境上下文本体进行扫描和统计归纳，可以获得用户属性和用户偏好对象、情境上下文属性和用户偏好对象之间的频繁关联模式，并形成群推荐规则。

群规则的具体生成过程如下：

（1）假定系统中所有用户的情境上下文本体模型集为 CTOS。首先将 CTOS 中的每一个实例化情境上下文本体模型 CTO 视为一个情境上下文事件，从 CTO 中抽取描述事件的概念，并将概念分为三类：用户属性概念集 UACS、情境上下文属性概念集 CACS 和对象基本特征概念集 OFCS。UACS 包含实例化模型中描述用户基本信息的概念值，CACS 包含实例化模型中描述环境基本信息的概念值。OFCS 包含实例模型中描述对象基本信息的概念值。如果有多个类别的推荐对象，则 OFCS 可以有多个。例如在餐饮推荐服务中，OFCS 可以是餐馆基本特征概念集 OFCS_Restaurant 或食物基本特征概念集 OFCS_Food。为了便于规则描述，在形成 UACS、CACS 和 OFCS 时，可以对 CTO 中的某些实例值进行概化处理，例如用户年龄的值（age 属性的取值）可以概化为少年、青年、中青年、中年、老年等类别，食物价格的值（itemPrice 属性的取值）可以概化为高价、中价和低价三个类别。

表 5-11 显示了从图 5-29 的实例化情境上下文本体模型中抽取的情境上下文事件概念集。

表 5-11　情境上下文事件概念集

用户属性概念集 UACS	情境上下文属性概念集 CACS	对象基本特征概念集 OFCS	
		餐馆基本特征概念集 OFCS_Restaurant	食物基本特征概念集 OFCS_Food
中青年 (age) 男 (Gender)	夜晚（TemporalLabel） 周末（TemporalLabel） 在餐馆（LocationLabel） 愉快（EmotionState） 朋友（Companion） 凉爽（Temperature） 晴朗（Weather） 干燥（Humidity）	在郊外（LocationLabel） 中餐（RestaurantType） 中档（ServiceLevel） 川菜（Flavor）	高价（itemPrice） 热菜（FoodType） 炒（CookWay） 虾（Ingredient） 香辣（Taste） 中价（itemPrice） 凉菜（FoodType） 凉拌（CookWay） 黄瓜（Ingredien） 酸甜（Taste）

注：括号中为概念所属的类或数据属性。

假定从同一情境上下文事件中抽取的概念具有相关性，可以得到该情境上下文事件的概念关联集。表 5-12 显示了依据表 5-11 生成的用户与餐馆、用户与食物、情境上下文与餐馆、情境上下文与食物的概念关联 2 项集。

表 5-12　概念关联 2 项集

用户与餐馆的概念关联 2 项集	（中青年，在郊外），（中青年，中餐），（中青年，中档），（中青年，川菜），（男，在郊外），（男，中餐），（男，中档），（男，川菜）
用户与食物的概念关联 2 项集	（中青年，高价），（中青年，热菜），（中青年，炒），（中青年，虾），（中青年，香辣），（中青年，中价），（中青年，凉菜），（中青年，凉拌），（中青年，黄瓜），（中青年，酸甜），（男，高价），（男，热菜），（男，炒），（男，虾），（男，香辣），（男，中价），（男，凉菜），（男，凉拌），（男，黄瓜），（男，酸甜）
情境上下文与餐馆的概念关联 2 项集	（夜晚，在郊外），（夜晚，中餐），（夜晚，中档），（夜晚，川菜）， （周末，在郊外），（周末，中餐），（周末，中档），（周末，川菜）， （在餐馆，在郊外），（在餐馆，中餐），（在餐馆，中档），（在餐馆，川菜）， （愉快，在郊外），（愉快，中餐），（愉快，中档），（愉快，川菜）， （朋友，在郊外），（朋友，中餐），（朋友，中档），（朋友，川菜）， （凉爽，在郊外），（凉爽，中餐），（凉爽，中档），（凉爽，川菜）， （晴朗，在郊外），（晴朗，中餐），（晴朗，中档），（晴朗，川菜）， （干燥，在郊外），（干燥，中餐），（干燥，中档），（干燥，川菜）

续表

情境上下文与食物的概念关联2项集	（夜晚，高价），（夜晚，热菜），（夜晚，炒），（夜晚，虾），（夜晚，香辣），（夜晚，中价），（夜晚，凉菜），（夜晚，凉拌），（夜晚，黄瓜），（夜晚，酸甜），（周末，高价），（周末，热菜），（周末，炒），（周末，虾），（周末，香辣），（周末，中价），（周末，凉菜），（周末，凉拌），（周末，黄瓜），（周末，酸甜），（在餐馆，高价），（在餐馆，热菜），（在餐馆，炒），（在餐馆，虾），（周末，香辣），（在餐馆，中价），（在餐馆，凉菜），（在餐馆，凉拌），（在餐馆，黄瓜），（周末，酸甜），（愉快，高价），（愉快，热菜），（愉快，炒），（愉快，虾），（周末，香辣），（愉快，中价），（愉快，凉菜），（愉快，凉拌），（愉快，黄瓜），（周末，酸甜），（朋友，高价），（朋友，热菜），（朋友，炒），（朋友，虾），（周末，香辣），（朋友，中价），（朋友，凉菜），（朋友，凉拌），（朋友，黄瓜），（周末，酸甜），（凉爽，高价），（凉爽，热菜），（凉爽，炒），（凉爽，虾），（周末，香辣），（凉爽，中价），（凉爽，凉菜），（凉爽，凉拌），（凉爽，黄瓜），（周末，酸甜），（晴朗，高价），（晴朗，热菜），（晴朗，炒），（晴朗，虾），（周末，香辣），（晴朗，中价），（晴朗，凉菜），（晴朗，凉拌），（晴朗，黄瓜），（周末，酸甜），（干燥，高价），（干燥，热菜），（干燥，炒），（干燥，虾），（周末，香辣），（干燥，中价），（干燥，凉菜），（干燥，凉拌），（干燥，黄瓜），（周末，酸甜）

类似地，还可以生成用户与餐馆、用户与食物、情境上下文与餐馆、情境上下文与食物的概念关联 *n* 项集。

（2）CTOS 中的所有情境上下文事件形成情境上下文事件库 D，D 中的每个事件都通过如表 5-11 所示的情境上下文事件概念集表示。以 D 为基础，发现情境上下文事件中的频繁概念关联模式，并自动生成如下形式的用户群规则：

$$UAC1 \wedge UAC2 \wedge \ldots \wedge UACn \rightarrow OFC1 \wedge OFC2 \wedge \ldots \wedge OFCn$$

和情境上下文群规则：

$$CAC1 \wedge CAC2 \wedge \ldots \wedge CACn \rightarrow OFC1 \wedge OFC2 \wedge \ldots \wedge OFCn$$

其中，规则的前提由 UAC1、UAC2 等 UACS 中的用户属性概念或 CAC1、CAC2 等 CACS 中的情境上下文属性概念组成，规则的结论全部由 OFC1、OFC2 等 OFCS 中的对象基本特征概念组成。

群规则的生成基于经典的 Apriori 关联规则挖掘方法，并对其规则生成步骤进行改进，以情境上下文群规则的生成为例，其算法伪码描述如图 5-36 所示。

3. 个人规则

个人规则是指只能被某个特定用户使用的推荐规则，它只反映某个用户独特的个性化兴趣偏好，分为个人情境上下文规则和个人习惯规则两种。

```
L1 =find_frequent_1-conceptsets (D) ;  //获得频繁 1 概念项集
For (k=2; Lk-1 !=null;k++) {
    Ck =apriori_gen (Lk-1 ) ; //通过频繁 k-1 概念项集的连接和剪枝获得频繁 k 概念项集
    For each 情境上下文事件 t in D{
        Ct =subset (Ck, t) ; // 得到 t 中的候选子集
        For each 候选 c 属于 Ct
            c.count++;
    }
    Lk ={c 属于 Ck | c.count>=min_sup}; // min_sup 为最小支持度
}
L= 所有的频繁概念项集;
For each  频繁概念项集 l 属于 L
    c_cacs=subset_cacs(l); //产生 l 中所有 CACS 情境上下文概念所构成的子集
    c_ofcs=subset_ofcs(c); //产生 c 中所有 OFCS 对象特征概念所构成的子集
    If  c_cacs !=null & c_ofcs !=null & P (c) /P (c_cacs) >=min_conf  then
        Add 规则 c_ctcs -> c_ofcs in R //生成满足最小置信度的推荐规则
Return R;  // R 为规则集
```

图 5-36　群规则生成算法

（1）个人情境上下文规则。

该类规则与情境上下文群规则类似，也是描述特定情境上下文与推荐对象之间的关联规则，但此类规则是依据某个特定用户的历史交互情境上下文生成的，不考虑其他用户的交互历史，也只在为该特定用户推荐时使用。个人情境上下文规则的基本格式为：

情境上下文属性→对象基本特征

例如，

if 伴侣为“朋友”then 推荐服务档次为“高档”的餐馆

个人情境上下文规则的生成与情境上下文群规则的生成原理一样，也是利用关联规则挖掘算法发现情境上下文属性概念和对象基本特征概念间的频繁关联集，所不同的是，群规则生成的基础是全体用户的实例化情境上下文本体模型，而个人情境上下文规则生成的基础是某特定用户的实例化情境上下文本体模型。

（2）个人习惯规则。

个人习惯规则描述用户个人习惯与对象特征之间的关联，它是从历史情境上下文中用户对对象的行为和主观感受中推断获得，该规则中的对象特征并不是对象的基本特征值，而是情境上下文本体模型中的对象统计特征，是对所有用户评价结果的统计值。个人习惯规则的基本格式为：

P（用户感受特征值）〉=p → 对象统计特征

以餐馆推荐为例，在用户情境上下文本体模型中，记录了用户对餐馆各方面特征的

主观评价值，包括对交通状况的评价、对服务员态度的评价和对餐馆内部环境的评价。一些特殊的感受值往往反映了用户对此特征的敏感程度。例如，如果用户在环境感受方面多次评价餐馆内温度为“热”，则可以认为此用户对餐馆温度比较敏感，且不喜欢温度较高的餐馆环境，因此宜向其推荐温度统计值为“适宜”“凉爽”或“寒冷”的餐馆。可以将此模式定义为如下规则：

if P（餐馆温度为“热”）>=p then 推荐（温度统计值为“适宜”“凉爽”或“寒冷”的餐馆）

其中 P 为概率统计函数，在某用户情境上下文本体模型内部进行统计，p 为给定的概率阈值，P（餐馆温度为“热”）>=p 即要求情境上下文语义模型中出现用户评价餐馆温度为“热”的情况大于一定的概率。温度统计值来自餐馆的统计特征类的相关属性值，是大部分用户对餐馆温度的评价均值，可以反映餐馆温度的一般情况。

与此类似，针对用户对餐馆交通、服务员和环境方面的感受，可以定义如下用于餐馆推荐的用户偏好规则集：

if P（餐馆温度为“寒冷”）>=p then 推荐（餐馆温度统计值为“适宜”“温暖”的餐馆）

if P（餐馆卫生为“肮脏”）>=p then 推荐（餐馆卫生统计值为“洁净”的餐馆）

if P（餐馆噪声为“嘈杂”）>=p then 推荐（餐馆噪声统计值为“安静”的餐馆）

if P（餐馆光线为“昏暗”）>=p then 推荐（餐馆光线统计值为“明亮”的餐馆）

if P（餐馆人数为“人数太多”）>=p then 推荐（餐馆人数统计值为“人数较少”或“人数太少”的餐馆）

if P（餐馆人数为“人数太少”）>=p then 推荐（餐馆人数统计值为“人数较多”或“人数太多”的餐馆）

if P（餐馆服务员态度为“态度差”）>=p then 推荐（餐馆服务员态度统计值为“态度好”的餐馆）

if P（餐馆交通状况为“交通不便利”）>=p then 推荐（交通状况统计值为“交通便利”的餐馆）

针对用户对食物烹饪状况和价格方面的感受，可以定义如下用于食物推荐的用户偏好规则集：

if P（食物烹饪状况为“咸”）>=p then 推荐（烹饪状况统计值为“正好”或“淡”的食物）

if P（食物烹饪状况为“淡”）>=p then 推荐（烹饪状况统计值为“正好”或“咸”的食物）

if P（食物烹饪状况为“甜”）>=p then 推荐（烹饪状况统计值为“正好”或“不甜”的食物）

if P（食物烹饪状况为“不甜”）>=p then 推荐（烹饪状况统计值为“正好”或“甜”的食物）

if P（食物烹饪状况为“辣”）>=p then 推荐（烹饪状况统计值为“正好”或“不辣”的食物）

if P（食物烹饪状况为“不辣”）>=p then 推荐（烹饪状况统计值为“正好”或“辣”的食物）

if P（食物烹饪状况为“酸”）>=p then 推荐（烹饪状况统计值为“正好”或“不酸”的食物）

if P（食物烹饪状况为“不酸”）>=p then 推荐（烹饪状况统计值为“正好”或“酸”的食物）

if P（食物价格水平为“价格太高”）>=p then 推荐（价格统计值为“价格适中”或“价格便宜”的食物）

常识规则、群规则和个人规则共同组成情境上下文敏感的个性化 O2O 信息推荐中的推荐规则集。但显然不同类别的推荐规则在推荐推理计算过程中具有不同的重要程度，需要对其进行区分。这里按照推荐规则的个性化程度设置规则类别的重要性，因此规则的重要性排列为：个人规则>群规则>常识规则。为了表示规则的重要性，可在系统中设定一个规则权值，如可将个人规则的权值设为 0.8，群规则的权值设为 0.6，常识规则的权值设为 0.4。此外，系统还可以跟踪每条规则的使用情况，如果一条规则在若干次推荐中被使用的比例超过一定阈值，则增加其权值，直至权值达到 1；如果一条规则在若干次推荐中从未被使用，则将其权值减少，当权值减少到 0 之下时，从规则库中删除此规则，由此实现规则的优胜劣汰机制。

5.3.4 基于规则推理的 O2O 信息推荐

5.3.4.1 基于规则推理的推荐过程

基于规则推理的推荐过程，是根据用户的当前情境上下文和推荐规则，产生推荐对象集合的过程。如前所述，推荐规则建立了用户情境上下文和对象特征之间的关联，当用户的当前情境上下文与推理规则的前提匹配时，系统就可推导出相应的对象特征，进而寻找到符合特征的对象作为推荐集合。例如，假设 40 岁的女性用户“李华”的当前情境上下文为“寒冷下雨的工作日，与同事在一起”，要为其推荐餐馆和食物，则依据其推荐规则的推理过程如图 5-37 所示。

整合上述所有规则推理所得出的结论，可以发现对于处于当前情境上下文中的用户“李华”，需要向其推荐位于市区的、距离较近的、安静的快餐店和低价、麻辣口味的热菜。

用户：李华
当前情境上下文：
- 性别：女
- 年龄：中年
- 时间标记：工作日
- 室外天气：雨
- 室外温度：寒冷
- 伴侣：同事

评价值统计：
- P（餐馆噪声为“嘈杂”）=0.6
- P（食物价格水平为“价格太高”）=0.7

规则推理过程：
- 常识规则推理

事实 1：室外天气为“雨”
规则 1：If 室外天气为“雨”then 推荐与用户当前距离不超过 500 米的餐馆；
→结论 1：餐馆位置与用户当前位置相距不超过 500 米。
- 用户群规则推理

事实 2：用户性别为“女”
规则 2：If 性别为“女” and 年龄为“中年” then 推荐类型为“热菜”的食物
→ 结论 2：食物类型为“热菜”
- 情境上下文群规则推理

事实 3：室外天气为“雨”
规则 3：If 室外天气为“雨” then 推荐位置标记为“在市区”的餐馆
→ 结论 3：餐馆的位置标记为“在市区”
事实 4：室外温度为“寒冷”
规则 4：If 室外温度为“寒冷” then 推荐类型为“热菜”的食物
→ 结论 4：食物类型为“热菜”
- 个人情境上下文规则推理

事实 5：时间标记为“工作日”
规则 5：If 时间标记为“工作日” then 推荐位置标记为“在市区”的餐馆
→ 结论 5：餐馆的位置标记为“在市区”
事实 6：时间标记为“工作日”
规则 6：If 时间标记为“工作日” then 推荐类型为“快餐”的餐馆
→ 结论 6：餐馆的类型为“快餐”
事实 7：室外温度为“寒冷”
规则 7：If 室外温度为“寒冷” then 推荐口味为“麻辣”的食物
→ 结论 7：食物口味为“麻辣”
- 个人习惯规则推理

事实 8：P（餐馆噪声为“嘈杂”）=0.6
规则 8：If P（餐馆噪声为“嘈杂”）>=0.5 then 推荐噪声统计值为“安静”的餐馆
→结论 8：餐馆的噪声统计特征为“安静”
事实 9：P（食物价格水平为“价格太高”）=0.7
规则 9：If P（食物价格水平为“价格太高”）>=0.5 then 推荐价格水平统计值为“价格中等”或“价格便宜”的食物
→结论 9：食物的价格水平统计特征为“价格中等”或“价格便宜”

图 5-37　推荐规则的推理过程

5.3.4.2 基于规则推理的推荐算法

基于规则推理的推荐算法的伪码描述如图 5-38 所示。

```
输入：用户 u，用户当前情境上下文 s，情境上下文本体模型库 COB，推荐规则库 RB，对象库 OB
输出：推荐对象集 RS
过程：
{
    从 COB 中获取 u 的实例化情境上下文本体模型 u-co；
    从 RB 中获取常识规则集 CRS，用户群规则集 UGRS，情境上下文群规则集 CGRS，u 的个
人情境上下文规则集 u-PCRS，u 的个人习惯规则集 u-PIRS；
    根据所有规则的权值排序，保留 K 条权值最高的规则；
    对 u-co 进行扫描，计算特殊评价值的概率 P；
    以特殊评价值的概率为事实，匹配 u-PIRS 中的规则，获得对象统计特征值集 OSF；
    对于 OSF 中的任一对象统计特征 osf，其权值 w-osf=Σ匹配产生 osf 的规则的权值；
    以 s 为事实，匹配 CRS、UGRS、CGRS 和 u-PCRS 中的规则，获得对象基本特征值集 OBF；
    对于 OOF 中的任一对象客观特征 oof，其权值 w-oof=Σ匹配产生 oof 的规则的权值；
    合并 OSF 和 OOF，获得对象特征集 OF，OF 中任一对象特征的权值 w-of=w-osf 或 w-oof；
    设定对象评分 Score=0；
    扫描 OB，作如下循环：
    {     对于 OB 中的任一对象 o，扫描 OF，作如下循环：
          {
对于 OF 中的任一特征 of，如果 of 和 o 的特征匹配，则 Score=Score+w-of，否则 Score=Score-w-of；
          }
    }
    依据 Score，对 OB 中的项目排序，将 Score 最高的 N 个项目放入 RS 中；
}
```

图 5-38 基于规则推理的推荐算法

从上述描述可以看出，推荐算法的核心过程分为两个部分：一是将当前事实和推荐规则匹配，获得对象特征集；二是获得匹配特征的对象作为推荐集。由于符合特征的对象可能有多个，因此算法采用 Score 值对对象的匹配程度进行评估，Score 值依据对象具有的匹配特征的数量和各特征的重要程度来计算，被推荐对象是 Score 值最高的 N 个对象。此外，系统可以根据规则的权值对规则进行排序，只保留权值最高的 K 条规则参与推理，这样可以有效提高推理机的运行效率。

5.3.4.3 推荐中的冷启动问题

冷启动问题在推荐系统研究中一直备受关注，在传统的个性化推荐系统中，如果用户在系统中不进行任何操作，那么系统无法获得用户任何信息来建立用户模型，进而导致无法产生令用户满意的推荐结果。在移动网络环境下的个性化信息推荐系统中，冷启动问题同样存在，在系统刚刚发布或用户刚刚开始使用系统时，都可能因为缺乏用户信息而无法进行有效的推荐。以基于情境上下文本体模型的个性化 O2O 信息推荐系统为例，当系统刚刚开始发布运行时，由于用户很少，交互历史还未形成，导致系统中实例化的情境上下文本体模型非常不完善，只有少数概念类具有概念值，因此很难依据情境上下文本体生成有效的推荐规则。

为了解决冷启动问题，在推荐系统中设置了人工定义的常识规则。该类规则的产生不依赖于情境上下文本体模型，规则的内容也对所有用户普遍适用。因此系统只需要感知到用户当前情境上下文的简单事实，如时间和位置等，就可以直接推理形成情境化的推荐结果。基于常识规则的推荐是情境上下文敏感的，但个性化程度不高，因此系统中还设置了群规则和个人规则。随着系统总用户数的增加，群规则也将逐步增多并代替常识规则发挥作用，当一个新用户刚刚进入系统时，即使还没有形成其独有的情境上下文本体模型和个人推荐规则，系统也可以依据群规则为其推荐相似用户或相似情境上下文中被选择的对象，依据群规则推理产生的推荐结果比常识规则的个性化程度更高。随着用户对系统的使用越来越多，其情境上下文本体模型将逐步获得完善，其个人推荐规则也逐步丰富，当用户个人推荐规则足够多并趋于稳定后，系统将主要依据个人规则进行推理，为其提供完全个性化的情境上下文敏感推荐。通过以上所述机制，基于情境上下文语义推理的推荐方法可以比较好地解决冷启动问题。

5.4 基于情境上下文语义的个性化 O2O 信息推荐系统

为了实现基于情境上下文本体模型的个性化 O2O 信息推荐机制，设计了该类系统的架构和功能模块，并描述了其开发方法。

5.4.1 系统架构和功能模块

从网络结构上看，基于情境上下文本体模型的个性化 O2O 信息推荐系统分为移动客户端和中心服务器端两个部分。其结构如图 5-39 所示。

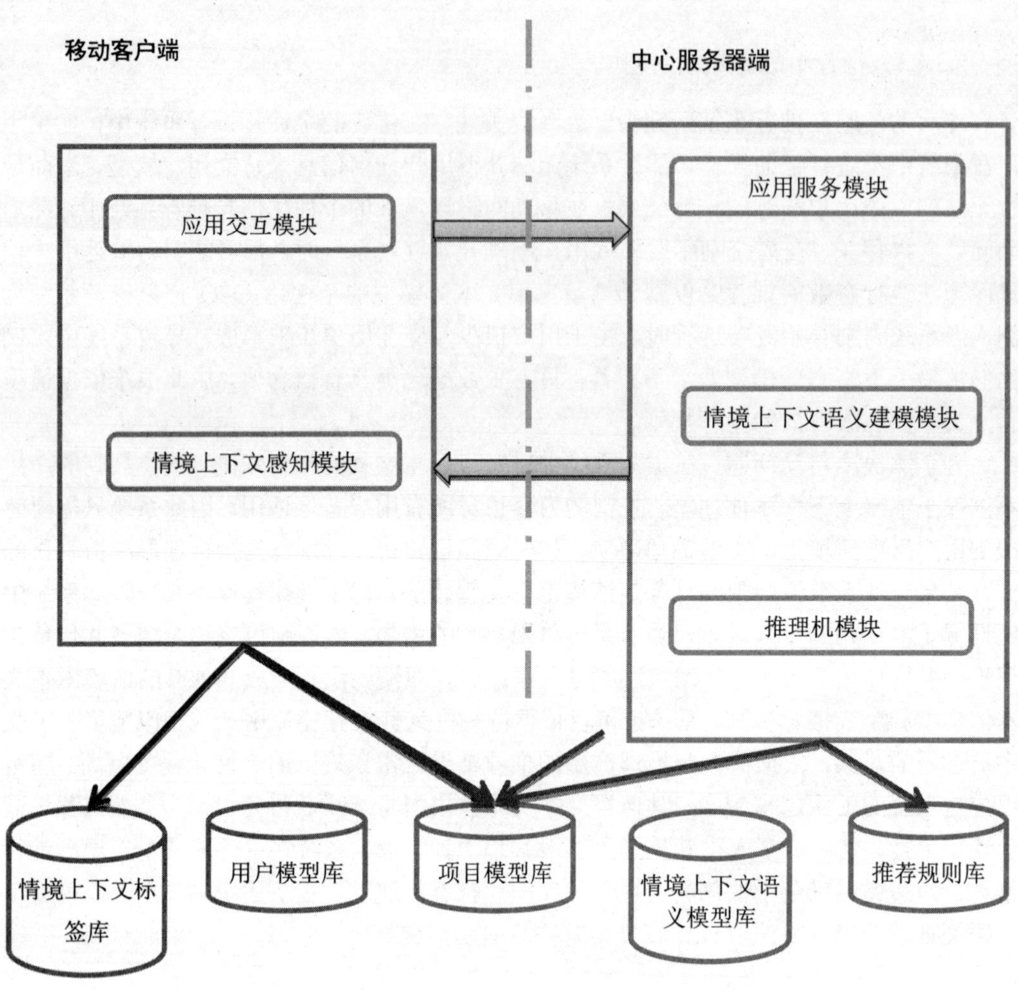

图 5-39 基于情境上下文语义的个性化 O2O 信息推荐系统结构

采用该结构的主要原因在于：可以有效地将对情境上下文的处理和对情境上下文的使用分离开来，以便提升整个系统的性能。由于目前大部分的移动客户端设备还只具有有限的性能，不适用于完成复杂的计算。因此本系统只在客户端进行客户交互、低层情境数据的获取和简单的推荐计算，而高层情境上下文的推理和复杂的推荐计算则由资源丰富、性能较高的中心设备完成。客户端设备可以从中心设备中获取推理和计算结果。

从功能结构上看：客户端由应用交互模块和情境上下文感知模块构成；中心服务器端由应用服务模块、情境上下文语义建模模块、推理机模块构成。此外，为了支持各种模块的运行，系统还包含了情境上下文标签库、项目模型库、用户模型库、情境上下文语义模型库和推荐规则库。

（1）应用交互模块：负责与用户进行交互，接受或感知用户对应用的需求，并触发服务器相关的应用服务，如登录服务、搜索服务、浏览服务、情境上下文敏感的推荐服

务等，最终将服务结果呈现给用户。

（2）情境上下文感知模块：负责获取用户的当前情境上下文。本系统获取用户情境上下文的方式有两种：一是通过感知器自动感知，二是通过用户输入的多维情境上下文标签获得。获取的情境上下文信息将传递到服务器端进行处理。

（3）应用服务模块：负责接受客户端的应用服务请求，调度服务器端的功能模块处理服务请求，并将服务结果传回客户端。

（4）情境上下文语义建模模块：负责接受客户端获取的情境信息，根据预先定义的情境上下文本体结构建立实例化的情境上下文本体模型，并存入情境上下文语义模型库中。

（5）推理机模块：负责对用户情境上下文本体进行检验，生成推荐规则，以及根据用户的当前情境上下文和推荐规则，执行基于语义推理的推荐计算。

（6）情境上下文标签库：存储不同维度的情境上下文标签及其与情境上下文本体概念的映射关系。

（7）项目模型库：存储用本体表示的所有待推荐项目的基本信息和统计信息，即情境上下文本体模型中 Object 类及其子类的部分。

（8）用户模型库：存储用本体表示的所有用户的基本信息，即情境上下文本体模型中 User 类及其子类的部分。

（9）情境上下文语义模型库：存储用本体表示的交互情境信息，即情境上下文本体模型中 InteractionSituation 类及其子类的部，同时保存与项目模型库和用户模型库中本体连接的接口类。

（10）推荐规则库：存储推荐规则，包括常识规则、群规则和个人规则。

5.4.2 系统服务功能描述

本系统提供如下服务功能。

1. 用户登录注册服务

当用户启动系统时，要求注册用户登录系统。如果用户尚未注册，则要求用户进行注册，注册成功后登录系统。

2. 项目搜索服务

提供搜索框，允许用户输入关键字，对项目的名称进行搜索，显示匹配的项目列表，提供链接到单个项目的信息浏览页面。

3. 项目分类导航服务

提供分类导航列表，允许用户按项目的特征类别进行逐层导航浏览。例如，餐馆可按照地理位置、风味、服务档次等进行导航，食物可按照类型、烹饪方式、食材、口味等进行导航，提供链接到单个项目的信息浏览页面。

4. 项目信息浏览服务

允许用户对项目的详细信息进行浏览。例如，餐馆信息包括餐馆名、餐馆图片、位置、服务档次、风味、提供的食物、用户历史评价等，食物信息包括食物名、食物图片、提供食物的餐馆、类型、烹饪方式、食材、口味、用户历史评价等。

5. 项目推荐服务

感知到用户当前情境上下文后，推荐若干符合当前情境上下文中用户个性化需求的项目，如有必要，可显示项目被推荐的原因。提供链接到被推荐项目对应的信息浏览页面。

6. 情境上下文感知服务

通过物理传感器自动感知用户当前情境上下文，或者接收用户输入的多维情境上下文标签。将获取到的用户交互情境上下文信息转换为实例化的情境上下文本体模型并存储在情境上下文语义模型库中。

5.4.3 系统服务运行机制

下面详细说明系统中各服务功能的运行流程和机制。

1. 用户登录注册服务的运行流程和机制

此部分功能由客户端应用交互模块中的用户登录交互、用户注册交互两个子模块，以及服务器端应用服务模块中的用户登录服务、用户注册服务两个子模块协同完成，协作图如图5-40所示。

2. 项目搜索服务的运行流程和机制

此部分功能由客户端应用交互模块中的项目搜索交互子模块以及服务器端应用服务模块中的项目搜索服务子模块协同完成，协作图如图5-41所示。

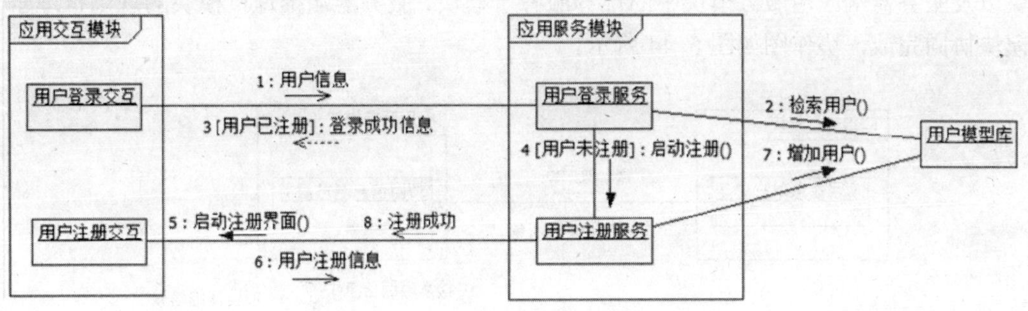

图 5-40 用户登录注册服务开发协作图

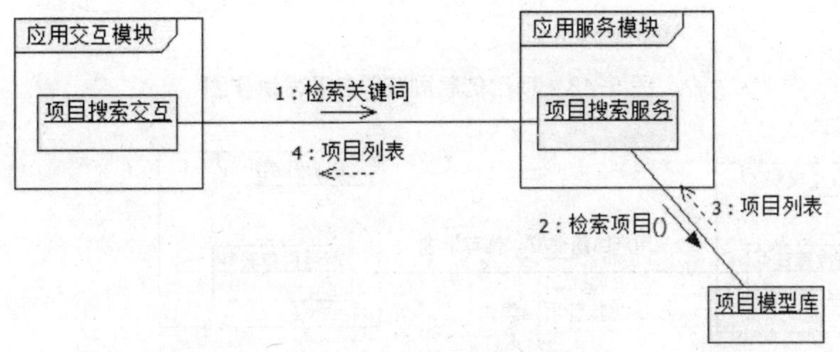

图 5-41 项目搜索服务开发协作图

3. 项目分类导航服务的运行流程和机制

此部分功能由客户端应用交互模块中的项目导航交互子模块以及服务器端应用服务模块中的项目导航服务子模块协同完成，协作图如图 5-42 所示。

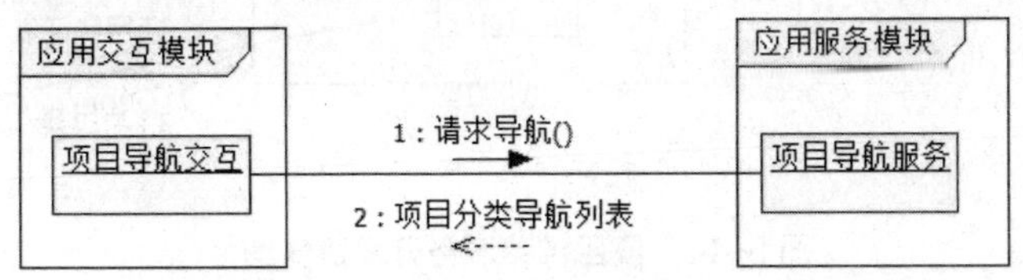

图 5-42 项目分类导航服务开发协作图

4. 项目信息浏览服务的运行流程和机制

此部分功能由客户端应用交互模块中的项目信息浏览交互子模块以及服务器端应用服务模块中的项目信息浏览服务子模块协同完成，协作图如图 5-43 所示。

5. 项目推荐服务的运行流程和机制

此部分功能由客户端应用交互模块中的推荐交互子模块、客户端情境上下文感知模块以及服务器端应用服务模块中的推荐服务子模块、服务器端推理机模块的规则推理子模块协同完成，协作图如图 5-44 所示。

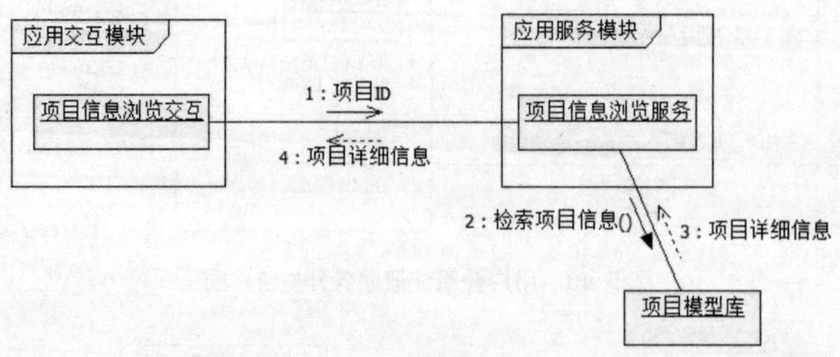

图 5-43　项目信息浏览服务开发协作图

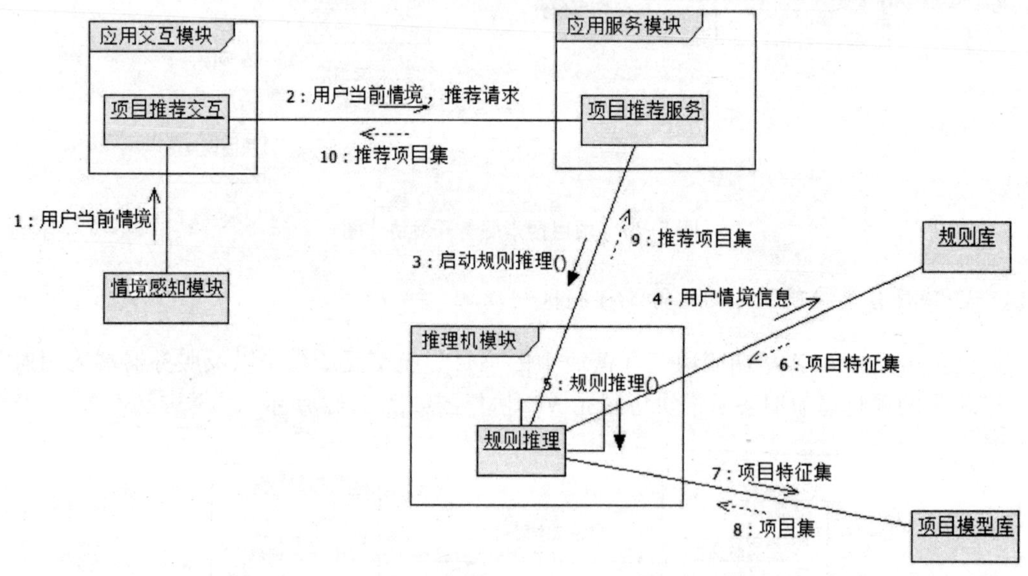

图 5-44　项目推荐服务开发协作图

6. 情境上下文感知服务的运行流程和机制

此部分功能由客户端情境上下文感知模块以及服务器端的情境上下文语义建模模块、服务器端推理机模块的规则生成子模块和本体检验子模块协同完成，协作图如图 5-45 所示。

情境上下文感知模块通过两种方式感知用户情境上下文信息，一种是通过物理传感器如 GPS 设备等自动感知，获得时间和位置信息；另一种是接受用户输入的社会化多维情境上下文标签作为情境上下文信息。情境上下文语义建模模块将情境上下文信息转为实例化的情境上下文本体模型并存入情境上下义语义模型库中。本体检验模块通过调

用基于描述逻辑的 Pellet 推理机，对用户情境上下文本体进行检验，此过程在服务器后台空闲时进行。

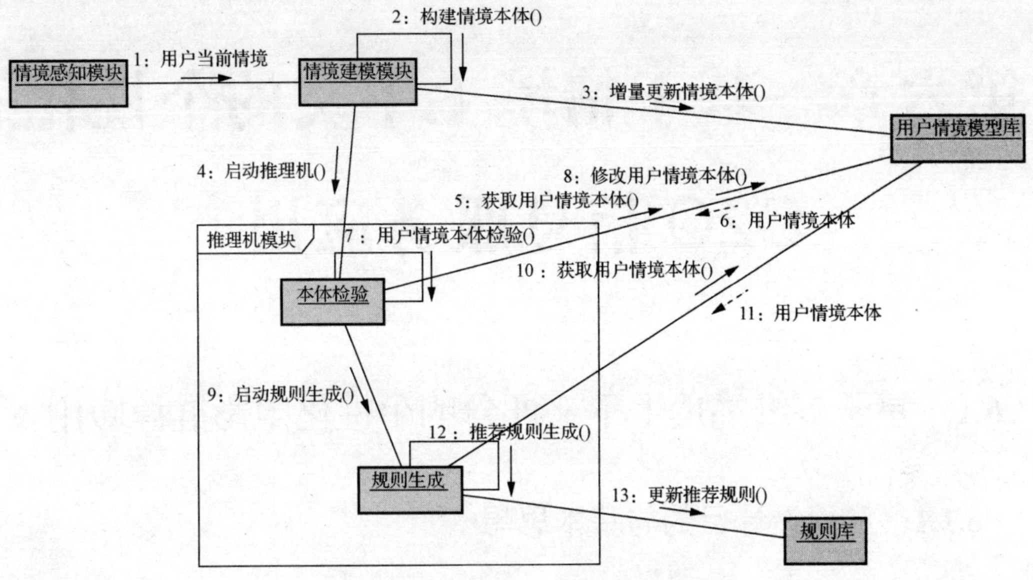

图 5-45　情境上下文感知服务开发协作图

从图 5-44 和图 5-45 中可以看出，服务器端的推理机模块由 3 个子模块构成：本体检验模块、规则生成模块和推荐模块。规则生成模块根据用户情境上下文本体模型生成规则，用于常识规则和用户偏好规则一般为固定规则，因此规则生成模块主要负责对情境上下文规则进行增量更新。推荐模块通过 Jess 规则引擎开发，负责执行基于规则推理的推荐算法，被推荐的餐馆和食物的数量均限定为 5 个。

第六章　基于情境上下文的个性化 O2O 信息服务应用

6.1　基于多维情境上下文评分的个性化电影推荐应用

6.1.1　应用设计目的与基本思想

本应用的设计目的是对第四章提出的基于多维情境上下文评分的个性化 O2O 信息推荐机制进行验证。为此，笔者以电影 O2O 推荐为背景，设计开发电影情境上下文评分采集系统，对用户在不同情境上下文中对不同电影项目的评分数据进行收集，形成多维情境上下文评分数据，以此为用户模型实现基于降维的预过滤推荐算法、基于降维的预过滤推荐与传统推荐的混合算法、基于情境上下文相似度的预过滤推荐算法、基于模型的后过滤推荐算法、基于用户的多维启发式推荐算法、基于项目的多维启发式推荐算法等推荐方法的应用，并采用 Precision、Recall、F-measure 等评价指标对各推荐方法的效果进行评价和对比。

6.1.2　应用构建与开发

为了获取多维情境上下文评分数据，设计开发了一个简单的移动 App——“电影情境上下文评分采集系统”。该 App 的开发平台是 Android 6.0，开发工具为 Android Studio 4.0，可以安装在支持 Android 操作系统的智能手机或平板上。

电影情境上下文评分采集系统会自动以手机号（或机器号）作为不同用户的识别，用户进入 App 后，系统将以列表的方式展示 50 部经典电影的基本信息，如图 6-1（a）所示。用户点击电影后可根据自身感受对电影进行 5 级评分。评分的同时，系统要求用户显式地输入观看该电影时的时间、地点、伴侣三类情境上下文信息，如图 6-1（b）和图 6-1（c）所示。最终，用户评分组合<用户、电影、时间、地点、伴侣>构成了五维推荐空间中的情境上下文评分数据。

电影情境评分移动采集系统

请选择您观看的电影：

公民凯恩（美国，1941年）

星球大战（美国，1977年）

勇敢的心（美国，1995年）

花样年华（中国香港，2000年）

泰坦尼克号（美国，1997）

霸王别姬（中国，1993）

肖申克的救赎（美国，1994）

（a）

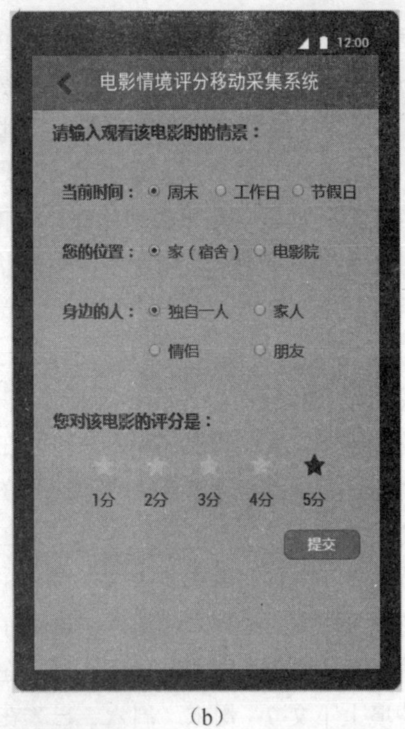

（b）

电影情境评分移动采集系统

请输入观看电影时的情境：

当前时间：周末 工作日 节假日

情境班次分已提交，谢谢！

返回电影列表 退出

情侣 朋友

您对该电影的评分是：

1分 2分 3分 4分 5分

（c）

图 6-1 电影情境上下文评分采集系统交互界面

通过邮件、QQ 和微信等渠道，面向学生、白领等观看电影的主要群体大范围推送该评分采集系统，并要求每位用户至少要填写 30 项评分数据。历经 3 个月的应用实践期，系统最终收集到 228 个用户的电影评分数据，剔除若干不真实或不合理用户数据后，保留了 122 个用户的数据，总共有 4560 个评分。

为了方便处理，这里对原始评分数据中的用户、电影和情境上下文进行重新编号，将编号作为三者的标识，由于本应用总共包含 3 个情境上下文维度：时间、地点、伴侣。其中，时间维有 3 个属性值“工作日、周末、节假日”，地点维有两个属性值“家/宿舍、电影院”，伴侣维有四个属性值“独自一人、家人、情侣、朋友”，因此总共有 3×2×4=24 个情境上下文。应用中各情境上下文与其编号具体如下：

情境上下文 1：周末（周六、日）在电影院独自一人；

情境上下文 2：周末（周六、日）在电影院与情侣；

情境上下文 3：周末（周六、日）在电影院与家人；

情境上下文 4：周末（周六、日）在电影院与朋友；

情境上下文 5：周末（周六、日）在家（或宿舍）独自一人；

情境上下文 6：周末（周六、日）在家（或宿舍）与情侣；

情境上下文 7：周末（周六、日）在家（或宿舍）与家人；

情境上下文 8：周末（周六、日）在家（或宿舍）与朋友；

情境上下文 9：工作日在电影院独自一人；

情境上下文 10：工作日在电影院与情侣；

情境上下文 11：工作日在电影院与家人；

情境上下文 12：工作日在电影院与朋友；

情境上下文 13：工作日在家（或宿舍）独自一人；

情境上下文 14：工作日在家（或宿舍）与情侣；

情境上下文 15：工作日在家（或宿舍）与家人；

情境上下文 16：工作日在家（或宿舍）与朋友；

情境上下文 17：节假日在电影院独自一人；

情境上下文 18：节假日在电影院与情侣；

情境上下文 19：节假日在电影院与家人；

情境上下文 20：节假日在电影院与朋友；

情境上下文 21：节假日在家（或宿舍）独自一人；

情境上下文 22：节假日在家（或宿舍）与情侣；

情境上下文 23：节假日在家（或宿舍）与家人；

情境上下文 24：节假日在家（或宿舍）与朋友。

重新编号处理之后的数据为图 6-2 所示的形式。

	A	B	C	D	E	F
1	情景	项目号	U001	U002	U003	U004
2	1	项目1	0	3	0	0
3	1	项目10	0	0	0	0
4	1	项目11	0	0	0	0
5	1	项目12	0	0	0	0
6	1	项目13	0	0	0	0
7	1	项目14	3	0	0	0
8	1	项目15	0	0	0	0

图 6-2　处理后的多维情境上下文评分数据示例

考虑到应用中某些算法的计算中需要使用不考虑情境上下文信息的二维评分数据，这里在多维情境上下文评分的基础上进行聚合计算，将同一用户在不同情境上下文中对同一项目评分的均值作为该用户对项目的二维评分，形成忽略情境上下文的用户评分数据，如图 6-3 所示。

1	项目号	U001	U002	U003	U004	U005	U006
2	项目1		3				4
3	项目2	4	4			2	
4	项目3			4			5
5	项目4		3			3	
6	项目5			4	3	4	5
7	项目6	5		5			
8	项目7		3	3		4	3

图 6-3　忽略情境上下文的用户评分数据示例

6.1.3　应用实践过程与效果评价

6.1.3.1　推荐结果评价指标

Herlocker 等（2004）把推荐的评价指标（evaluation metrics）分为两类：①预测准确度评价指标（predictive accuracy metric）；②类别准确性评价指标（classification accuracy metric）。预测准确度评价指标主要是评价推荐系统预测的评分与用户的真实评分的差距。而类别准确性评价指标主要是度量推荐系统向用户推荐正确项目的概率。预测准确度评价指标主要是指平均绝对误差 MAE（mean absolute error），类别准确性评价指标主要有精准率（Precision）、召回率（Recall）与 F 值（F-measure）。本应用采用类别准确性评价指标评估推荐结果。

类别准确性评价指标精准率、召回率分别来源于信息检索领域中的查准率与查全率，在推荐中给这两个指标赋予了新的含义与计算方法。

在计算精准率与召回率的值之前，要对项目进行分类。首先，根据用户对项目的评价信息把项目分成两类：相关（relevant）的与不相关（not relevant）的。“相关”表示用户喜欢某项目，“不相关”表示用户不喜欢某项目。一些推荐系统让用户输入对某项目的评价时采用逻辑变量形式（是与否的形式），让用户对喜欢的项目选择“是”（相关），对不喜欢的项目选择“否”（不相关）。但是，大部分的推荐系统采用的是数值评分的方式，如 5 分制、7 分制评分等。这种选择数值评分的推荐系统要根据评分把项目进行分类。例如，电影推荐系统 MovieLens 的评分采用的是 5 分制，这样对于某用户而言，电影分为两类，评分为 4～5 的电影为“相关的”，评分为 1～3 的为“不相关的”。另外，在计算精准率 Precision 与召回率 Recall 的值之前，还要根据系统向用户推荐的项目名单，把项目分为两类：推荐的（recommended）与未被推荐的（not recommended）。根据以上两个分类标准对项目进行分类，如表 6-1 所示。

表 6-1　基于用户信息需求的项目分类

	推荐的	未被推荐的	Total
相关的	N_{rs}	N_{rn}	N_r
不相关的	N_{is}	N_{in}	N_i
Total	N_s	N_n	N

其中，N_{rs} 表示与用户相关的，同时又被系统推荐了的项目数目，N_s 表示被推荐的项目总数，N_r 表示与用户需求相关的项目总数。

Precision 定义为被推荐项目中与用户需求相关的项目数目占被推荐项目总数的比例，用来衡量被推荐的项目与用户真实需求相关性的大小，从而评价推荐效果。Precision 越大，推荐效果越好。Recall 定义为被推荐项目中与用户需求相关的项目数目占与用户需求相关的项目总数的比例，用来衡量与用户真实需求相关的项目被推荐的概率，从而评价推荐效果。Recall 越大，推荐效果越好。

这里用 P 代表 Precision，用 R 代表 Recall，则：

$$P=\frac{N_{rs}}{N_s} \tag{6-1}$$

$$R=\frac{N_{rs}}{N_r} \tag{6-2}$$

与信息检索中查准率与查全率的关系类似，推荐的精准率与召回率也是负相关。在最极端的情况下，可能推荐系统只给出了一个推荐结果，但是该推荐结果是相关的，那么系统的精准率为 100%，但是召回率却非常低，所以对一个推荐系统不可能要求 Precision 与 Recall 的值同时非常大。因此，许多推荐系统联合 Precision 与 Recall 的值来衡量推荐系统，即衡量指标称作 *F-measure*，计算方法如下：

$$F-measure=\frac{2PR}{P+R} \tag{6-3}$$

6.1.3.2　传统二维推荐方法的应用和评价

为了方便考察多维情境化推荐方法的推荐效果，这里首先进行了传统二维推荐方法应用实践，并将其推荐结果作为指标评估的对比基准。

应用把收集到的数据集划分为训练集和测试集。训练集与测试集评分的数目分别是整个数据集的 90%与 10%，因此本应用随机选取了 456 个用户评分进行测试，其他评分作为训练集评分。

1. 计算用户相似度

传统二维推荐算法忽略了用户对项目评分时所处的情境上下文，所以本应用直接对前面经过处理得到的忽略情境上下文的评分数据来开展推荐。

首先在训练集中找出测试集中各用户的最近邻用户，这主要是计算训练集中各用户相互之间的相似度，通过比较相似度的大小来找到测试集中各用户的 N 个最近邻。计算用户之间的相似度是通过统计软件 SPSS 完成的。以下是使用 SPSS 计算用户之间相似度的步骤与截图：

（1）输入评分数据。

如图 6-4 所示。

*未标题2 [数据集1] - SPSS Statistics 数据编辑器

文件(F)　编辑(E)　视图(V)　数据(D)　转换(T)　分析(A)　图形(G)　实用程序(U)　附加内容(O)　窗口(W)　帮助

12 : U003

	项目号	U001	U002	U003	U004	U005
1	项目1	.	3			
2	项目2	4	4	.	.	2
3	项目3	.	.	4	.	.
4	项目4	.	3	.	.	3
5	项目5	.	.	4	3	4
6	项目6	5	.	5	.	.
7	项目7	.	3	3	.	4

图 6-4　在 SPSS 中输入传统评分数据

（2）点击菜单“分析”，选择“相关分析”。

（3）得到训练集中各用户与目标用户的相似度，导出为 Excel 文档形式，并把训练集中的用户按照其与目标用户相似度的值进行降序排列，如图 6-5、图 6-6 所示。

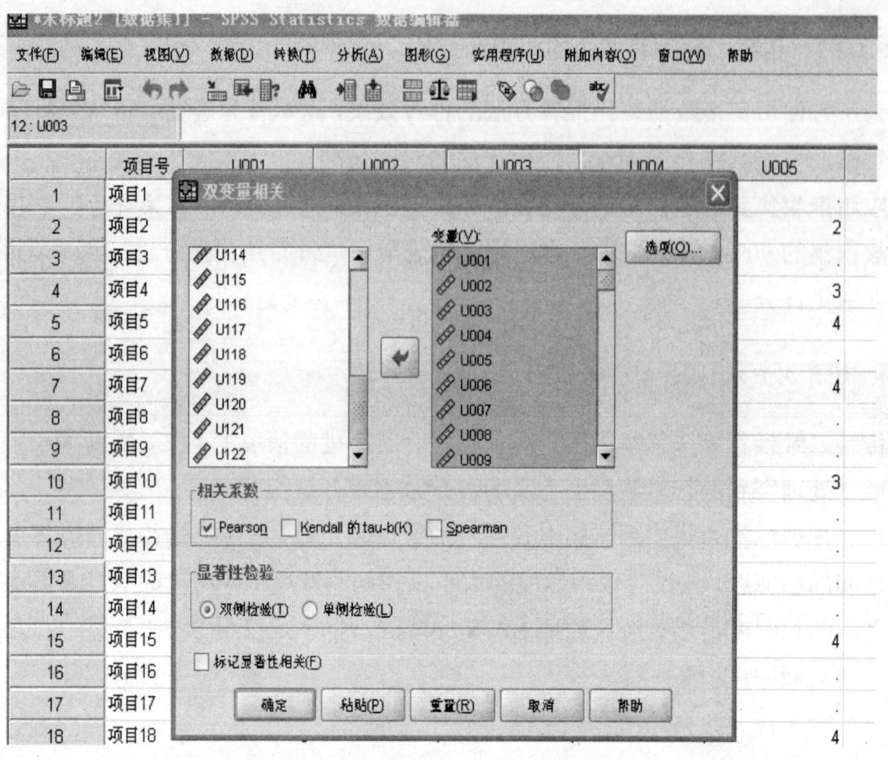

图 6-5　对训练集中的各用户与目标用户进行相似度计算

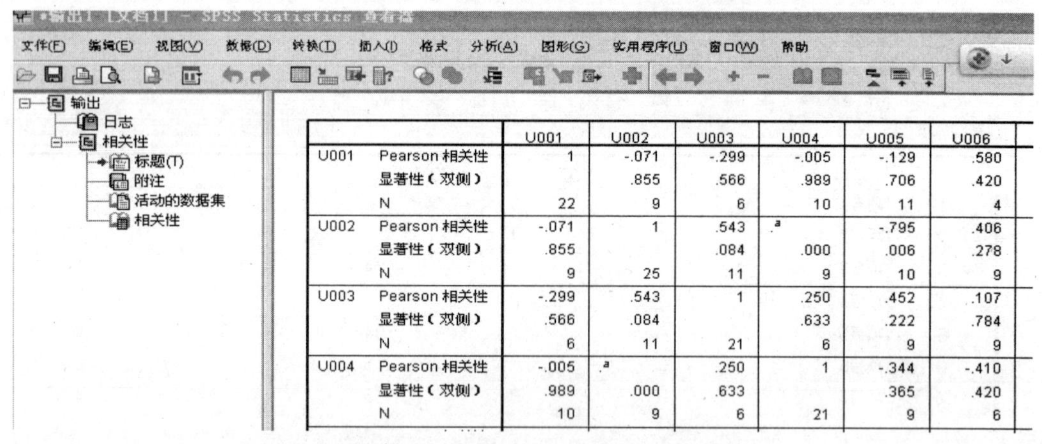

		U001	U002	U003	U004	U005	U006
U001	Pearson 相关性	1	-.071	-.299	-.005	-.129	.580
	显著性（双侧）		.855	.566	.989	.706	.420
	N	22	9	6	10	11	4
U002	Pearson 相关性	-.071	1	.543	.[a]	-.795	.406
	显著性（双侧）	.855		.084	.000	.006	.278
	N	9	25	11	9	10	9
U003	Pearson 相关性	-.299	.543	1	.250	.452	.107
	显著性（双侧）	.566	.084		.633	.222	.784
	N	6	11	21	6	9	9
U004	Pearson 相关性	-.005	.[a]	.250	1	-.344	-.410
	显著性（双侧）	.989	.000	.633		.365	.420
	N	10	9	6	21	9	6

图 6-6　训练集中的各用户与目标用户相似度的值

（4）对于每一个测试集用户，选择相似度排前 N 的用户作为计算预测评分的来源，以目标用户 U104 为例，以下是通过传统推荐算法找出的用户 U104 的最近邻，如图 6-7 所示。

	A	B
1	用户	与用户U104的相似度
2	U104	1
3	U001	0.407302
4	U080	0.3364523
5	U093	0.3093324
6	U078	0.3061771
7	U095	0.2831692
8	U067	0.2673467
9	U070	0.2656937
10	U034	0.2321424
11	U002	0.2302831

图 6-7 测试集目标用户的最近邻用户

2. 计算测试集用户对项目的预测评分

通过步骤 1 得到与测试集用户中每个测试用户最相似的 N 个最近邻用户，然后计算各测试用户的 k 值，其中 $k=1/\sum_{u\in\hat{C}}\left|sim(a,u)\right|$，$a$ 指的是当前的测试集目标用户，u 指的是用户 a 的最近邻。

最后，根据第一章的公式（1-9），可以计算出测试集中的用户对各项目的预测评分，图 6-8 显示的是采用传统推荐算法计算出的用户 104 对各项目的预测评分。

DE2 =$DD$53+(0.349*($EY$5*(B2-$B$53)+$EY$8*(CB2-$CB$53)+$EY$11*(CO2-$CO$53)+$EY$14*(BZ2-$BZ$53)+$EY$17*(CQ2-$CQ$53)+$EY$20*(BO2-$BO$53)+$EY$23*(BR2-$BR$53)+$EY$26*(AH2-$AH$53)+$EY$29*(C2-$C$53)+$EY$32*(CN2-$CN$53)))

	DD	DE	D														
1	U104	P104	U105	P105	U106	P106	U107	P107	U108	P108	U109	P109	U110	P110	U111	P111	U112
2	5	4	4	3	4	3	5	5	3	4	4	3	1	1	3	3	5
3	5	5	3	2	4	3	5	4	3	4	4	3	1	1	3	2	3
4	5	4	3	2	3	2	5	4	3	4	3	3	1	1	3	2	4
5	4	3	3	2	4	3	3	3	3	3	3	2	5	1	3	3	3
6	5	4	3	3	3	2	4	4	3	4		2	1	2	3	3	2
7	5	5	3	4	3	3	4	5	4	4	4	4	5	3	5	4	2
8	4	4	4	4	4	3	4	4	5	5	4	3	1	2	4	4	2

图 6-8 测试集目标用户对各项目的预测评分

3. 计算评价指标的值

如本书前面所分析的，应用采用精准率、召回率、F 值作为算法的评价指标。传统推荐算法的评价指标如图 6-9 所示。

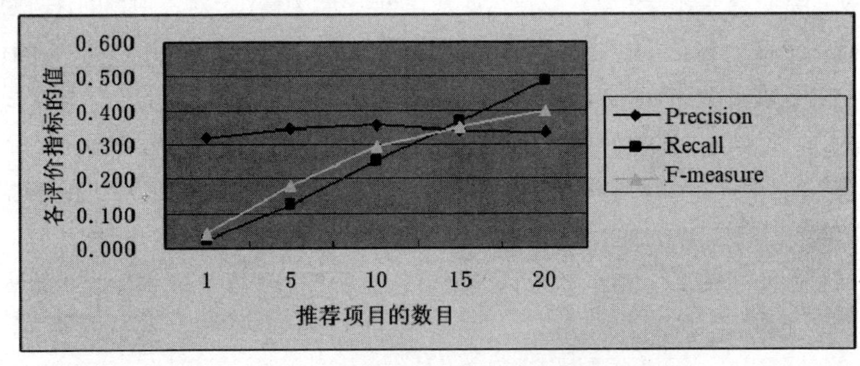

图 6-9 传统推荐算法各评价指标的值

在图 6-9 中，横坐标表示推荐项目的数目（top n），这里分别选取了 n=1，n=5，n=10，n=15，n=20 进行了测试。可以看到，随着推荐项目数目的增加，Precision 的值大致显示出下降的趋势，而 Recall 与 F-measure 的值显示出上升的趋势。这是由于随着推荐项目数目的增加，在推荐项目中命中用户喜欢的项目（与用户相关的）的概率会下降，因此 Precision 的值显示出下降的趋势。而由于从用户评分数据中分析出的与用户相关的项目总数是不变的，随着推荐项目数目的增加，推荐项目中与用户相关的项目数目逐渐变大，因此 Recall 的值不断变大，从而导致 F-measure 也不断变大。

6.1.3.3 预过滤推荐方法的应用与评价

1. 基于降维的预过滤推荐算法、基于降维的预过滤推荐与传统二维推荐的混合算法应用

从本书前面的内容可以看到，基于降维的预过滤推荐算法并不是在所有的评分数据段都是优于传统推荐算法的，因此，在基于降维的预过滤推荐算法的基础上，研制了后面的基于降维的预过滤推荐与传统二维推荐的混合推荐算法。混合推荐算法中需要在一些评分数据段中使用基于降维的预过滤推荐算法，所以本应用中基于降维的预过滤推荐算法是结合后面的混合推荐算法一起开展的。

（1）选择情境上下文数据段：从应用数据中选择出使用降维的预过滤推荐算法的推荐结果优于使用传统推荐算法的评分数据段，得到这些评分数据段的集合 $\overline{SEGM(T)}$。

首先，从收集到的应用数据中选择出“大”的评分数据段。这种“大”的评分数据段既可以是把那些情境上下文值完全一样的数据聚合在一起，如只把所有的“周末在家与情侣”的数据聚合在一起；也可以是把属于同一上级情境上下文的下级情境上下文的数据聚合在一起，如“周末在家与情侣”“周末在家与家人”“周末在家独自一人”“周末在家与朋友”等都是属于同一下级情境上下文——“周末在家”的，可以把这四个情境上下文的数据聚合在一起。计算出这四个评分数据段中用户对各项目的评分总和，然后除以这四个评分数据段中用户对各项目的评分总数，就可以得到用户在聚合后的评分数据段中对各项目的评分。经过以上处理之后，最后计算出聚合后的评分数据段的评分总数，选择“足够大”的评分数据段来开展应用实践。由于本应用收集了 122 个用户的有效数据，为了便于计算，尽量减小数据的稀疏度，这里选择的“足够大”的阈值是 1220，即每个“足够大”的评分数据段的评分数目大于 1220（平均每个用户至少要有 10 条评分数据，否则数据稀疏度太大）。根据该阈值，这里得到了 8 个“大”的初始情境上下文数据段，如表 6-2 所示。

表 6-2　初始的情境上下文数据段

初始情境上下文数据段编号	初始情境上下文数据段	评分总数
1	电影院	2298
2	独自一人	2414
3	与朋友	1417
4	在家（或宿舍）	3380
5	周末	4123
6	周末在家（或宿舍）	2498
7	周末电影院	1646
8	周末独自一人	1802

其次，在这 8 个初始的情境上下文数据段中分别采用选择降维的预过滤推荐算法与传统推荐算法进行评分预测，找出采用降维的预过滤推荐算法预测结果优于传统推荐算法的情境上下文数据段，得到最终的 $\overline{SEGM(T)}$。

在进行评估时，应用分别采取了向用户推荐 1 个项目（n=1）、5 个项目（n=5）、10 个项目（n=10）、15 个项目（n=15）以及 20 个项目（n=20）5 种情况来计算 Precision、Recall、F-measure 的值。这 8 个初始的情境上下文数据段采用基于降维的预过滤推荐算法与传统推荐算法的推荐评估结果如图 6-10 至图 6-24 所示。

n=1 时的评估结果如下：

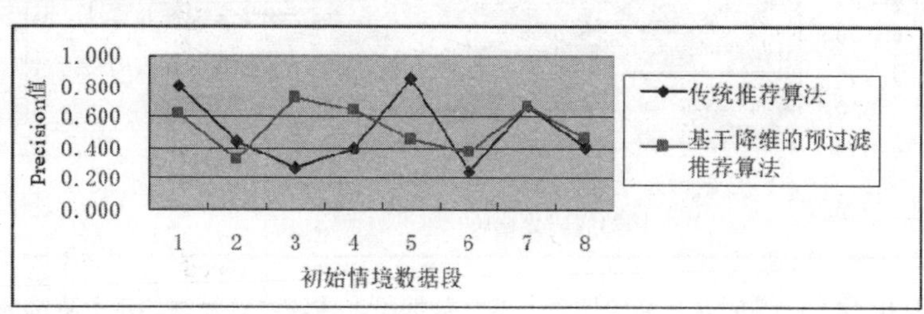

图 6-10　n=1 时在各初始情境上下文数据段上传统推荐算法与基于降维的预过滤推荐算法的 Precision 值对比

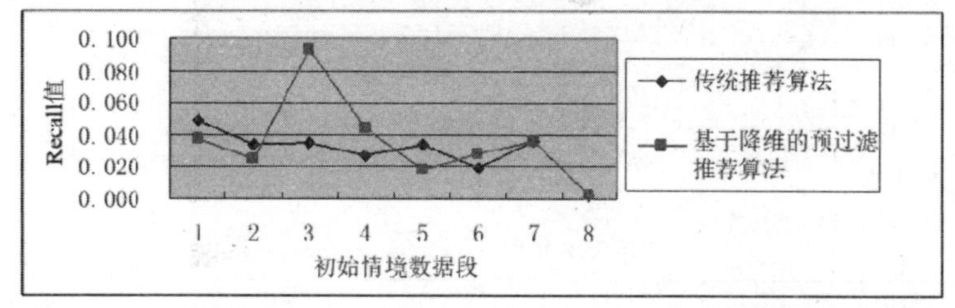

图 6-11　n=1 时在各初始情境上下文数据段上传统推荐算法与基于降维的预过滤推荐算法的 Recall 值对比

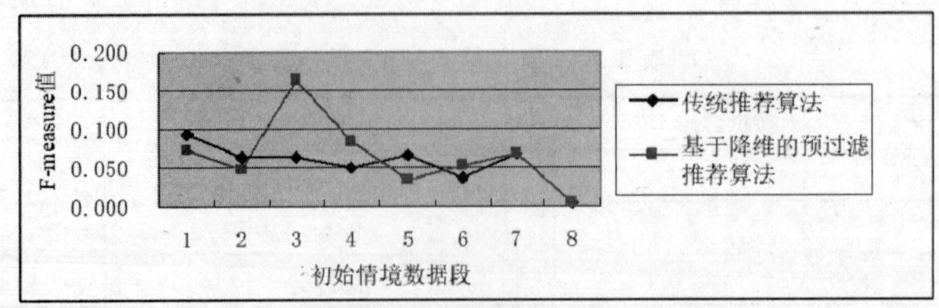

图 6-12　*n*=1 时在各初始情境上下文数据段上传统推荐算法与基于降维的预过滤推荐算法的 F-measure 值对比

n=5 时的评估结果如下：

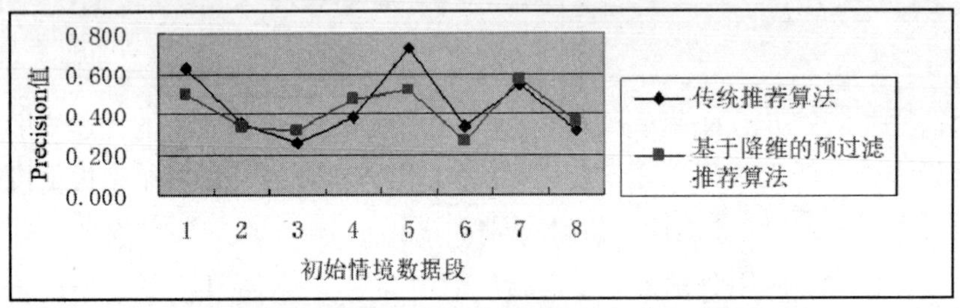

图 6-13　*n*=5 时在各初始情境上下文数据段上传统推荐算法与基于降维的预过滤推荐算法的 Precision 值对比

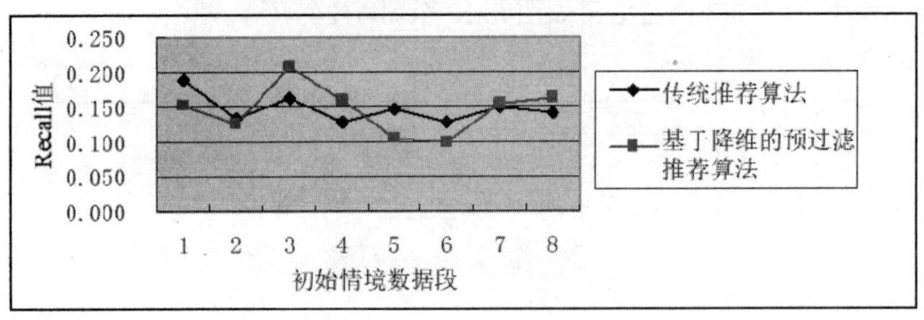

图 6-14　*n*=5 时在各初始情境上下文数据段上传统推荐算法与基于降维的预过滤推荐算法的 Recall 值对比

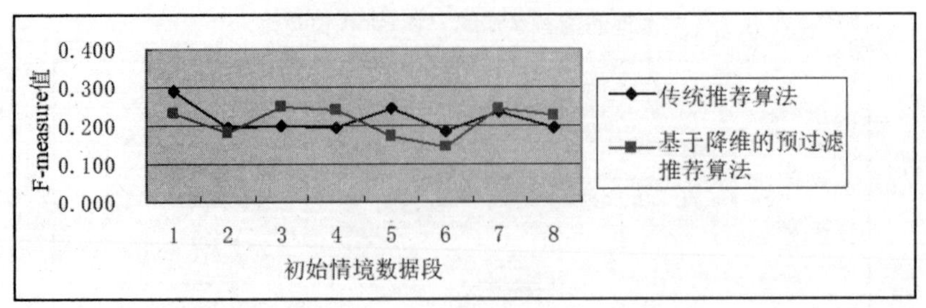

图 6-15　*n*=5 时在各初始情境上下文数据段上传统推荐算法与基于降维的预过滤推荐算法的 F-measure 值对比

n=10 时的评估结果如下：

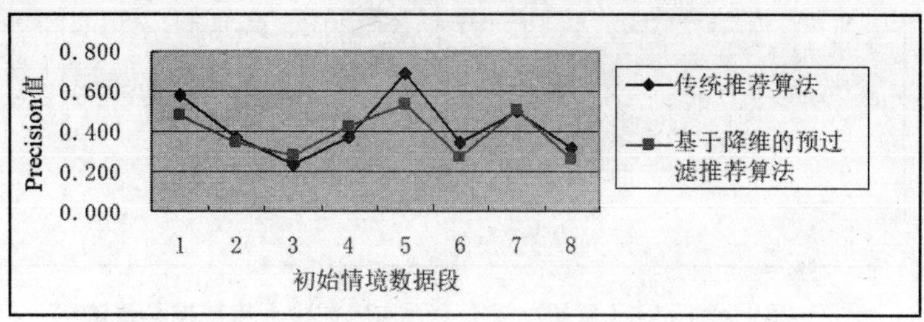

图 6-16　n=10 时在各初始情境上下文数据段上传统推荐算法与基于降维的预过滤推荐算法的 Precision 值对比

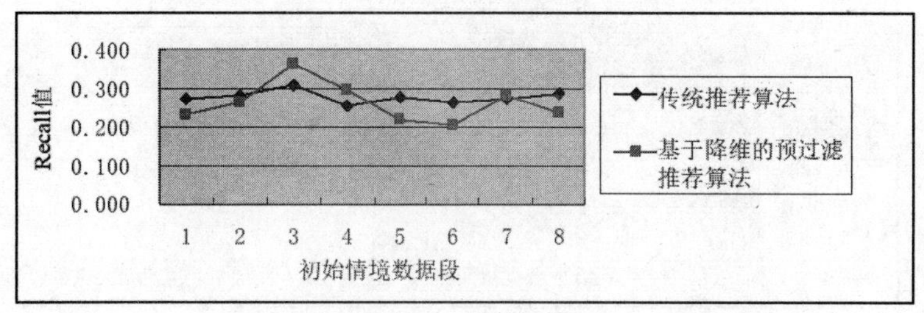

图 6-17　n=10 时在各初始情境上下文数据段上传统推荐算法与基于降维的预过滤推荐算法的 Recall 值对比

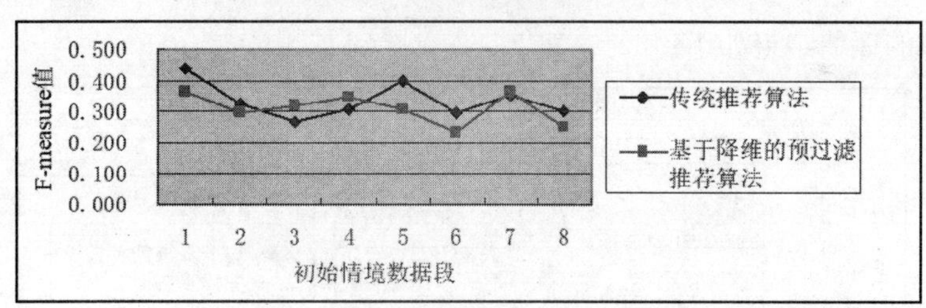

图 6-18　n=10 时在各初始情境上下文数据段上传统推荐算法与基于降维的预过滤推荐算法的 F-measure 值对比

n=15 时的评估结果如下：

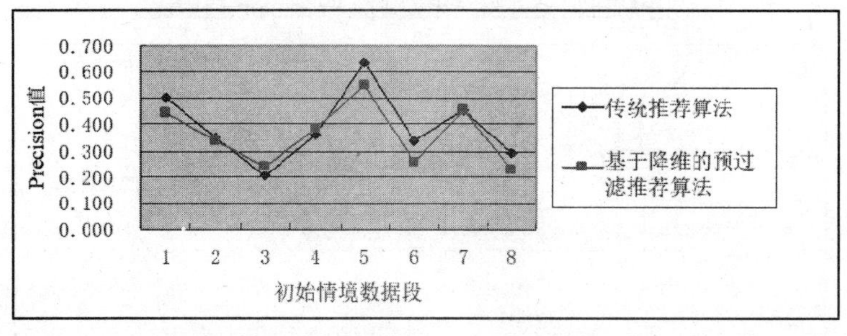

图 6-19　n=15 时在各初始情境上下文数据段上传统推荐算法与基于降维的预过滤推荐算法的 Precision 值对比

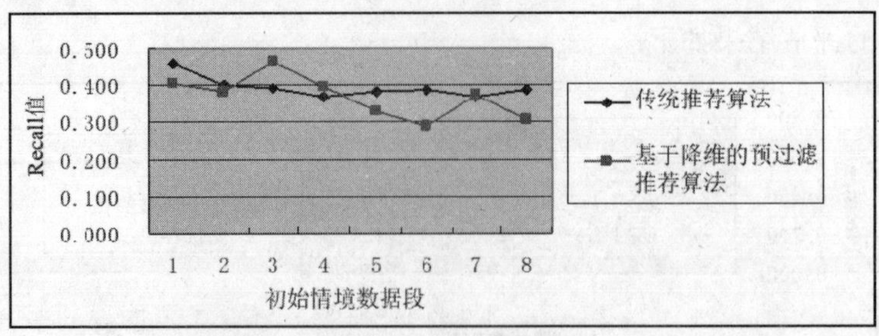

图 6-20　*n*=15 时在各初始情境上下文数据段上传统推荐算法与基于降维的预过滤推荐算法的 Recall 值对比

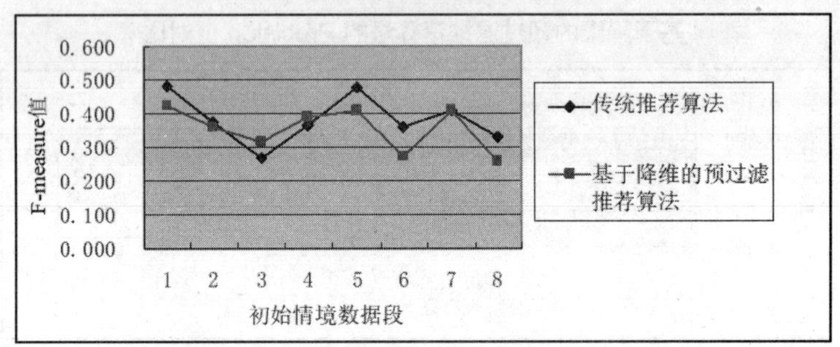

图 6-21　*n*=15 时在各初始情境上下文数据段上传统推荐算法与基于降维的预过滤推荐算法的 F-measure 值对比

n=20 时的评估结果如下：

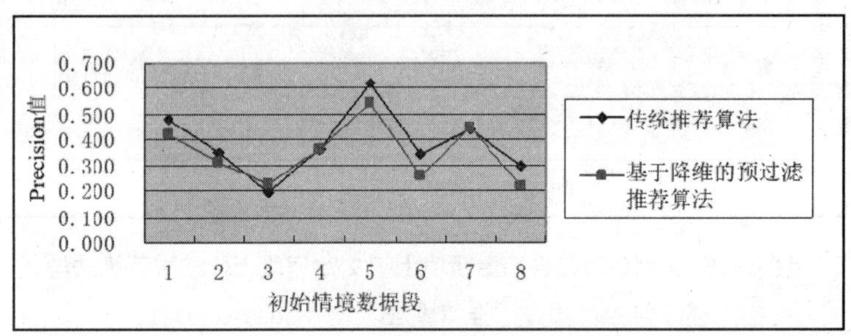

图 6-22　*n*=20 时在各初始情境上下文数据段上传统推荐算法与基于降维的预过滤推荐算法的 Precision 值对比

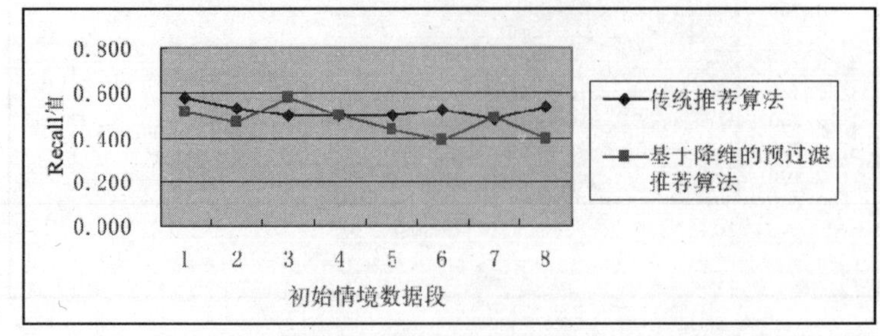

图 6-23　*n*=20 时在各初始情境上下文数据段上传统推荐算法与基于降维的预过滤推荐算法的 Recall 值对比

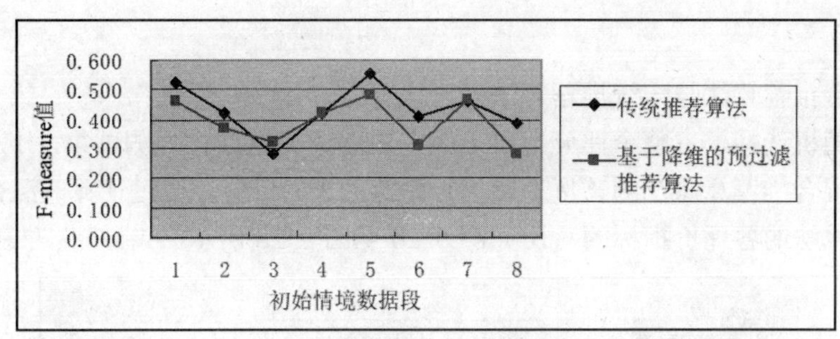

图 6-24　n=20 时在各初始情境上下文数据段上传统推荐算法与基于降维的预过滤推荐算法的 F-measure 值对比

从以上应用结果可以发现，8 个初始情境上下文数据段中，在 5 种推荐数目 n=1、n=5、n=10、n=15、n=20 的情况下，第 3、4、7 个情境上下文数据段中采用基于降维的预过滤推荐算法的 Precision、Recall、F-measure 的值都是大于采用传统推荐算法的 Precision、Recall、F-measure 值，说明在第 3、4、7 个情境上下文数据段中采用基于降维的预过滤推荐算法的推荐结果优于采用传统推荐算法的结果。因此在本次应用中，最终的情境上下文数据段为 $\overline{SEGM(T)} = \{$与朋友,在家或宿舍,周末电影院$\}$。

（2）评分预测阶段：对测试集中的用户进行评分预测。

评分预测阶段主要功能是分析测试集中用户所处当前情境上下文 c 是否属于 $\overline{SEGM(T)}$ 中情境上下文，如果属于则采用基于降维的预过滤推荐算法进行预测评分计算，如果不属于就使用传统二维推荐算法进行预测评分的计算。

（3）计算混合推荐算法的评价指标的值。

这里用“混合推荐算法”代表“基于降维的预过滤推荐算法与传统推荐算法的混合推荐算法”。

混合推荐算法的评价指标的值如图 6-25 所示：

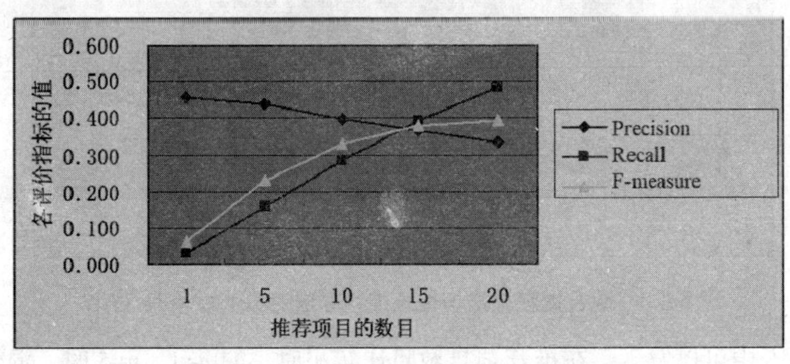

图 6-25　混合推荐算法各评价指标的值

与传统算法类似，在图 6-25 中，横坐标表示推荐项目的数目（top n），这里分别选取了 n=1、n=5、n=10、n=15、n=20 进行了测试。从图 6-25 中可以看到，随着推荐项目数目的增加，Precision 的值显示出下降的趋势，而 Recall 与 F-measure 的值显示出上

升的趋势。

（4）混合推荐算法与传统推荐算法的对比分析。

本应用随机选择了占整个评分数目 10%左右的评分数据作为测试集，分别采用传统推荐算法与混合推荐算法在测试集上面进行预测评分的计算，经过计算，混合推荐算法与传统推荐算法的各评价指标的对比如图 6-26 至图 6-28 所示。

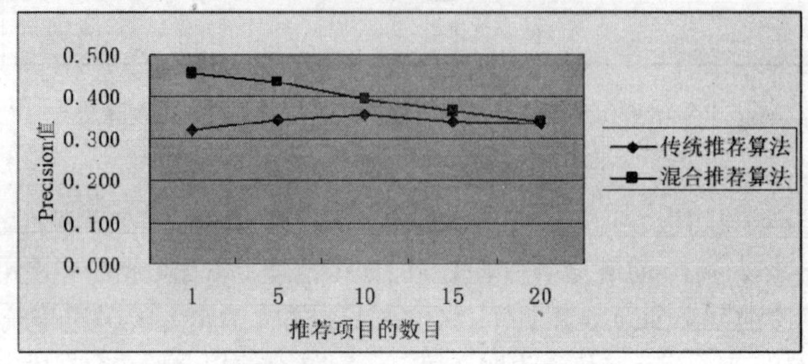

图 6-26 混合推荐算法与传统推荐算法的 Precision 对比

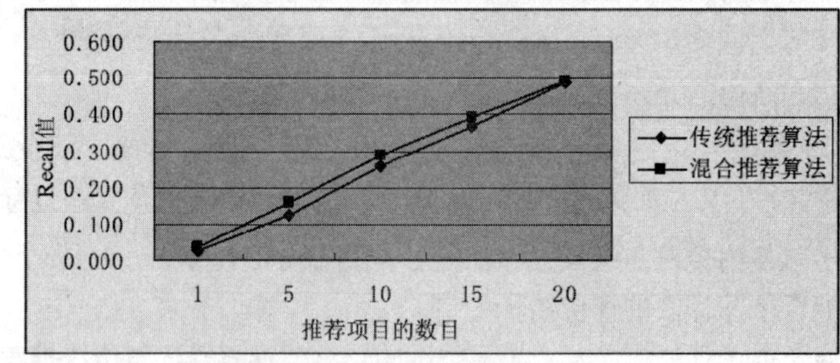

图 6-27 混合推荐算法与传统推荐算法的 Recall 对比

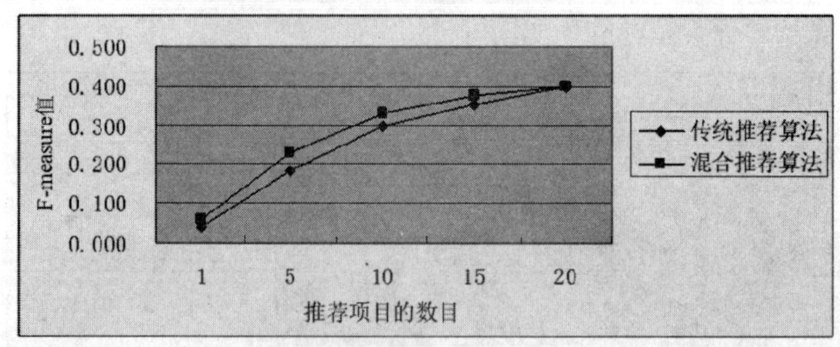

图 6-28 混合推荐算法与传统推荐算法的 F-measure 对比

从图 6-26 中可以发现，在推荐项目数目比较小时，如 n=1、n=5 时，混合推荐算法的 Precision 远大于传统推荐算法的 Precision，随着推荐项目数目增大，混合推荐算法的 Precision 逐渐趋近于传统推荐算法。而从图 6-27 和图 6-28 中可以看到，混合推荐算法的 Recall、F-measure 都是高于传统推荐算法，因此这里可以合理地得到以下结论：在本次应用中，混合推荐算法是优于传统推荐算法的。

另外，为了进一步比较混合推荐算法与传统推荐算法，本应用把用两种算法计算的测试集中用户情境上下文属于 $\overline{SEGM(T)}$ 中情境上下文的预测评分进行了对比，得到的各评价指标的值如表 6-3 所示。

表 6-3　混合推荐算法与传统推荐算法各评价指标值

		n=1	n=5	n=10	n=15	n=20	AVG
传统推荐算法	Precision	0.318	0.345	0.355	0.339	0.336	0.339
混合推荐算法	Precision	0.455	0.436	0.395	0.364	0.339	0.398
传统推荐算法	Recall	0.023	0.125	0.256	0.367	0.485	0.251
混合推荐算法	Recall	0.033	0.157	0.285	0.393	0.489	0.271
传统推荐算法	F-measure	0.043	0.183	0.297	0.353	0.397	0.255
混合推荐算法	F-measure	0.061	0.231	0.331	0.378	0.400	0.280

从表 6-3 可以看到，采用混合推荐算法预测测试集中用户情境上下文属于 $\overline{SEGM(T)}$ 中情境上下文的评分数据段中的评分要比传统推荐算法优越很多。

本次应用实践证明了基于降维的预过滤推荐与传统二维推荐的混合推荐算法对现实问题确实能够优于传统二维推荐算法。然而，混合推荐算法的推荐结果很大程度上依赖现实的应用。比如，混合推荐算法的第一步中选择情境上下文数据段中，首先要选择足够大的评分数据段作为初始情境上下文数据段，而不同的阈值会有不同的情境上下文数据段，基于降维的预过滤推荐算法与传统推荐算法在不同的情境上下文数据段中的推荐效果不同，因此阈值的选择会影响混合推荐算法的效果。正如前面阐述的，在一些应用中，基于降维的预过滤推荐算法可能在某些评分数据段中远远优越于传统算法，此时比较适合采用混合推荐算法。然而，在某些应用中，情境上下文维度可能对用户的评分影响不大，找不到基于降维的预过滤推荐算法的推荐结果优于传统推荐算法的情境上下文数据段，此时就不适合采用混合推荐算法。因此，混合推荐算法的推荐结果是比较依赖于实际应用的。

2. 基于情境上下文相似度的预过滤推荐算法应用

基于情境上下文相似度的预过滤推荐算法的主要推荐思想是在对当前测试集用户进行评分预测之前，先对多维评分数据进行情境化过滤，过滤的方法是删除那些与当前测试集用户所处情境上下文不够相似的评分数据，留下那些与当前测试集用户所处情境上下文足够相似的评分数据段。这里把与目标用户所处情境上下文足够相似的情境上下文称作当前情境上下文的“最近邻”或者是“与当前情境上下文最相似的情境上下文”。所以，基于情境上下文相似度的预过滤推荐算法中最重要的就是如何确定哪些情境上下文是足够相似的，哪些是不够相似的。本应用采用基于用户的情境上下文相似度算法来计算情境上下文之间的相似度。

与前面的应用相同，本应用随机选择了占整个评分数目 10%左右的评分数据作为测试集，以下是基于情境上下文相似度的预过滤推荐算法的应用流程：

（1）计算各情境上下文之间的相似度。

a）计算基于用户的情境上下文评分数据。

基于用户的情境上下文相似度算法是从用户的角度来观察各情境上下文评分的，因为在各情境上下文中同一用户可能对多个项目进行了评分，所以需要对各情境上下文中各用户的评分数据进行处理，这里采用求平均值的方法来获得用户在各情境上下文中的评分，本应用把通过处理的评分数据称作基于用户的情境上下文评分数据。以下是本应用计算基于用户的情境上下文评分数据的流程：

i 计算多维评分数据中各情境上下文中各用户的评分总数。

在采用 Excel 进行处理的过程中，使用 IF 函数和 SUM 函数来计算多维评分数据中各情境上下文中各用户的评分总数。IF 函数的功能是找到原始多维数据评分中评分数据不为 0 的数据，并用数值“1”表示。在进行评分数目统计时，再采用求和函数 SUM 对各情境上下文中各用户的数值“1”进行求和，就可以得到各用户的评分总数，如图 6-29 所示。

A	B	C	D	E	F
情境	项目号	U001	U002	U003	U004
1	项目1	0	1	0	0
1	项目5	0	0	1	1
1	项目50	0	0	0	0
1	项目6	0	0	0	0
1	项目7	0	0	0	0
1	项目8	0	0	0	0
1	项目9	0	0	0	0
情境1下各用户的评分总数		2	1	1	1

图 6-29　多维评分数据中各情境上下文中各用户的评分总数（以情境上下文 1 为例）

ii 计算多维评分数据中各情境上下文中各用户的评分平均值。

对于各情境上下文中各用户的多维评分数据，先采用求和函数 SUM 计算出各情境上下文中各用户的评分总和，然后除以上面一步得到的相应的评分总数，就可以得到各情境上下文中各用户的评分平均值，如图 6-30 所示。

1	情境	项目号	U001	U002	U003	U004
2	1	项目1	0	3	0	0
46	1	项目5	0	0	3	3
47	1	项目50	0	0	0	0
48	1	项目6	0	0	0	0
49	1	项目7	0	0	0	0
50	1	项目8	0	0	0	0
51	1	项目9	0	0	0	0
52			2	1	1	1
53	情境1下各用户的评分平均值		3	3	3	3

图 6-30　多维评分数据中各情境上下文中各用户的评分平均值（以情境上下文 1 为例）

iii 通过汇总以上数据，最终得到计算基于用户的情境上下文评分数据，如图 6-31 所示。

b）计算基于用户的情境上下文相似度。

由于在统计软件 SPSS 中是把导入的 Excel 文档中的纵列作为变量来计算变量之间的相似度的，所以需要在 Excel 中把以上数据进行转置，如图 6-32 所示。

	A	B	C	D	E
1	项目号	U001	U002	U003	U004
2	情境1	3	3	3	3
3	情境2		4	4	5
4	情境3	4		3	4
5	情境4	5		4	3
6	情境5	3	3	4	5
7	情境6	5	3	4	
8	情境7	4	3	3	5

图 6-31　基于用户的情境上下文评分

	A	B	C	D	E	F	G	H
1	项目号	情境1	情境2	情境3	情境4	情境5	情境6	情境7
2	U001	3		4	5	3	5	4
3	U002	3	4			3	3	3
4	U003	3	4	3	4	4	4	3
5	U004	3	5	4	3	5		5

图 6-32　基于用户的情境上下文评分——转置

在统计软件 SPSS 中导入以上基于用户的情境上下文评分数据，如图 6-33 所示。

*未标题2 [数据集1] - SPSS Statistics 数据编辑器

文件(F) 编辑(E) 视图(V) 数据(D) 转换(T) 分析(A) 图形(G) 实用程序(U) 附加内容(O) 窗口(W)

1：项目号　U001

	项目号	情境1	情境2	情境3	情境4
1	U001	3	.	4	5
2	U002	3	4	.	.
3	U003	3	4	3	4
4	U004	3	5	4	3
5	U005	4	.	3	3

图 6-33　在 SPSS 中导入基于用户的情境上下文评分

点击菜单“分析”，选择“相关分析”，如图 6-34 所示。

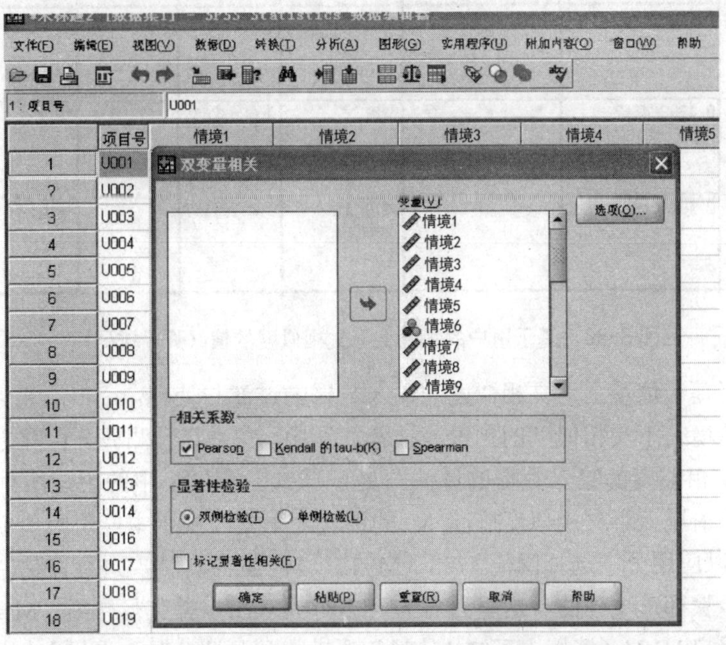

图 6-34　在 SPSS 中计算基于用户的情境上下文相似度

得到各情境上下文之间的相似度，如图 6-35 所示。

		情境1	情境2	情境3	情境4	情境5	情境6
情境1	Pearson 相关性	1	.401	.376	.395	.110	.173
	显著性（双侧）		.005	.004	.001	.392	.244
	N	69	47	57	63	63	47
情境2	Pearson 相关性	.401	1	.686	.611	.237	.397
	显著性（双侧）	.005		.000	.000	.064	.003
	N	47	66	58	62	62	54
情境3	Pearson 相关性	.376	.686	1	.730	.458	.434
	显著性（双侧）	.004	.000		.000	.000	.000
	N	57	58	79	75	73	62
情境4	Pearson 相关性	.395	.611	.730	1	.504	.463
	显著性（双侧）	.001	.000	.000		.000	.000
	N	63	62	75	100	93	72

图 6-35　基于用户的情境上下文相似度的值

将以上文档导出为 Excel 文档形式，并按照相似度的大小进行降序排列，如图 6-36 所示。

	A	B	C	D	E	F	G	H
1		情境1			情境2			情境3
2	情境1	1		情境2	1		情境3	1
3								
4								
5	情境13	0.516926734		情境18	0.70026267		情境4	0.73024234
6								
7								
8	情境11	0.430834517		情境3	0.68632637		情境2	0.68632637
9								
10								
11	情境2	0.401302955		情境11	0.63791157		情境19	0.59806465
12								
13								

图 6-36　基于用户的情境上下文相似度的值（降序排列）

（2）进行基于情境上下文相似度的输入数据的过滤与处理。

在基于情境上下文相似度的预过滤推荐算法中，在进行预测评分计算之前要进行基于情境上下文相似度的输入数据的过滤与处理。针对测试集中的用户所处的情境上下文，找到与该情境上下文相似度排前 M 的情境上下文。由于本应用中情境上下文总共有 24 个，所以应用分别选择阈值 M=8、M=12、M=16 三种情况进行评估。因为三种阈值下的应用步骤都是一样的，这里只对 M=12 时的应用步骤进行介绍。M=12 时，在计算测试集中用户 U104（情境上下文 1）对各项目的预测评分时，先找出与情境上下文 1 的相似度排名前 12 的情境上下文，分别为：情境上下文 1、情境上下文 13、情境上下

文 11、情境上下文 2、情境上下文 4、情境上下文 18、情境上下文 3、情境上下文 9、情境上下文 12、情境上下文 22、情境上下文 16、情境上下文 7。找到与情境上下文 1 相似度最高的以上 12 个情境上下文所在的评分数据段，然后除去情境上下文那一列，按照项目进行排序，如图 6-37 所示。

	A	B	C	D	E	F	G
1	项目号	U001	U002	U003	U004	U005	U006
2	项目1	0	3	0	0	0	0
3	项目1	0	0	0	0	0	0
4	项目1	0	0	0	0	0	0
5	项目1	0	0	0	0	0	0
6	项目1	0	0	0	0	0	0
7	项目1	0	0	0	0	0	0
8	项目1	0	0	0	0	0	0
9	项目1	0	0	0	0	0	0
10	项目1	0	0	0	0	0	0
11	项目1	0	0	0	0	0	0
12	项目1	0	0	0	0	0	0
13	项目1	0	0	0	0	0	0
14							
15							
16	项目10	0	0	0	0	0	0
17	项目10	0	0	0	0	0	0

图 6-37　与当前情境上下文最相似的情境上下文中的评分数据（M=12）

在多维评分数据中筛选出以上 12 个情境上下文的评分数据，由于在多个评分数据段中同一用户对同一项目可能有多个评分数据，所以要对这 12 个评分数据段进行整合处理，分别对同一用户在多个评分数据段中对各项目的评分求平均值，然后进行汇总，就可以得到最终的与当前情境上下文足够相似的评分数据段。处理方法与前面“计算基于用户的情境上下文评分数据”类似。首先，使用 IF 函数和 SUM 函数来计算以上筛选出的按项目进行排序的评分数据段中各用户对各项目的评分总数。IF 函数的功能是找到原始多维数据评分中评分数据不为 0 的数据，并用数值“1”表示。在进行评分数目统计时，再采用求和函数 SUM 对各用户对各项目的数值“1”进行求和，就可以得到各用户的评分总数，结果如图 6-38 所示。

	A	B	C	D	E	F	G
1	项目号	U001	U002	U003	U004	U005	U006
2	项目1	0	1	0	0	0	0
3	项目1	0	0	0	0	0	0
4	项目1	0	0	0	0	0	0
5	项目1	0	0	0	0	0	0
6	项目1	0	0	0	0	0	0
7	项目1	0	0	0	0	0	0
8	项目1	0	0	0	0	0	0
9	项目1	0	0	0	0	0	0
10	项目1	0	0	0	0	0	0
11	项目1	0	0	0	0	0	0
12	项目1	0	0	0	0	0	0
13	项目1	0	0	0	0	0	0
14	在与情境1最相似的数据段中各用户对项目1的评分总数	0	1	0	0	0	0

图 6-38　与当前情境上下文最相似的评分数据段中各用户对各项目的评分总数

然后采用求和函数 SUM 计算出各用户对各项目的评分总和，然后除以上面一步得到的相应的评分总数，就可以得到各用户对各项目的评分平均值，如图 6-39 所示。

	A	B	C	D	E	F	G
1	项目号	U001	U002	U003	U004	U005	U006
2	项目1	0	3	0	0	0	0
3	项目1	0	0	0	0	0	0
4	项目1	0	0	0	0	0	0
5	项目1	0	0	0	0	0	0
6	项目1	0	0	0	0	0	0
7	项目1	0	0	0	0	0	0
8	项目1	0	0	0	0	0	0
9	项目1	0	0	0	0	0	0
10	项目1	0	0	0	0	0	0
11	项目1	0	0	0	0	0	0
12	项目1	0	0	0	0	0	0
13	项目1	0	0	0	0	0	0
14		0	1	0	0	0	0
15	在与情境1最相似的数据段中各用户对项目1的评分平均值	#DIV/0!	3	#DIV/0!	#DIV/0!	#DIV/0!	#DIV/0!

图 6-39　与当前情境上下文最相似的评分数据段中各用户对各项目的评分平均值

然后汇总各用户对各项目评分的平均值就得到与当前情境上下文最相似的最终的评分数据，如图 6-40 所示。

	A	B	C	D	E	F	G
1	项目号	U001	U002	U003	U004	U005	U006
2	项目1		3				
3	项目10						
4	项目11						
5	项目12	4					
6	项目13		3	3			

图 6-40　与当前情境上下文最相似的评分数据（以情境上下文 1 为例）

（3）计算测试集中的用户对各项目的预测评分。

在第（2）步中得到的与各情境上下文最相似的评分数据的基础上进行预测评分的计算。例如计算情境上下文 1 中用户 U104 对各项目的预测评分。首先，在与情境上下文 1 最相似的评分数据中寻找用户 U104 的最近邻。同样地，这里也是使用 SPSS 计算用户之间的相似度。首先，将“与情境上下文 1 最相似的评分数据”导入 SPSS，如图 6-41 所示。

*未标题2 [数据集1] - SPSS Statistics 数据编辑器

文件(F)　编辑(E)　视图(V)　数据(D)　转换(T)　分析(A)　图形(G)　实用程序(U)　附加内容(O)　窗口(W)

1 : U005

	项目号	U001	U002	U003	U004
1	项目1	.	3	.	.
2	项目10	.	.	.	.
3	项目11	.	.	.	.
4	项目12	4	.	.	.
5	项目13	.	3	3	.

图 6-41　在 SPSS 中导入当前情境上下文最相似的评分数据（以情境上下文 1 为例）

然后，点击菜单栏中的“分析-相关”，如图 6-42 所示。

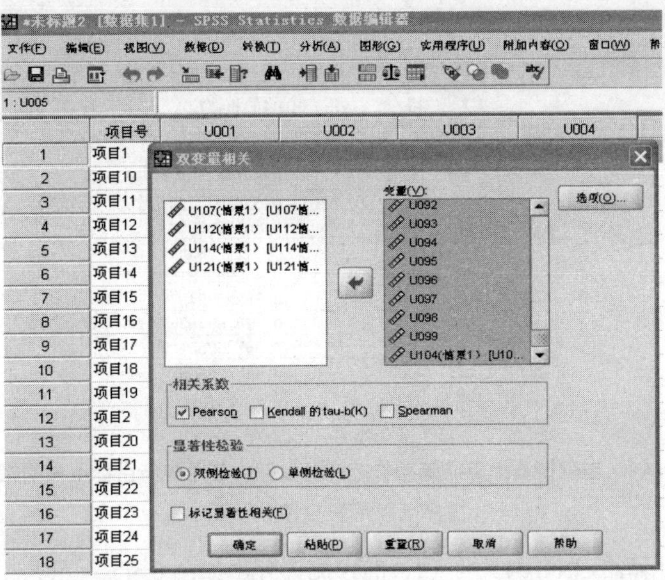

图 6-42　在当前情境上下文最相似的评分数据中计算各用户与目标用户的相似度（以用户 U104 为例）

得到各用户与用户 U104 的相似度的值，如图 6-43 所示。

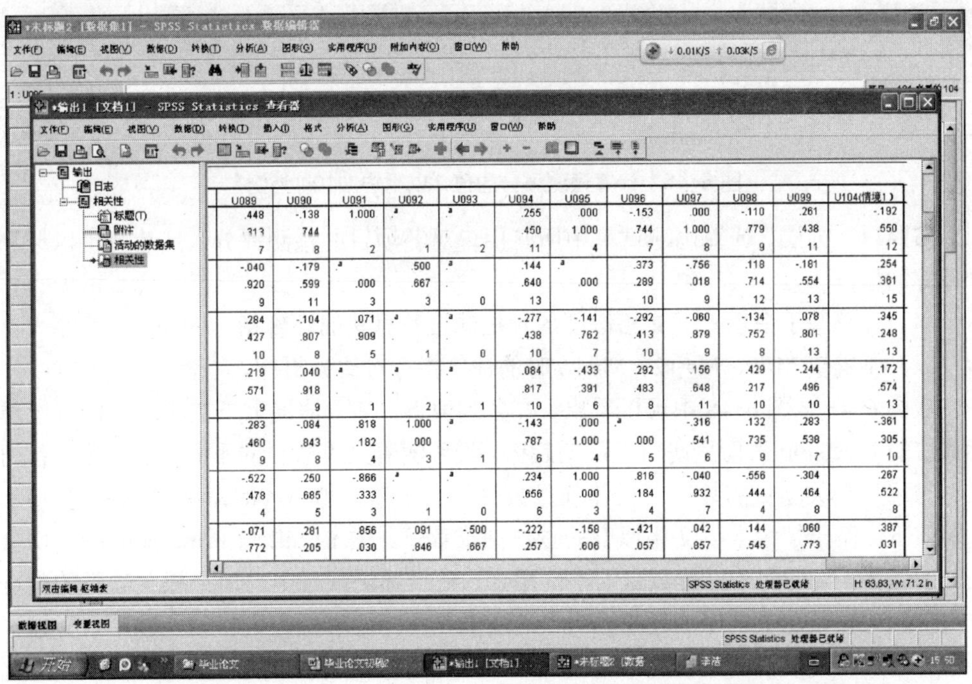

图 6-43　当前情境上下文最相似的评分数据中各用户与目标用户的相似度（以用户 U104 为例）

把以上相似度文档导出至 Excel 文档，按照与用户 U104 的相似度进行降序排列，如图 6-44 所示。

	A	B
1	用户	与用户U104的相似度
2	U104	1
3	U060	0.729996395
4	U079	0.527864798
5	U038	0.516397779
6	U045	0.505508906
7	U093	0.5
8	U090	0.402982781
9	U065	0.392567942
10	U086	0.390159162
11	U007	0.387262654
12	U003	0.345456829
13	U055	0.323017189

图 6-44　当前情境上下文最相似的评分数据中各用户与目标用户的相似度排序（以用户 U104 为例）

最后，再计算用户 U104 对各项目的预测评分，如图 6-45 所示。

CW2　=$CV$53+(0.213*($DG$5*(BH2-$BH$53)+$DG$8*(CA2-$CA$53)+$DG$11*(AL2-$AL$53)+$DG$14*(AS2-$AS$53)+$DG$17*(CO2-$CO$53)+$DG$20*(CL2-$CL$53)+$DG$23*(BM2-$BM$53)+$DG$26*(CH2-$CH$53)+$DG$29*(H2-$H$53)+$DG$32*(D2-$D$53)))

	U104(情境1)	P104(情境1)	U107(情境1)	P107(情境1)	U112(情境1)	P112(情境1)	U114(情境1)	P114(情境1)	U121(
2	5	2.845430562	0	0.906218521	0	1.207534874	0	1.393801891	
3	0	2.110222274	0	1.079148153	4	1.255549542	0	1.384264779	
4	0	2.335875445	0	0.964467629	4	1.65799001	0	1.214877651	
5	0	1.644033467	0	0.457027511	0	2.527616307	0	2.038495401	
6	0	2.892397644	0	1.15848643	0	1.880116079	0	2.282434404	
7	5	2.778707171	0	0.058200393	0	2.419862577	4	1.468431827	
8	4	2.75797001	0	0.851141532	3	2.979304791	5	3.341956509	

图 6-45　计算预测评分的值（以用户 U104 为例）

按照以上方法，计算出测试集中所有用户对各项目的预测评分，然后就可以计算评价指标的值。

（4）计算基于情境上下文相似度的预过滤推荐算法的评价指标的值。

以下是阈值 M=8、M=12、M=16 时的评价指标对比分析图。

从图 6-46 至图 6-48 中可以看出，在各阈值下，基于情境上下文相似度的预过滤推荐算法的 Precision 值均呈现出下降的趋势，说明随着推荐数目的不断增加，在推荐的项目中与用户相关项目的数目占推荐项目数目的比例越来越小（即命中率越来越小）。在各阈值下，基于情境上下文相似度的预过滤推荐算法的 Recall 与 F-measure 的值均呈现上升的趋势，说明随着推荐数目的不断增加，在推荐的项目中与用户相关项目的数目占与用户相关项目总数的比例越来越大。这主要是因为随着推荐数目的不断增加，推荐项目中与用户相关项目的数目是不断增加的，而与用户相关项目的总数是不变的，因此召回率会不断增大，因而导致 F-measure 的值也不断增大。

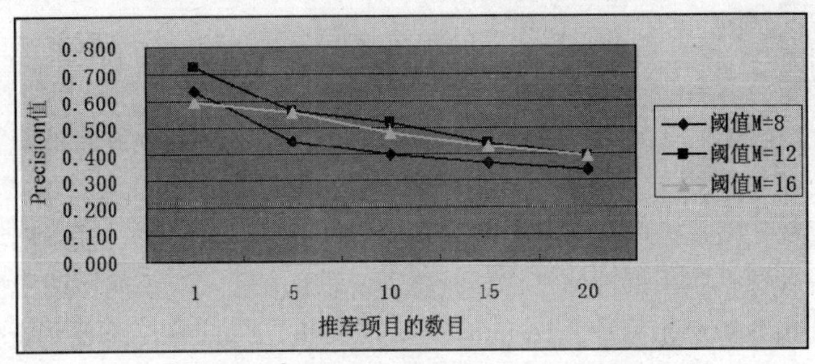

图 6-46　各阈值下基于情境上下文相似度的预过滤推荐算法的 Precision 值

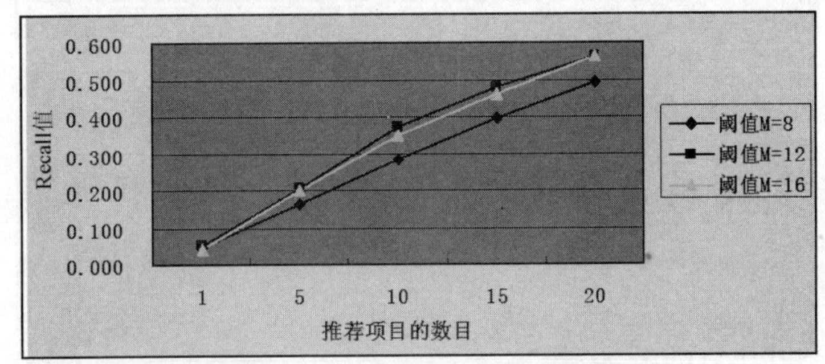

图 6-47　各阈值下基于情境上下文相似度的预过滤推荐算法的 Recall 值

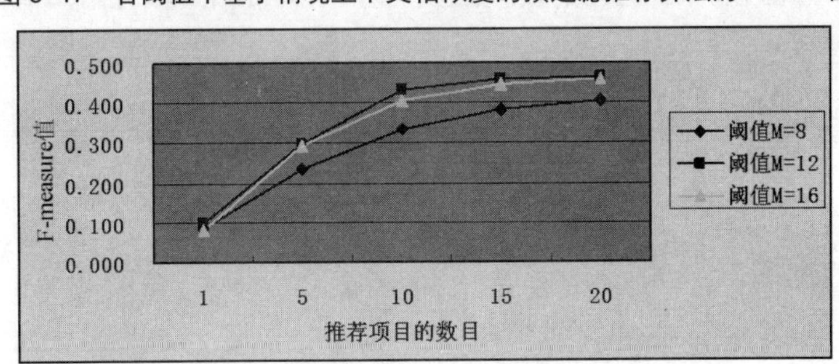

图 6-48　各阈值下基于情境上下文相似度的预过滤推荐算法的 F-measure 值

同时，从上面的图中也可以看到，在三个阈值中，在阈值 M=12 下，基于情境上下文相似度的预过滤推荐算法的各评价指标的值高于另两个阈值下的评价指标的值。这可能是因为在选择与当前情境上下文“足够”相似的评分数据段时，阈值的确定是非常重要的。如果阈值过小，如本应用中的“M=8”，则有可能舍去掉了一些与当前情境上下文比较相似的评分数据段。如果阈值过大，如本应用中的“M=16”，则可能又包含了一些与当前情境上下文并不是很相似的评分数据段。所以，最终本应用选择了阈值 M=12 作为与传统推荐算法进行对比分析的阈值。

3. 基于情境上下文相似度的预过滤推荐算法与传统推荐算法的对比分析

正如上面所分析的，基于情境上下文相似度的预过滤推荐算法中的阈值本应用选定

M=12，以下是基于情境上下文相似度的预过滤推荐算法与传统推荐算法的各评价指标的对比图。

从图 6-49 至图 6-51 可以看出，基于情境上下文相似度的预过滤推荐算法各指标的发展趋势和传统推荐算法的发展趋势大体一致，即随着推荐用户数目的增加，Precision 呈现下降的趋势，Recall 以及 F-measure 呈现上升的趋势。只不过基于情境上下文相似度的预过滤推荐算法各指标的值都比传统推荐算法的值要高，说明了基于情境上下文相似度的预过滤推荐算法无论是 Precision，还是 Recall、F-measure 都要优于传统算法，应用实践验证了基于情境上下文相似度的预过滤推荐算法的优越性与有效性。

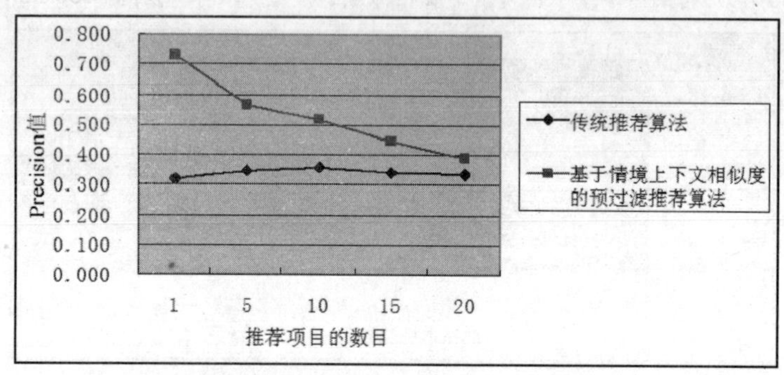

图 6-49　基于情境上下文相似度的预过滤推荐算法与传统推荐算法 Precision 对比

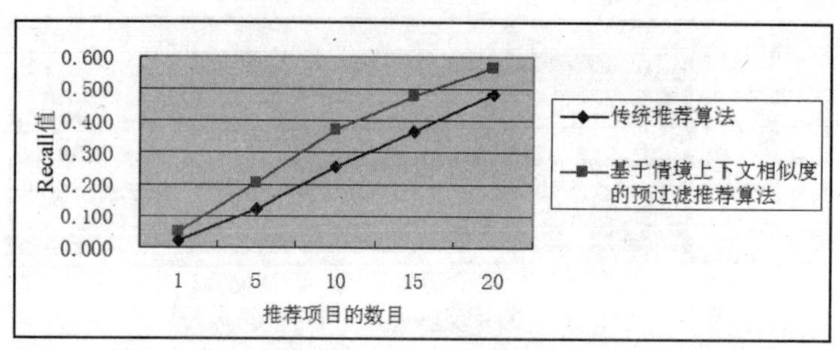

图 6-50　基于情境上下文相似度的预过滤推荐算法与传统推荐算法 Recall 对比

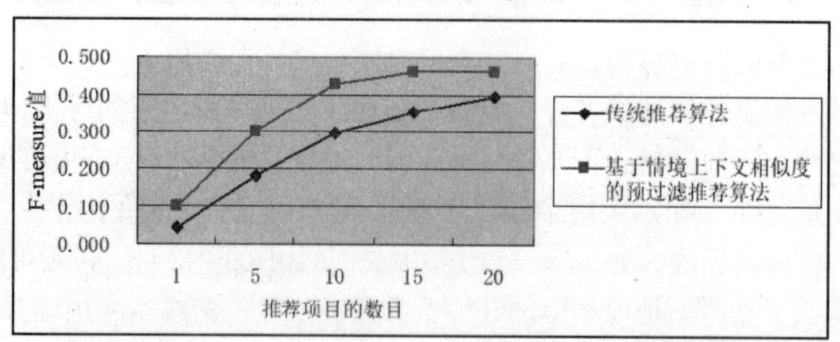

图 6-51　基于情境上下文相似度的预过滤推荐算法与传统推荐算法 F-measure 对比

另外，从图 6-50 至图 6-51 中可以看到，随着推荐项目数目的增加，基于情境上下文相似度的预过滤推荐算法的 Recall 及 F-measure 与传统推荐算法的 Recall 及 F-measure

的差距越来越大，说明随着推荐项目数目的增加，就越来越体现基于情境上下文相似度的预过滤推荐算法相比传统算法的优越性。这主要是由于传统推荐算法在开展推荐时，并没有考虑情境上下文因素对用户行为的影响，因而推荐效果不是很好。而基于情境上下文相似度的预过滤推荐算法从一开始就考虑到情境上下文因素对用户行为的影响，计算出情境上下文之间的相似度，在寻找目标用户的最近邻时是从与目标用户所处情境上下文比较相似的评分数据段中寻找，因而大大提高了算法的优越性。特别是当推荐项目的数目越大时，基于情境上下文相似度的预过滤推荐算法的优越性就越明显。

6.1.3.4　后过滤推荐方法的应用与评价

与预过滤推荐算法不同，后过滤推荐算法首先并不对评分数据进行过滤（或者处理），而是在忽略情境上下文的评分数据上采用传统二维推荐算法，得到测试集用户对各项目的初始预测评分，然后再对这些初始预测评分进行调整。基于模型的后过滤推荐算法的调整主要是通过观察在测试集目标用户当前情境上下文中，目标用户的最近邻用户对各项目的偏好程度（即与各项目的相关程度），从而得到测试集目标用户当前情境上下文中的偏好模型（概率集合）。最后根据偏好模型，在初始预测评分的基础上进行调整，得到最终的预测评分。

1. 采用传统推荐算法，在忽略情境上下文的评分数据上计算得到测试集用户对各项目的初始预测评分

此流程与传统推荐算法的应用流程一致，此处就不赘述了，只是把测试集用户对各项目的初始预测评分进行展示，如图 6-52 所示。

DE2　=$DD$53+(0.349*($EY$5*(B2-$B$53)+$EY$8*(CB2-$CB$53)+$EY$11*(CO2-$CO$53)+$EY$14*(BZ2-$BZ$53)+$EY$17*(CQ2-$CQ$53)+$EY$20*(BO2-$BO$53)+$EY$23*(BR2-$BR$53)+$EY$26*(AH2-$AH$53)+$EY$29*(C2-$C$53)+$EY$32*(CN2-$CN$53)))

	DD	DE	D													
1	U104	P104	U105	P105	U106	P106	U107	P107	U108	P108	U109	P109	U110	P110	U111	P111	U112
2	5	4	4	3	4	3	5	5	3	4	4	3	1	1	3	3	5
3	5	5	3	2	4	3	5	4	3	4	4	3	1	1	3	2	3
4	5	4	3	2	3	2	5	4	3	4	3	3	1	1	3	2	4
5	4	3	3	2	4	3	3	3	3	3	3	2	5	1	3	3	3

图 6-52　基于传统二维推荐算法的预测评分

2. 分析多维评分数据，找到测试集目标用户在当前情境上下文中的最近邻用户

从本书前面论述可以知道，基于模型的后过滤推荐算法中，是通过分析目标用户的最近邻在当前情境上下文中的评分数据而得到目标用户的预测模型的。基于模型的后过滤推荐算法中，目标用户的最近邻用户并不是在传统的忽略情境上下文的评分数据中进行寻找。对第 1 步中得到的初始预测评分进行调整的原因在于传统的推荐技术在寻找目标用户的最近邻时，没有考虑情境上下文信息。然而，在不同的情境上下文中，用户可能对同一项目的评分不同。所以，对于同一个用户，在不同的情境上下文中，他的最近邻可能不同。因此，情境上下文对用户的行为会有较大的影响，在寻找目标用户的最近

邻时需要考虑当前情境上下文。

预过滤推荐算法中的多种方法都可以用来寻找测试集目标用户在当前情境上下文中的最近邻用户，本应用采用了基于情境上下文相似度的预过滤推荐算法来寻找。寻找的流程见基于情境上下文相似度的预过滤推荐算法的应用流程中的 1～3 步，这里就不赘述了，只是以用户 U104 为例，展示其在当前情境上下文中的前 10 个最近邻用户以及最近邻与目标用户的相似度的值（按大小降序排列），如图 6-53 所示。

	A	B
1	用户	与用户U104的相似度
2	U104	1
3	U060	0.729996395
4	U079	0.527864798
5	U038	0.516397779
6	U045	0.505508906
7	U093	0.5
8	U090	0.402982781
9	U065	0.392567942
10	U086	0.390159162
11	U007	0.387262654

图 6-53　当前情境上下文中目标用户的最近邻用户（以用户 U104 为例）

3. 分析最近邻的评分数据，得到测试集目标用户的预测模型

找到测试集目标用户在当前情境上下文中的最近邻用户之后，分析这些最近邻的评分数据。这一步骤主要是分析目标用户的最近邻在当前情境上下文中偏好各项目的概率。本应用是采用 5 分制收集用户的评分数据，可以认为 4～5 分表示用户比较喜欢项目，偏好该项目的可能性比较大。在分析目标用户的最近邻是否偏好某项目（如是否属于 4～5 分）的过程中，也需要对推荐系统的多维评分数据进行过滤。过滤的方法同样是采用基于情境上下文相似度的过滤方法，找出与当前情境上下文最相似（情境上下文相似度的值排名前 M，如前面分析的，M=12 时最优）的情境上下文评分数据段，然后对最近邻在这些评分数据段中对各项目的评分求平均值，得到最近邻对各项目的评分。该流程直接使用了基于情境上下文相似度的预过滤推荐算法的应用流程中的 1～2 步的结果。以用户 U104 为例，得到与当前情境上下文最相似的最终的评分数据如图 6-54 所示。

	A	B	C	D	E	F	G
1	项目号	U001	U002	U003	U004	U005	U006
2	项目1		3				
3	项目2	4				2	
4	项目3			4			5
5	项目4		3			3	
6	项目5			4	3	4	5

图 6-54　与当前情境上下文最相似的评分数据（以情境上下文 1 为例）

在以上与当前情境上下文最相似的评分数据中找出与用户 U104 最相似的 N 个用户的评分数据。通过前面的应用，发现 N=10 是最理想的，如图 6-55 所示。

然后采用 IF 函数对最近邻的评分数据进行处理，此处，IF 函数的功能是判断用户是否喜欢某项目，如果评分比 3 大，则认为用户是喜欢该项目的，用数值“1”表示。如图 6-56 所示。

	A	B	C	D	E	F	G	H	I	J	K
1	项目号	U060	U079	U038	U045	U093	U090	U065	U086	U007	U003
2	项目1			4			4	5	5	4	
3	项目2		5	3		4	5		4	4	
4	项目3		3		3		5	1		3	4
5	项目4				2		5		3		
6	项目5						5		4		4
7	项目6	4		4	5			4	5	5	5

图 6-55　当前情境上下文中目标用户的最近邻评分数据（以用户 U104 为例）

	A	B	C	D	E	F	G	H	I	J	K
1	项目号	U060	U079	U038	U045	U093	U090	U065	U086	U007	U003
2	项目1	0	0	1	0	0	1	1	1	1	0
3	项目2	0	1	0	0	1	1	0	1	1	0
4	项目3	0	0	0	0	0	1	0	0	0	1
5	项目4	0	0	0	0	0	1	0	0	0	0
6	项目5	0	0	0	0	0	1	0	1	0	1
7	项目6	1	0	1	1	0	0	1	1	1	1
8	项目7	1	0	1	0	0	1	0	0	1	0

图 6-56　当前情境上下文中目标用户最近邻对各项目偏好情况（以用户 U104 为例）

统计出目标用户的最近邻对各项目的评分大于 3 的数目，用此数目除以最近邻总数就可以得到目标用户选择各项目的概率 $p(\text{用户},\text{情境上下文},\text{项目})$，这些概率的集合就是目标用户的预测模型，以测试集中的用户 U104 为例，用户 U104 偏好各项目的概率如图 6-57 所示。

```
L2    fx =SUM(B2:K2)/10
```

	A	B	C	D	E	F	G	H	I	J	K	L
1	项目号	U060	U079	U038	U045	U093	U090	U065	U086	U007	U003	p(104, 情境1, I)
2	项目1	0	0	1	0	0	1	1	1	1	0	0.5
3	项目2	0	1	0	0	1	1	0	1	1	0	0.5
4	项目3	0	0	0	0	0	1	0	0	0	1	0.2
5	项目4	0	0	0	0	0	1	0	0	0	0	0.1
6	项目5	0	0	0	0	0	1	0	1	0	1	0.3
7	项目6	1	0	1	1	0	0	1	1	1	1	0.7
8	项目7	1	0	1	0	0	1	0	0	1	0	0.4

图 6-57　当前情境上下文中目标用户偏好各项目的概率（以用户 U104 为例）

4. 基于测试集目标用户的预测模型进行预测评分调整

得到测试集中各用户的预测模型之后，就可以对第 1 步中采用传统二维推荐算法计算出的预测评分进行调整。本应用采用两个步骤对传统预测评分进行调整，第一步是过滤，第二步是评分校正。在这两步中都需要设定调整的阈值 p *。过滤是指把目标用户选择概率小于 p *的项目删除，在本应用中这一步是通过把目标用户对这些项目的评分修改为“0”来实现的。评分校正是指把经过过滤留下的项目进行评分修改。修改后的评分等于传统预测评分乘以 $p(\text{用户},\text{情境上下文},\text{项目})$。以上两步是通过 IF 函数来实现

的，该函数的功能是首先判断用户偏好项目的概率 $p\left(用户,情境上下文,项目\right)$ 是否大于等于阈值，如果大于等于阈值则该用户对该项目的预测评分等于传统预测评分乘以 $p\left(用户,情境上下文,项目\right)$，否则等于 0。这里分别选择了阈值 $p^*=0.1$，$p^*=0.2$，$p^*=0.3$，$p^*=0.4$，$p^*=0.5$，$p^*=0.6$，$p^*=0.7$，$p^*=0.8$，$p^*=0.9$ 进行了评分计算，如图 6-58 所示。

N2 =IF(L2>=0.1,L2*M2,0)

	L	M	N	O	P	Q	R	S
1	p(104,情境1，I)	P104(情境1-传统算法)	P104（情境1-情境输入化算法-p*为0.1）	P104（情境1-情境输入化算法-p*为0.2）	P104（情境1-情境输入化算法-p*为0.3）	P104（情境1-情境输入化算法-p*为0.4）	P104（情境1-情境输入化算法-p*为0.5）	P104（情境1-情境输入化算法-p*为0.6）
2	0.5	4.205677464	2.102838732	2.102838732	2.102838732	2.102838732	2.102838732	0
3	0.5	4.56064574	2.28032287	2.28032287	2.28032287	2.28032287	2.28032287	0
4	0.2	4.058325438	0.811665088	0.811665088	0	0	0	0
5	0.1	3.216911546	0.321691155	0	0	0	0	0
6	0.3	3.882685611	1.164805683	1.164805683	1.164805683	0	0	3.559220676
7	0.7	5.084600965	3.559220676	3.559220676	3.559220676	3.559220676	3.559220676	0

图 6-58　各阈值下目标用户对各项目的预测评分（以用户 U104 为例）

5. 计算基于模型的后过滤推荐算法的评价指标的值

当 $p^*=0.8$，测试集目标用户所有最近邻中选择各项目的概率大于等于 p^* 的评分数目只有 5 个，即当 $p^*=0.8$，采用基于模型的后过滤推荐算法算出来的测试集用户的预测评分总共只有 5 个，数目太少，无法计算各评价指标的值，因此舍弃 $p^*=0.8$。当 $p^*=0.9$ 时，测试集目标用户所有最近邻中选择各项目的概率都是小于 p^*，按照算法，测试集目标用户对项目的预测评分全部为 0，也无法计算各评价指标的值，因此也舍弃 $p^*=0.9$。以下是采用不同阈值 p^* 时，基于模型的后过滤推荐算法的评价指标的值。

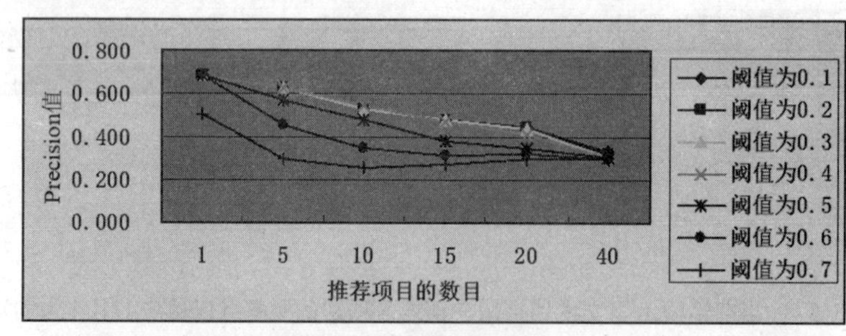

图 6-59　各阈值下基于模型的后过滤推荐算法的 Precision 值对比

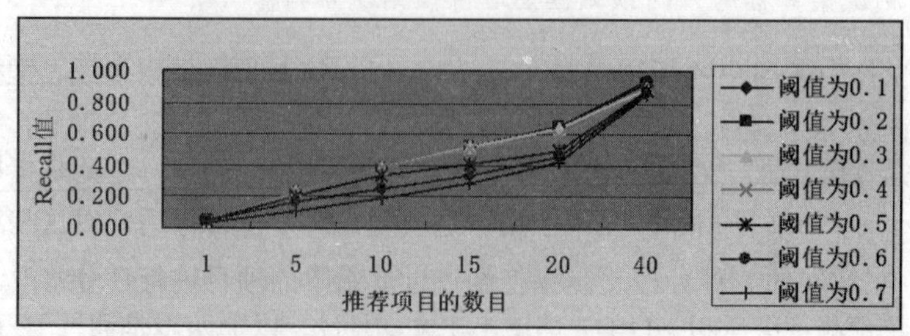

图 6-60　各阈值下基于模型的后过滤推荐算法的 Recall 值对比

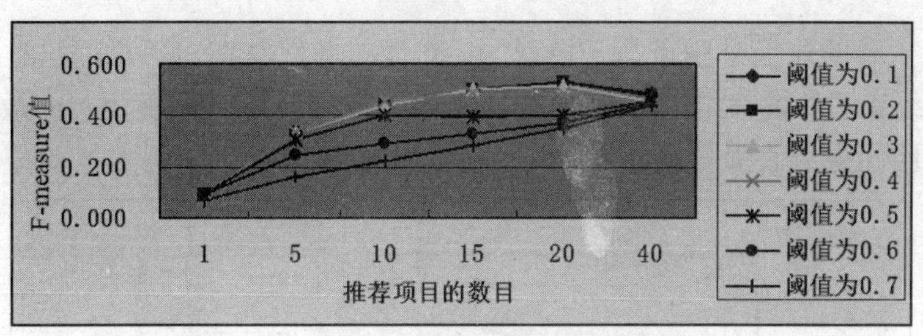

图 6-61 各阈值下基于模型的后过滤推荐算法的 F-measure 值对比

从图 6-59 至图 6-61 可以看出，当推荐项目的数目比较小时，如 n=1、n=5 时，阈值 p *=0.1、p *=0.2、p *=0.3、p *=0.4 时，基于模型的后过滤推荐算法的 Precision、Recall 以及 F-measure 的值是相等的。这主要是由于推荐数目 n 比较小时，采用后过滤推荐进行调整，第一步删除目标用户的最近邻用户偏好概率小于以上 4 个阈值之后剩下的项目数目都远远大于 n。在各阈值下，第一步过滤剩下的项目预测评分排名前 n 的项目都是一样的，然后再通过第二步“评分校正”，这些相同的排名前 n 的项目经过评分校正之后得到的预测评分在每个阈值情况下都是相同的，因此得到的 Precision、Recall 以及 F-measure 的值都是一样的。随着推荐项目数目 n 的不断增加，采用后过滤推荐算法进行调整，第一步删除目标用户的最近邻用户偏好概率小于以上各阈值之后剩下的项目数目可能在有的阈值情况下大于推荐项目数目，有的阈值情况下小于推荐项目数目，那么在各阈值下，第一步过滤剩下的项目预测评分排名前 n 的项目是不一样的，因此得到的各评价指标的值也不同。总体而言，当阈值 p *=0.1 时，后过滤推荐算法的 Precision、Recall 以及 F-measure 的值都优于其他的阈值时对应的 Precision、Recall 以及 F-measure。因此，本应用采取了 p *=0.1 作为最终的阈值。

6. 基于模型的后过滤推荐算法与传统推荐算法的对比分析

从以上可以知道，本应用采取了 p *=0.1 作为基于模型的后过滤推荐算法最终的阈值，图 6-62 至图 6-64 是后过滤推荐算法与传统推荐算法各评价指标的对比。

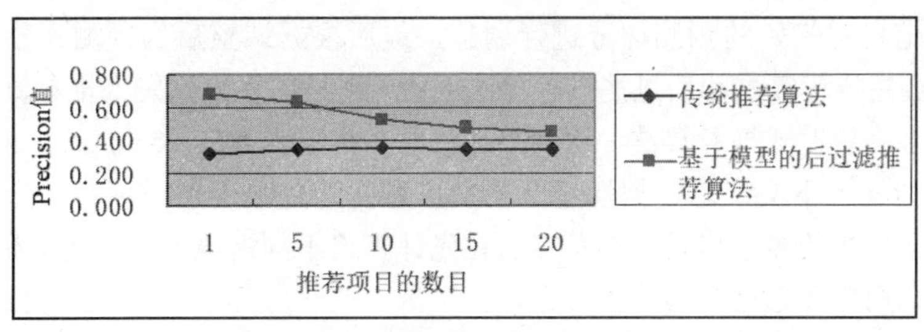

图 6-62 基于模型的后过滤推荐算法与传统推荐算法 Precision 的对比

从图 6-62 至图 6-64 可以看到，在推荐项目数目 n=1、n=5、n=10、n=15、n=20 时，无论是 Precision、Recall 还是 F-measure，基于模型的后过滤推荐算法都是远远优于传统算法的。这主要的原因是由于基于模型的后过滤推荐算法在对目标用户进行评分预测时，是在传统算法的推荐结果基础上，根据当前情境上下文中目标用户的最近邻数据进行了分析，因此得到的预测评分更加真实、更加准确。

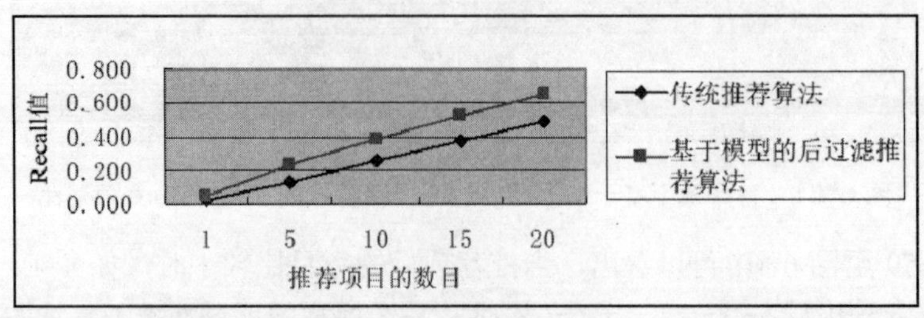

图 6-63　基于模型的后过滤推荐算法与传统推荐算法 Recall 的对比

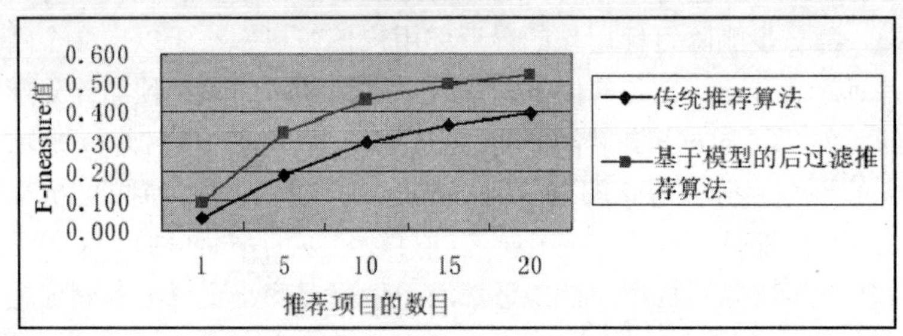

图 6-64　基于模型的后过滤推荐算法与传统推荐算法 F-measure 的对比

6.1.3.5　情境化函数建模推荐方法的应用与评价

1. 基于用户的多维启发式推荐算法的应用

预过滤推荐算法和后过滤推荐算法都要使用传统的二维推荐函数。预过滤推荐算法是先使用情境上下文信息对输入的评分数据进行过滤，选择满足当前情境上下文的评分数据段，然后再使用传统的二维推荐函数得到预测评分，从而给出推荐名单。后过滤推荐算法是先使用传统的二维推荐函数得到用户对项目的初始预测评分，然后再使用当前情境上下文信息对初始的预测评分进行调整，最后根据调整后的预测评分给出推荐名单。相比预过滤推荐算法和后过滤推荐算法，基于用户的多维启发式推荐算法与后面的基于项目的多维启发式推荐算法，这两个算法是在推荐函数（recommendation function）中直接使用情境上下文信息，把情境上下文信息作为预测用户对项目评分的直接变量（因素）。基于用户的多维启发式推荐算法首先计算出不同情境上下文之间相似度的值，然后找出目标用户在忽略情境上下文的评分数据上的最近邻，在最后的评分预测公式中整合考虑情境上下文相似度和用户相似度，通过一个多维的推荐函数来进行评分预测。以下是基于用户的多维启发式推荐算法的应用流程。

（1）处理多维评分数据，计算情境上下文相似度。

这一步与基于情境上下文相似度的预过滤推荐算法的第 1 步一致，这里就不作详细

阐述了，只是把最后得到的情境上下文相似度的文档截图，如图 6-65 所示。

（2）在忽略情境上下文的评分数据上计算其他用户与测试集目标用户的相似度，找出测试集目标用户的最近邻用户。

这一步与传统推荐算法的第 1 步一致，这里也不赘述了，只是以目标用户 U104 为例，展示忽略情境上下文的评分数据中用户 U104 的最近邻，如图 6-66 所示。

	A	B	C	D	E	F	G	H
1		情境 1			情境2			情境 3
2	情境 1	1		情境2	1		情境 3	1
3								
4								
5	情境 13	0.516926734		情境18	0.70026267		情境 4	0.73024234
6								
7								
8	情境 11	0.430834517		情境 3	0.68632637		情境 2	0.68632637
9								
10								
11	情境2	0.401302955		情境 11	0.63791157		情境 19	0.59806465
12								
13								

图 6-65　基于用户的情境上下文相似度的值——降序排列

	A	B	C	D	E	F	G	H
1		U104					k=	0.349
2	U104	1						
3				N=10			N=10	
4				用户	相似度		用户	相似度
5	U001	0.407302		U001	0.407302		U098	0.407302001
6				U095	0.2831692		U096	0.283169186
7				U093	0.3093324		U094	0.309332396
8	U080	0.3364523		U092	0.224059		U070	0.224059002
9				U080	0.3364523		U065	0.33645231
10				U078	0.3061771		U051	0.306177065
11	U093	0.3093324		U070	0.2656937		U049	0.265693714
12				U067	0.2673467		U030	0.267346693
13				U034	0.2321424		U025	0.232142419
14	U078	0.3061771		U002	0.2302831		U004	0.230283093
15					**0.059915**			**0.00126093**
16					**22**			**50**
17	U095	0.2831692			**0.044815**			**0.04001558**
18					**36**			**30**
19					**0.028822**			**0.00861965**
20	U067	0.2673467			**50**			**50**
21					**0.030582**			**0.07475441**
22					**50**			**26**
23	U070	0.2656937			**0.046299**			**0.0117571**
24					**50**			**50**
25					**0.072465**			**0.01309431**
26	U034	0.2321424			**46**			**50**
27					**0.062196**			**0.035659**
28					**50**			**50**
29	U002	0.2302831			**0.104755**			**0.06797125**
30					**50**			**50**
31					**0.268106**			**0.43086009**

图 6-66　忽略情境上下文的目标用户的最近邻用户（以用户 U104 为例）

（3）计算测试集目标用户在当前情境上下文中对各项目的预测评分。

本应用步骤 2 中根据用户之间相似度的值进行降序排名，找到了测试集目标用户的 top-N 个“最近邻”。基于用户的多维启发式推荐算法需要利用这些“最近邻”的多维评分数据，结合情境上下文相似度，预测出测试集目标用户在当前情境上下文中对各项目的评分值。

在计算测试集目标用户 a 在当前情境上下文中对某项目 i 的预测评分之前，需要在收集到的多维评分数据中分析各“最近邻”用户对项目 i 进行评分时所处的情境上下文 C_x。本应用利用数据库管理软件，通过结构化查询语言查找目标用户的“最近邻”用户对各项目评分时所处情境上下文。然后，以 C_x 与当前情境上下文 c 的相似度以及目标用户 a 的“最近邻”用户与 a 的相似度为权值，进行加权计算，得到最终的目标用户 a 在当前情境上下文 c 下对项目 i 的预测评分，计算公式如下：

$$P_{a,i,c} = k\sum_{u \in \hat{U}} sim(a,u) \times R_{u,i,C_x} \times sim(C_x,c) \tag{6-4}$$

其中，$\hat{U}$ 是与目标用户 a 最相似的 N 个“最近邻”的集合，$k = 1/\sum_{u \in \hat{C}} \left|sim(a,u)\right| \times \left|sim(C_x,c)\right|$，$C_x$ 是用户 u 对项目 i 评分时所处的情境上下文。

以目标用户 U104 为例，展示基于用户的多维启发式推荐算法对其计算出的预测评分，如图 6-67 所示。

M2 =O2*((C2*C4*C7)+(D2*D4*D7)+(E2*E4*E7)+(F2*F4*F7)+(G2*G4*G7)+(H2*H4*H7)+(I2*I4*I7)+(J2*J4*J7)+(K2*K4*K7)+(L2*L4*L7))

	A	B	C	D	E	F	G	H	I	J	K	L	M	N
1	项目号		U001	U080	U093	U078	U095	U067	U070	U034	U002	U092	P104(情境1)	
2	项目1	评分		3	3	5	4	4	4	4	3	4	3.823378215	k=
3		情境号		5	5	3	5	5	1	18	1	1		
4		用户相似度	0.407302001	0.33645231	0.309332396	0.306177065	0.283169186	0.267346693	0.265693714	0.232142419	0.230283093	0.224059002		
5														
6														
7		情境相似度	0	0.109762178	0.109762178	0.375694108	0.109762178	0.109762178	1	0.376922065	1	1		
8														
9														

图 6-67　基于用户的多维启发式推荐算法的预测评分（以用户 U104 为例）

（4）计算基于用户的多维启发式推荐算法的评价指标的值。

基于用户的多维启发式推荐算法的评价指标的值如图 6-68 所示。

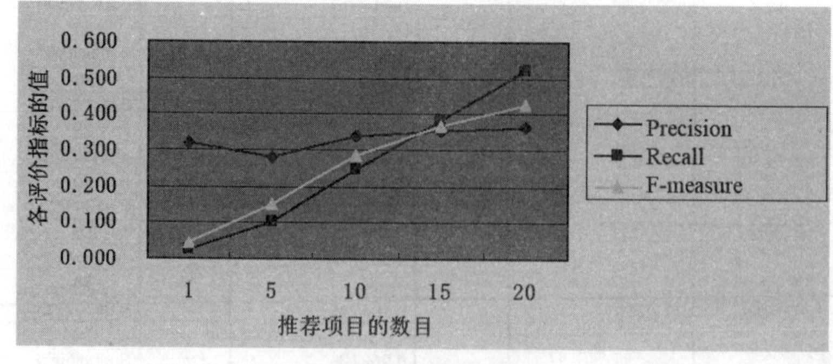

图 6-68　基于用户的多维启发式推荐算法各评价指标的值

从图 6-68 中可以看出，随着推荐项目数目的不断增加，基于用户的多维启发式推荐算法的 Precision、Recall 以及 F-measure 的值呈现出上升的趋势。

（5）基于用户的多维启发式推荐算法与传统推荐算法的对比分析。

以下是基于用户的多维启发式推荐算法与传统推荐算法各评价指标的对比分析（如图 6-69 至图 6-71 所示）。

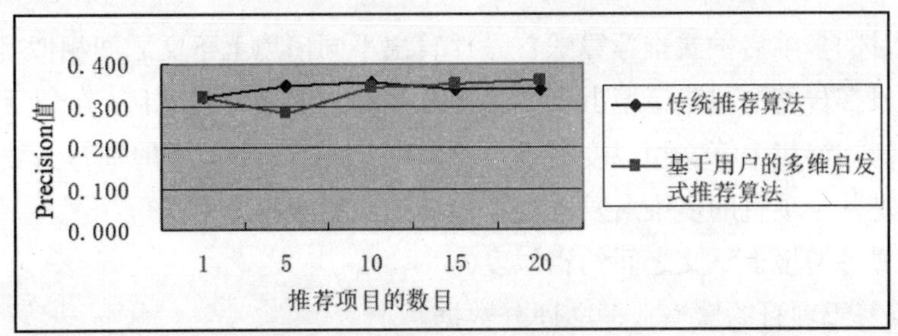

图 6-69　基于用户的多维启发式推荐算法与传统推荐算法的 Precision 值对比

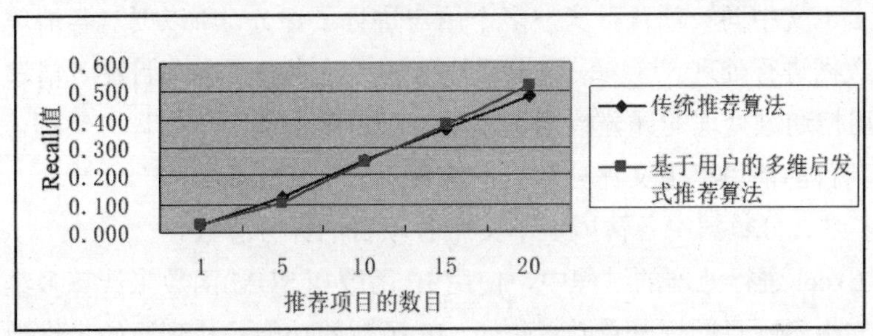

图 6-70　基于用户的多维启发式推荐算法与传统推荐算法的 Recall 值对比

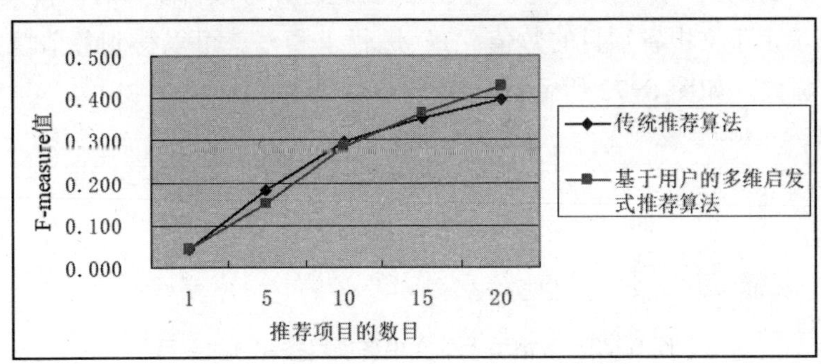

图 6-71　基于用户的多维启发式推荐算法与传统推荐算法的 F-measure 值对比

从图 6-69 至图 6-71 中可以看出，在推荐数目 n=1 时，基于用户的多维启发式推荐算法与传统推荐算法的各指标的值都是一样的；而在推荐数目 n=5 与 n=10 时，基于用户的多维启发式推荐算法各指标的值是略低于传统推荐算法各指标的值的。而在 n=15 与 n=20 时，基于用户的多维启发式推荐算法各指标的值是高于传统推荐算法各指标的值的。这说明，推荐项目的数目会影响基于用户的多维启发式推荐算法的推荐结果。同时也说明，在推荐数目比较小时，对于基于用户的多维启发式推荐算法而言，情境上下文对用户行为的影响比较小，可能更适合使用传统推荐算法；而推荐数目比较大时，情境上下文对用户行为的影响比较大，此时更适合使用基于用户的多维启发式推荐算法。

2. 基于项目的多维启发式推荐算法的应用

基于项目的多维启发式推荐算法首先计算出不同情境上下文之间相似度的值，然后找出当前项目在传统的忽略情境上下文的评分数据上的最近邻项目，在最后的评分预测公式中整合考虑情境上下文相似度和项目相似度，通过一个多维的推荐函数来进行评分预测。以下是基于项目的多维启发式推荐算法的应用流程。

（1）计算各情境上下文之间的相似度。

a）计算基于项目的情境上下文评分数据。

基于项目的情境上下文相似度算法是从项目的角度来观察各情境上下文评分的，因为在各情境上下文中同一项目可能被多个用户进行了评分，所以要对各情境上下文中各项目的评分数据进行处理。这里采用求平均值的方法来获得各项目在各情境上下文中的评分，本应用把通过处理的评分数据称作基于项目的情境上下文评分数据。以下是本应用计算基于项目的情境上下文评分数据的流程。

i 计算多维评分数据中各情境上下文中各项目的评分总数。

在采用 Excel 进行处理的过程中，使用 IF 函数和 SUM 函数来计算多维评分数据中各情境上下文中各项目的评分总数。此处，IF 函数的功能是找到原始多维数据评分中评分数据不为 0 的数据，并用数值“1”表示。在进行评分数目统计时，再采用求和函数 SUM 对各情境上下文中各项目的数值“1”进行求和，就可以得到各情境上下文中各项目的评分总数，如图 6-72 所示。

DT2 fx =SUM(C2:DS2)

	DF	DG	DH	DI	DJ	DK	DL	DM	DN	DO	DP	DQ	DR	DS	DT
1	U109	U110	U111	U112	U113	U114	U115	U116	U117	U118	U119	U120	U121	U122	各情境下各项目的被评分的次数
2	0	0	0	0	1	0	0	0	0	0	0	0	1	0	16
3	0	0	0	1	0	0	0	1	0	0	0	0	0	0	11
4	0	1	0	1	0	0	0	1	0	0	0	0	1	0	8
5	0	0	0	0	0	0	0	1	0	0	0	0	1	0	5
6	1	0	0	0	0	0	0	1	0	0	0	0	1	0	7
7	1	0	0	0	0	1	0	1	0	0	0	0	1	0	14
8	1	0	0	1	0	1	0	1	0	0	0	0	1	0	10

图 6-72　各情境上下文中各项目被评分的数目

ii 计算多维评分数据中各情境上下文中各项目的评分平均值。

对于各情境上下文中各项目的多维评分数据，先采用求和函数 SUM 计算出各情境上下文中各项目的评分总和，然后除以上面一步得到的相应的评分总数，就可以得到各情境上下文中各项目的评分平均值，如图 6-73 所示。

iii 通过汇总以上数据，最终得到基于项目的情境上下文评分数据，如图 6-74 所示。

b）计算基于项目的情境上下文相似度。

把第 a）步得到的基于项目的情境上下文评分导入 SPSS，如图 6-75 所示。

DU2　=SUM(C2:DS2)/DT2

	DL	DM	DN	DO	DP	DQ	DR	DS	DT	DU	DV	DW
1	U115	U116	U117	U118	U119	U120	U121	U122	各情境下各项目的被评分的次数	各情境下各项目的评分平均值	项目号	情境
2	0	0	0	0	0	0	1	0	16	2.9375	项目1	1
3	0	3	0	0	0	0	0	0	11	3.454545455	项目10	1
4	0	3	0	0	0	0	5	0	8	3	项目11	1
5	0	3	0	0	0	0	3	0	5	3	项目12	1
6	0	3	0	0	0	0	2	0	7	3	项目13	1
7	0	3	0	0	0	0	1	0	14	3.142857143	项目14	1
8	0	3	0	0	0	0	3	0	10	3.9	项目15	1

图 6-73　各情境上下文中各项目的评分平均值

	A	B	C	D	E	F	G
1	项目号	情境1	情境2	情境3	情境4	情境5	情境6
2	项目1	3	4	4	4	4	4
3	项目2	3	4	4	3	3	4
4	项目3	3	4	4	4	3	3
5	项目4	3	4	3	4	3	2
6	项目5	3	4	4	5	3	4
7	项目6	4	4	3	4	4	4
8	项目7	4	3	4	4	4	4
9	项目8	4	4	4	4	3	3

图 6-74　基于项目的情境上下文评分

*未标题2 [数据集1] - SPSS Statistics 数据编辑器

文件(F)　编辑(E)　视图(V)　数据(D)　转换(T)　分析(A)　图形(G)　实用程序(U)　附加内容(O)　窗口(W)　帮助

1：项目号　项目1

	项目号	情境1	情境2	情境3	情境4	情境5
1	项目1	3	4	4	4	4
2	项目2	3	4	4	3	3
3	项目3	3	4	4	4	3
4	项目4	3	4	3	4	3
5	项目5	3	4	4	5	3

图 6-75　将基于项目的情境上下文评分导入 SPSS

点击菜单“分析”，选择“相关分析”，如图 6-76 所示。

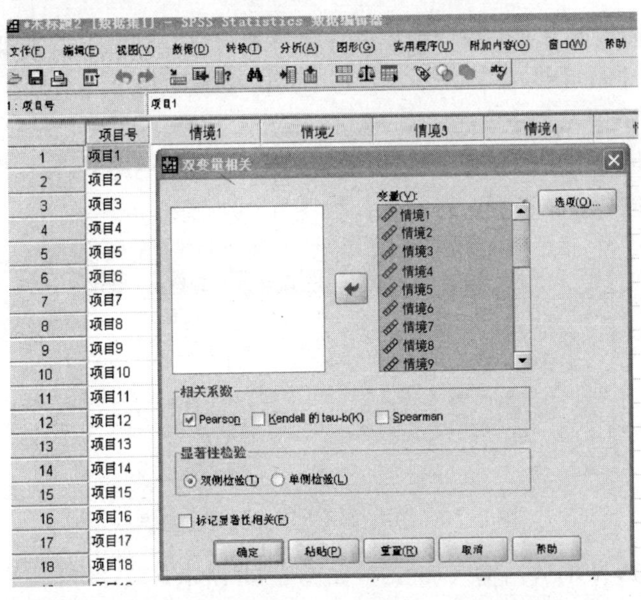

图 6-76　对各情境上下文进行相关相似度分析

得到各情境上下文之间的相似度，如图 6-77 所示。

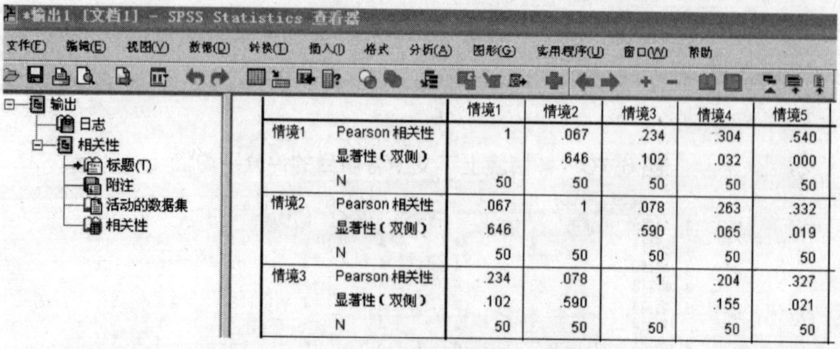

*输出1 [文档1] - SPSS Statistics 查看器

		情境1	情境2	情境3	情境4	情境5
情境1	Pearson 相关性	1	.067	.234	.304	.540
	显著性（双侧）		.646	.102	.032	.000
	N	50	50	50	50	50
情境2	Pearson 相关性	.067	1	.078	.263	.332
	显著性（双侧）	.646		.590	.065	.019
	N	50	50	50	50	50
情境3	Pearson 相关性	.234	.078	1	.204	.327
	显著性（双侧）	.102	.590		.155	.021
	N	50	50	50	50	50

图 6-77　基于项目的情境上下文相似度

将以上文档导出为 Excel 文档形式，并按照相似度的大小进行降序排列，如图 6-78 所示。

	A	B	C	D	E	F	G	H
1		情境1			情境2			情境3
2	情境1	1		情境1	0.066627907		情境1	0.234183744
3								
4								
5	情境2	0.066627907		情境2	1		情境2	0.078043207
6								
7								
8	情境3	0.234183744		情境3	0.078043207		情境3	1
9								
10								

图 6-78　基于项目的情境上下文相似度排序

（2）在忽略情境上下文的评分数据中计算其他项目与测试集当前项目的相似度，找出当前项目的 N 个最近邻。

a）在 SPSS 中输入评分数据。

传统忽略情境上下文的评分数据如图 6-3 所示，由于 SPSS 只能对纵列进行相关相似度的计算，所以要对该数据进行转置，如图 6-79 所示。

	A	B	C	D	E	F
1	项目号	项目1	项目2	项目3	项目4	项目5
2	U001		4			
3	U002	3	4		3	
4	U003			4		4
5	U004					3
6	U005		2		3	4
7	U006	4		5		5
8	U007	4	4	3	3	4

图 6-79　忽略情境上下文的评分数据

然后把图 6-79 中的数据输入 SPSS，如图 6-80 所示。

	项目号	项目1	项目2	项目3	项目4
1	U001	.	4	.	.
2	U002	3	4	.	3
3	U003	.	.	4	.
4	U004	.	.	.	.
5	U005	.	2	.	3

图 6-80　在 SPSS 中输入忽略情境上下文的评分数据

b）点击菜单“分析”，选择“相关分析”，如图 6-81 所示。

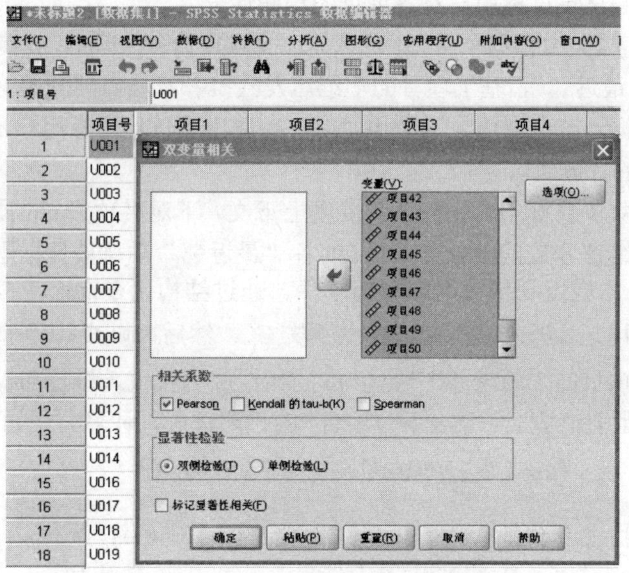

图 6-81　对各项目进行相似度分析

c）得到各项目之间的相似度，导出为 Excel 文档形式，并按照相似度的值进行降序排列，如图 6-82、图 6-83 所示。

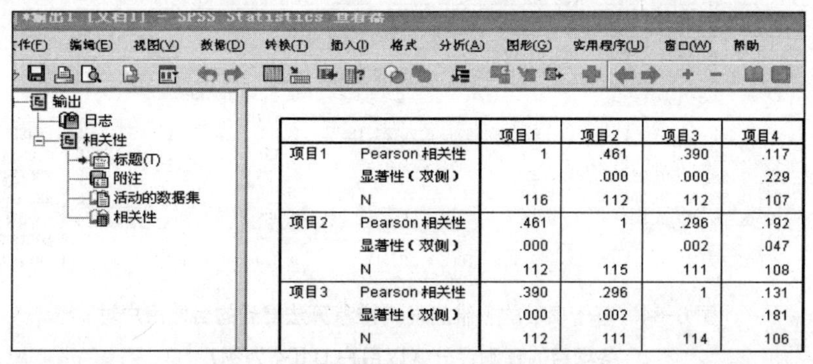

		项目1	项目2	项目3	项目4
项目1	Pearson 相关性	1	.461	.390	.117
	显著性（双侧）		.000	.000	.229
	N	116	112	112	107
项目2	Pearson 相关性	.461	1	.296	.192
	显著性（双侧）	.000		.002	.047
	N	112	115	111	108
项目3	Pearson 相关性	.390	.296	1	.131
	显著性（双侧）	.000	.002		.181
	N	112	111	114	106

图 6-82　各项目之间的相似度

	A	B	C	D	E	F
1		项目1		项目2		项目3
2	项目1	1.000	项目2	1.000	项目3	1.000
3						
4						
5	项目2	0.461	项目18	0.519	项目5	0.435
6						
7						
8	项目34	0.391	项目1	0.461	项目14	0.410
9						
10						
11	项目3	0.390	项目33	0.375	项目1	0.390
12						
13						

图 6-83　各项目之间的相似度排序

（3）计算出测试集目标用户对各项目的预测评分。

本应用步骤（2）中根据项目之间相似度的值进行降序排名，找到了测试集中各项目的 top-N 个“最近邻”。基于项目的多维启发式推荐算法需要利用这些“最近邻”项目的多维评分数据，结合情境上下文相似度，预测出测试集目标用户 a 在当前情境上下文中 c 对各项目的评分值。

在计算测试集中目标用户 a 在当前情境上下文 c 下对某项目 i 的预测评分之前，需要在收集到的多维评分数据中分析项目 i 的各“最近邻”项目被目标用户评分时所处的情境上下文 C_x。本应用利用数据库管理软件，通过结构化查询语言查找项目的“最近邻”项目被目标用户 a 评分时所处情境上下文 C_x。然后，以 C_x 与当前情境上下文 c 的相似度以及当前项目的“最近邻”项目与 i 的相似度为权值，进行加权计算，得到最终的目标用户 a 在当前情境上下文 c 下对项目 i 的预测评分，计算公式如下：

$$P_{a,i,c} = k\sum_{j\in\hat{I}} sim(i,j)\times R_{a,j,C_x}\times sim(C_x,c) \tag{6-5}$$

其中，$\hat{I}$ 是与项目 i 最相似的 N 个“最近邻”项目的集合，$k = 1/\sum_{j\in\hat{I}}\left|sim(i,j)\right|\times sim(C_x,c)$，$C_x$ 是目标用户 a 对项目 j 评分时所处的情境上下文。

以目标用户 U104 为例，展示基于项目的多维启发式推荐算法对其计算出的预测评分，如图 6-84 所示。

AJ2　=AI2*((AF2*AG2*AH2)+(AF3*AG3*AH3)+(AF4*AG4*AH4)+(AF5*AG5*AH5)+(AF6*AG6*AH6))

	A	B	C	D	E	F	G	H	I	J	K
1	项目号	最近邻项目相似度	与当前情境的相似度	u104	k=	P104(情境1)	最近邻项目相似度	与当前情境的相似度	u107	k=	P107(情境1)
2	项目1	0.461	1	5	0.85489083	4.90774018	0.461	1	5	0.85489083	4.90774018
3		0.391	1	5			0.391	1	5	1.41095465	4.84772977
4		0.39	0.234	5			0.39	0.234	5	2.83677481	4.69385526
5		0.39	0.304	5			0.39	0.304	5	3.42301636	4.63058807
6		0.355	0.304	4			0.355	0.304	4	5.03258599	4.20399587
7										8.10018306	4.06371604
8	项目2	0.519	1	5	0.7961606	4.93311773	0.519	0.067	5	4.39124211	4.03454151

图 6-84　基于项目的多维启发式推荐算法得到的目标用户对各项目的预测评分（以用户 U104 为例）

（4）计算基于项目的多维启发式推荐算法的评价指标的值。

基于项目的多维启发式推荐算法的评价指标的值，如图 6-85 所示。

从图 6-85 中可以看到，随着推荐项目的数目不断增大，基于项目的多维启发式推荐算法的 Precision 呈下降趋势，而 Recall 与 F-measure 的值呈上升趋势。

（5）基于项目的多维启发式推荐算法与传统推荐算法的对比分析。

图 6-86 至图 6-88 是基于项目的多维启发式推荐算法与传统推荐算法各评价指标的对比分析图。

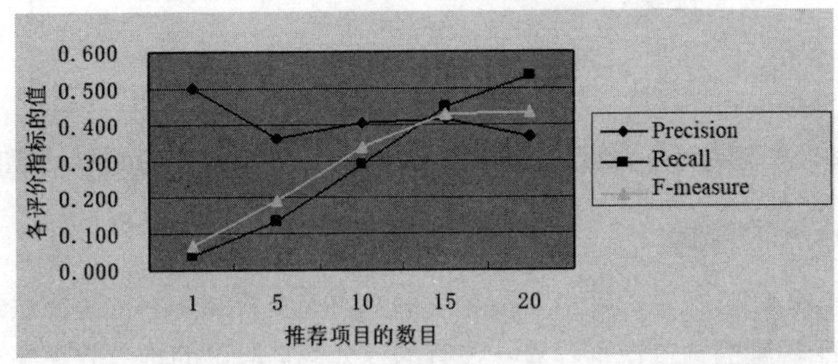

图 6-85　基于项目的多维启发式推荐算法各评价指标的值

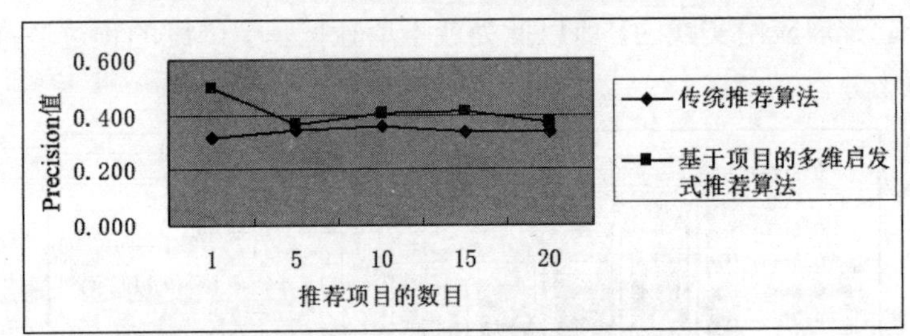

图 6-86　基于项目的多维启发式推荐算法与传统推荐算法的 Precision 值对比

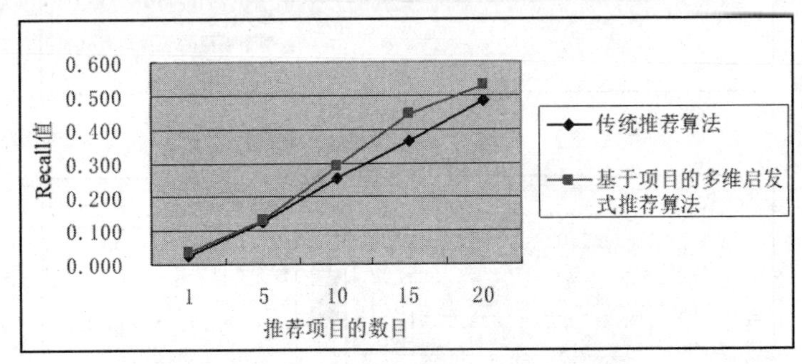

图 6-87　基于项目的多维启发式推荐算法与传统推荐算法的 Recall 值对比

从图 6-86 至图 6-88 中可以看出，基于项目的多维启发式推荐算法无论是在 Precision、Recall 还是 F-measure 上都是优于传统推荐算法的。总的而言，在推荐项目数目比较小时，如 n=1、n=5 时，基于项目的多维启发式推荐算法各评价指标的值略高于

传统算法，而推荐项目数目比较大时，如 n=10、n=15、n=20，基于项目的多维启发式推荐算法各评价指标的值远高于传统算法。这说明在推荐项目数目比较大时，基于项目的多维启发式推荐算法相比传统推荐算法的优越性更加明显。

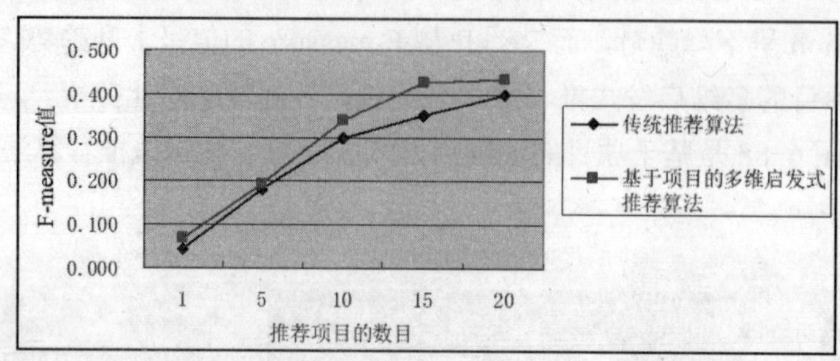

图 6-88　基于项目的多维启发式推荐算法与传统推荐算法的 F-measure 值对比

6.1.3.6　应用效果对比

图 6-89 至图 6-91 把本书提出（或者改进）的 6 个新算法与传统算法进行了对比。其中，由于基于降维的预过滤推荐算法在有的评分数据段里的推荐效果高于传统算法，在有的评分数据段中低于传统算法，所以这里是把基于降维的预过滤推荐算法融入混合推荐算法中一起开展应用实践的，所以此处就不单独把基于降维的预过滤推荐算法与传统算法进行对比分析。

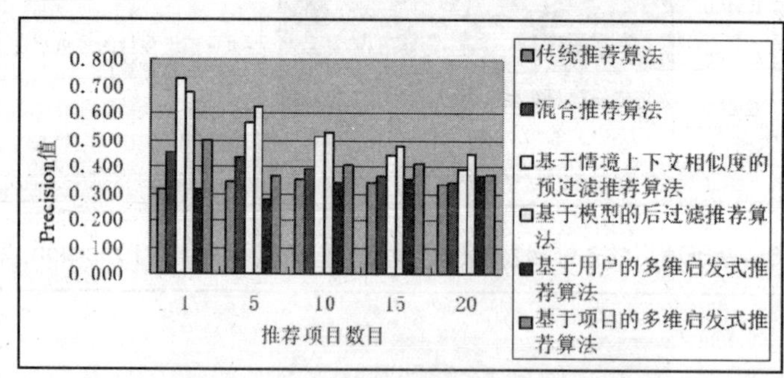

图 6-89　各推荐算法的 Precision 值对比

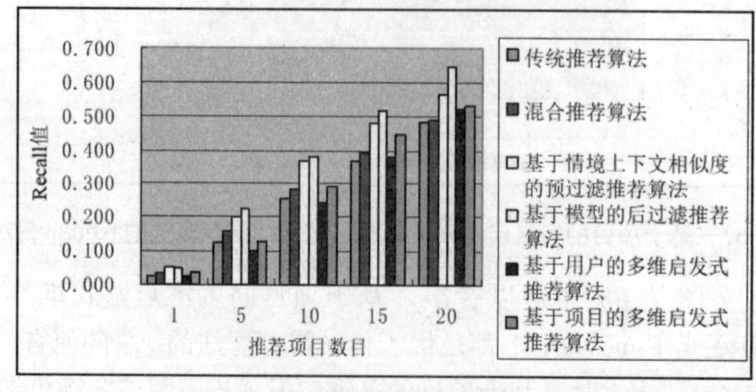

图 6-90　各推荐算法的 Recall 值对比

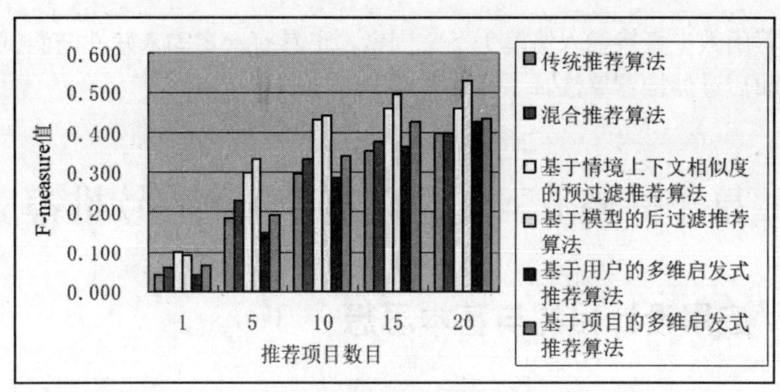

图 6-91　各推荐算法的 F-measure 值对比

从图 6-89 至图 6-91 中可以看出：

（1）本书提出的 6 个新算法中，有 4 个算法是优于传统推荐算法的，这 4 个算法分别是基于降维的预过滤推荐算法与传统推荐算法的混合推荐算法、基于情境上下文相似度的预过滤推荐算法、基于模型的后过滤推荐算法、基于项目的多维启发式推荐算法。另外一个算法——基于用户的多维启发式推荐算法部分优于传统算法。当推荐数目较小，如 n=5、n=10 时，基于用户的多维启发式推荐算法的评价指标略低于传统推荐算法；而当推荐数目较大时，如 n=15、n=20 时，基于用户的多维启发式推荐算法的评价指标是高于传统推荐算法的。另外，传统推荐算法的时间复杂度为 O（n^2），而本书研制的 6 个多维推荐算法的时间复杂度也为 O（n^2），与传统推荐算法属于同一个数量级，并没有因为增加情境上下文维度而过多地影响算法的时间性能。

（2）在本书提出的优于传统推荐算法的 4 个推荐算法中，推荐效果最好的是基于模型的后过滤推荐算法，其次是基于情境上下文相似度的预过滤推荐算法。而对于基于项目的多维启发式推荐算法与混合推荐算法而言，又分为两种情况。当推荐项目数目 n=1、n=15、n=10、n=20 时，基于项目的多维启发式推荐算法的推荐效果优于混合推荐算法，当推荐数目 n=5 时基于项目的多维启发式推荐算法的推荐效果略差于混合推荐算法。所以，总的来说，可以认为基于项目的多维启发式算法的推荐效果优于混合推荐算法。

（3）从应用中可以看出，在本书提出的预过滤推荐算法（基于降维的预过滤推荐算法、基于降维的预过滤推荐算法与传统推荐算法的混合推荐算法、基于情境上下文相似度的预过滤推荐算法）、后过滤推荐算法（基于模型的后过滤推荐算法）、情境化函数建模推荐算法（基于用户的多维启发式推荐算法、基于项目的多维启发式推荐算法）中推荐效果最好的是后过滤推荐算法（基于模型的后过滤推荐算法）。这可能是后过滤推荐算法是在得到传统推荐算法的结果之后，再根据当前情境上下文来检验推荐结果是否符合当前情境上下文，能够很明确地判断出传统推荐算法的预测评分是否和真实情况一致，因此推荐的准确度是比较高的。而预过滤推荐算法是在使用传统推荐算法之前就对评分数据进行情境上下文过滤，具有一定的未知性与测试性。所以后过滤推荐算法的推荐结果优于预过滤推荐算法的推荐结果。与后过滤推荐算法相比，情境化函数建模推荐算法是在推荐函数中直接纳入情境上下文因素，也具有一定的未知性与测试性，因此推荐效果也不如后过滤推荐算法。

6.2 基于情境上下文语义的个性化餐饮推荐应用

6.2.1 应用设计目的与基本思想

本应用的设计目的是对第五章提出的基于情境上下文语义的个性化 O2O 信息推荐机制进行验证。为此，笔者以餐饮 O2O 推荐为背景，设计开发个性化餐饮 O2O 推荐原型系统，通过该系统实现了情境上下文本体模型构建、基于 UGC 的情境上下文语义获取和基于语义推理的推荐等几项关键方法，具备为 O2O 用户提供情境上下文敏感的个性化餐饮 O2O 推荐服务的功能。为了评估系统中各方法的运行效果和推荐结果的质量，这里对系统内部运行数据和系统用户的使用数据进行了采集，并以此为基础对系统运行效率和推荐结果进行评估和分析。

6.2.2 应用构建与开发

依据 5.4 小节中的系统设计开发“个性化餐饮 O2O 推荐原型系统”。该系统的开发平台是 Android 6.0（带 Google Map API），开发语言为 Android 6.0，开发工具为 Android Studio 4.0，本体开发工具为 Protégé 4.3，本体语言采用 OWL 2，规则描述语言为 SWRL，描述逻辑的本体推理采用 Pellet 2.3 推理机，而推荐规则推理机在 Jess7 规则引擎的基础上开发。系统客户端可在支持 Android 6.0 的移动智能手机或 PAD 上运行。

这里收集了广州天河区某美食街附近的餐馆及其食物信息，存入项目模型库中作为本系统的待推荐对象。系统提供了用户注册功能，在注册时向用户收集其基本信息，并存入用户模型库中。用户可通过系统查看餐馆和食物两类对象的列表和详细信息，也可以浏览或评价其他用户分享的交互情境，当用户选择“分享我的情境”时，系统将激活社会化多维情境上下文标签，以便用户能描述当前的交互情境，如图 6-92 所示。

通过社会化多维情境上下文标签获取用户交互情境后，系统按照情境上下文本体结构建立并保存实例化的用户情境上下文语义模型，同时学习生成推荐规则。

当用户需要获得推荐时，系统同样以社会化多维情境上下文标签的形式要求用户描述其当前情境上下文，通过规则推理生成与情境上下文和用户兴趣相关的餐馆推荐和食物推荐（各 5 项），并根据规则推理的过程简单地说明推荐原因。为了方便对比，系统同时在后台实现了传统协同过滤推荐算法，根据用户的浏览历史（认为用户浏览过的餐馆和食物与用户相关）进行不考虑情境上下文的二维推荐计算，并同样生成餐馆推荐和食物推荐。推荐结果将以列表的方式展示给用户，并允许用户对每个被推荐对象进行 5

级评价：很喜欢、喜欢、一般、不喜欢、很不喜欢。为了不影响用户的判断，列表中将不会明确说明对象是由哪种方法推荐而来，如图 6-93 所示。

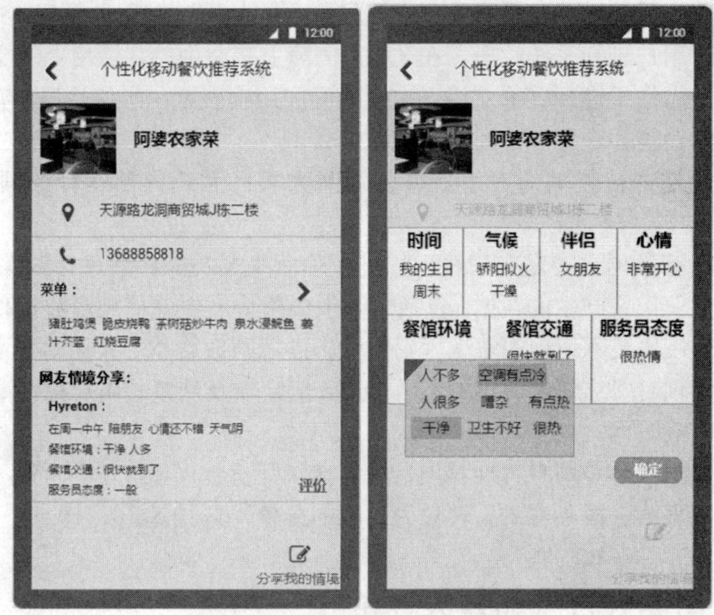

图 6-92　个性化餐饮 O2O 推荐系统情境上下文标签界面

图 6-93　个性化餐饮 O2O 推荐系统推荐列表界面

为了提升用户体验，增强用户兴趣，每个被推荐对象将会根据其推荐计算过程简单生成其推荐理由并展示给用户，推荐理由主要是列举该对象可能符合用户兴趣的特征概念。

为了进行系统测试和评估，充分利用学生、同事等社会资源，通过邮件、QQ和微信等渠道大范围地推送个性化餐饮O2O推荐系统，考虑到完成该系统的操作需要用户对手机等移动终端系统比较熟悉且使用率比较高，因此推送对象主要是15～50岁的中青年人群，要求用户进行系统注册、在O2O情境上下文中输入情境上下文标签、使用系统推荐功能并对结果进行评价。经过120天的应用实践期，最终注册用户共151人，其中使用了推荐功能并进行评价的用户有128人。

在应用实践期内被收集的应用数据分为两大类：系统内部运行数据和用户评价数据。

系统内部运行数据主要是在系统运行过程中对主要功能模块进行跟踪，并每隔10天对关键指标进行记录产生的数据，包括规则生成模块产生的群规则数量和个人规则数量，被规则推理模块实际使用的常识规则数量、群规则数量和个人规则数量，规则推理模块在产生推荐项目时算法计算出的项目Score值，以及从接收用户推荐请求到产生推荐结果的系统响应时间。

用户评价数据主要是用户对推荐项目进行5级评价数据，为方便计算，将“很喜欢、喜欢、一般、不喜欢、很不喜欢”转化为对应的分值“1，0.5，0，-0.5，-1”。

6.2.3 应用实践过程与效果评价

6.2.3.1 系统运行效率评价

通过系统主要模块的跟踪采集，获得了系统每隔5天的内部运行数据，并对这些数据按运行时间进行了统计分析，用以评估系统的运行效率。

1. 规则生成效率评估

根据系统记录的被生成的各类规则的数量，计算在不同时间点系统拥有的用户群规则总数量、系统情境上下文群规则总数量、用户平均个人情境上下文规则数量和用户平均个人习惯规则数量。按系统运行时间作统计图，如图6-94和图6-95所示。

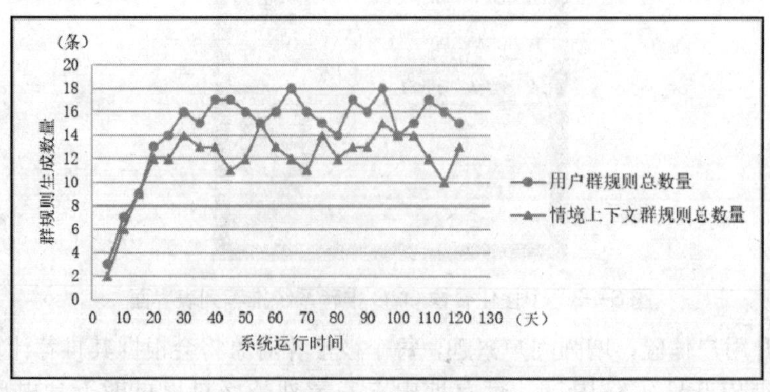

图6-94 群规则生成数量统计

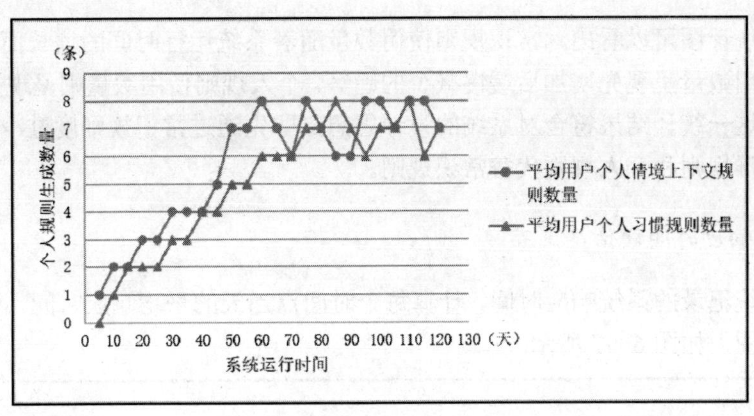

图 6-95　个人规则生成数量统计

从上述统计图可以看出，群规则和个人规则都在系统运行前期呈现增长趋势，且群规则的增长速度较快。群规则的数量在系统运行 30 天左右时达到稳定，而个人规则的数量在系统运行 50 天左右时才达到稳定。这说明，随着系统总用户数量的增加，用户情境上下文本体模型的规模也会逐渐增大，进而导致在用户使用初期群规则数量的快速增加。而随着单个用户对系统使用时间的增长，个人规则的数量也会增加。但在初期使用阶段过后，群规则和个人规则的数量都会逐步稳定，说明系统对用户模式的学习已基本完成，从新的交互情境中学习到新规则的情况减少。

2. 规则使用效率评估

根据系统记录的被使用的各类规则的数量，计算在不同时间点的系统平均每 10 次推荐所使用的常识规则数量、用户群规则总数量、情境上下文群规则数量、个人情境上下文规则数量和个人习惯规则数量。按系统运行时间作统计图，如图 6-96 所示。

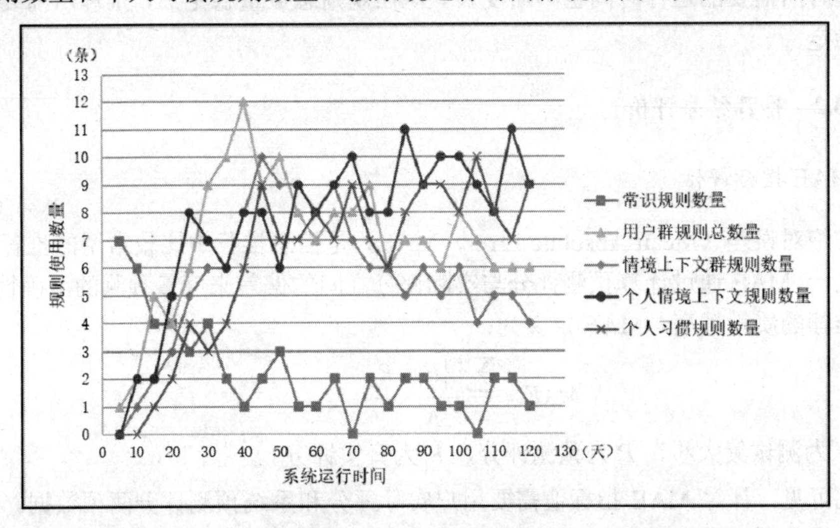

图 6-96　规则使用数量统计

从上述统计图可以看出，常识规则使用数量随着系统运行时间的增长而快速减少，群规则的使用数量呈现先增加后缓慢减少的趋势，个人规则使用数量则呈现先增加后稳定的趋势。这一统计结果符合对系统的设计思想，即先通过常识规则度过冷启动时期，然后逐步用群规则和个人规则代替常识规则。

3. 系统响应时间评估

根据系统记录的系统响应时间，计算每个时间点当天的平均响应时间，按系统运行时间作统计图，如图 6-97 所示。

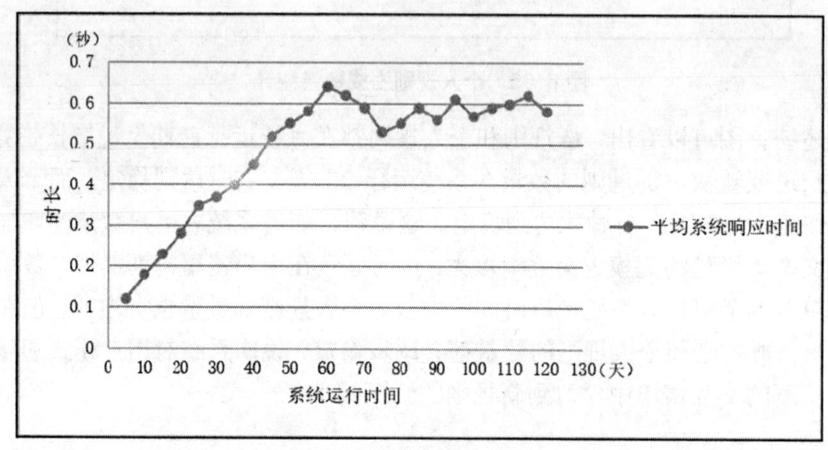

图 6-97　系统响应时间统计

从上述统计图可以看出，系统响应时间呈现出先快速增加再基本稳定的趋势。该结果可以解释为：在系统使用初期，由于系统生成的规则总数不断增加，导致推荐模块在规则推理时所需要的运行时间也不断变长。但在规则总数量稳定后，推理所需要的时长也趋于稳定。

6.2.3.2　推荐结果评价

1. MAE 指标评估

平均绝对误差（Mean Absolute Error，MAE）是信息推荐中比较常用的推荐质量度量标准之一。MAE 通过计算预测评分与实际评分之间的偏差来度量预测的准确性，MAE 越小，推荐的质量越高。MAE 定义为：

$$MAE = \frac{\sum_{i}^{N} \left| P_i - R_i \right|}{N} \tag{6-6}$$

其中，N 为测试集大小，P_i 为预测评分，R_i 为真实评分。

由此可见，计算 MAE 指标值需要用户实际评分和系统预测评分两项数据。为此，将用户对推荐项目进行 5 级评价后转化的对应分值“1，0.5，0，−0.5，−1”作为用户的

实际评分。而系统预测评分则根据系统记录的推理算法中的 *Score* 值计算，计算方法如下：

$$PredictScore = \frac{Score}{\mathrm{Max}Score - \mathrm{Min}Score} \tag{6-7}$$

其中 *PredictScore* 表示系统对推荐项目的预测评分， *Score* 是推荐算法计算出的 *Score* 值，Max*Score* 和 Min*Score* 分别为推荐集所有项目中的最大 *Score* 值和最小 *Score* 值。计算出的 *PredictScore* 取值在[-1,1]之间。

对应用实践期间所有被推荐的餐馆和食物均进行上述处理，最终获得餐馆评分记录 216 条，食物评分记录 279 条。

为了方便对比，也同时采集了传统协同过滤算法的系统预测评分和用户实际评分。

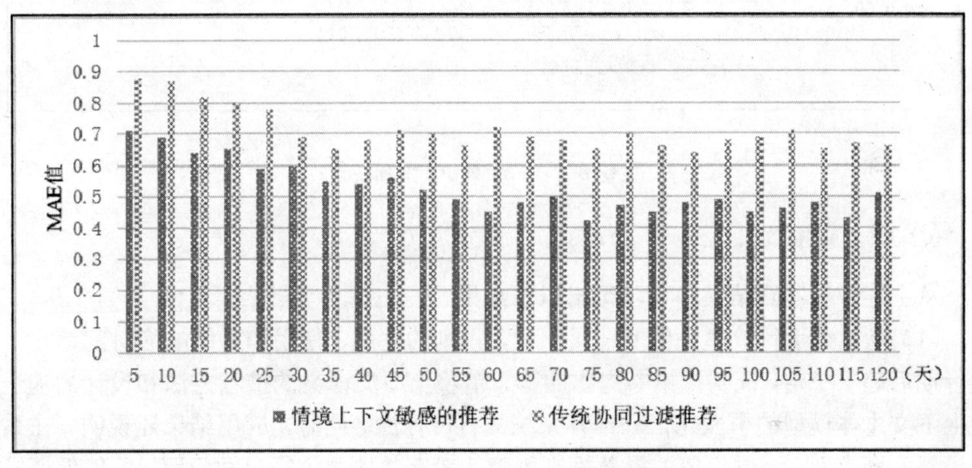

图 6-98 MAE 指标统计

图 6-98 显示了情境上下文敏感的推荐方法和传统协同过滤推荐方法所产生的推荐结果的 MAE 值对比，图中的横坐标代表系统的运行天数。可以看出，在整个应用实践期中，情境上下文敏感的推荐方法都比传统协同过滤推荐方法的 MAE 值小，表明情境上下文敏感的推荐方法在推荐结果的准确性上要优于传统协同过滤推荐方法。

2. F-measure 指标评估

如前所述，F-measure 指标的计算依据是被推荐项目与用户的实际相关性。为此，根据用户对被推荐项目的评分值来判定项目与用户的相关度，即当用户评分值大于 0 时，即认为该项目与用户相关。

图 6-99 显示了情境上下文敏感的推荐方法和传统协同过滤推荐方法所产生的推荐结果的 F-measure 值对比，图中的横坐标代表系统的运行天数。可以看出，在整个应用实践期中，情境上下文敏感的推荐方法都比传统协同过滤推荐方法的 F-measure 大，同样表明情境上下文敏感的推荐方法在推荐结果的准确性上要优于传统协同过滤推荐方法。

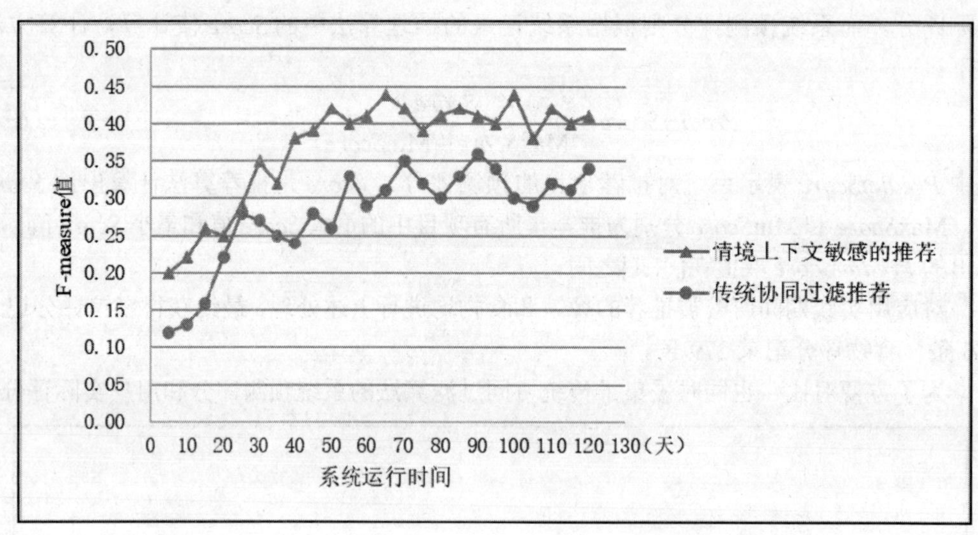

图 6-99 F-measure 指标统计

6.2.3.3 应用效果总结

从上述应用实践结果中可以得出以下结论。

（1）从系统运行效率评估的结果上看，规则的生成、使用和系统响应时间都在一段运行期后趋于稳定，证明了本书提出的基于情境上下文语义的推荐方法和设计的基于情境上下文本体模型的个性化信息推荐系统具有可行性。同时，应用结果还说明，在系统中设置不同类别、不同权值的推荐规则既能比较有效地避免冷启动问题，又能保证推荐结果的个性化、情境化。

（2）无论是 MAE 值还是 F-Measure 的值，本系统实现的情境上下文敏感推荐算法都优于传统协同过滤推荐算法，说明其能有效提高信息推荐的准确性和有效性。

参 考 文 献

[1] Abowd, G, D., Atkeson, C, G., Hong, J., et al.. Cyberguide: A mobile context-aware tour guide[J]. *Wireless networks*, 1997, 3(5): 421-433.

[2] Abowd, G, D.. The human experience[J]. *IEEE Pervasive Computing*, 2003, 2(1): 48-57.

[3] Adomavicius, G., Tuzhilin, A.. Toward the next generation of recommender systems: A survey of the state-of-the-art and possible extensions[J]. *IEEE Transactions on Knowledge and Data Engineering*, 2005, 17 (6): 734-749.

[4] Adomavicius, G., Sankaranarayanan, R., Sen, S., et al.. Incorporating contextual information in recommender systems using a multidimensional approach[J]. *ACM Transactions on Information Systems* (TOIS), 2005, 23(1): 103-145.

[5] Adomavicius, G., Tuzhilin, A.. Context-Aware Recommender Systems[J]. *Ai Magazine*, 2011, 32(3): 217-253.

[6] Adomavicius, G.. Incorporating contextual information in recommender systems using a multidimensional approach[J]. *Acm Transactions on Information Systems*, 2005, 23(1): 103-145.

[7] Agrawal, R., Srikant, R.. Fast Algorithms for Mining Association Rules in Large Databases[C]// International Conference on Very Large Data Bases. Morgan Kaufmann Publishers Inc. 1994: 487-499.

[8] Ahn, H., Kim, K., Han, I.. Mobile advertisement recommender system using collaborative filtering: MAR-CF[J]. *Journal of Machine Learning Research*, 2009, 10(10): 623-656.

[9] Androutsellis-Theotokis, S., Spinellis, D.. A survey of peer-to-peer content distribution technologies[J]. *Acm Computing Surveys*, 2004, 36(4): 335-371.

[10] Bader, R., Neufeld, E., Woerndl, W., et al.. Context-aware POI recommendations in an automotive scenario using multi-criteria decision making methods[C]//The Workshop on Context-Awareness in Retrieval & Recommendation. ACM, 2011, 61(1): 23-30.

[11] Balabanovic, M., Shoham, Y.. Fab: Content-based collaborative recommendation[J]. *Communications of the ACM*, 1997, 40(3): 66-72.

[12] Bauer, J., Kutsche, R., Ehrmanntraut R.. Identification and modeling of contexts for different information scenarios in air traffic[D]. Technische Universität Berlin, 2003.

[13] Bertelé, U., Rangone, A.. Rapporto mobile and wireless business[R]. Italy: Politecnico di Milano, 2007.

[14] Bhargava, H, K., Sridhar, S., Herrick, C.. Beyond spreadsheets: tools for building decision support systems[J]. *Computer*, 1999, 32(3): 31-39.

[15] Billsus, D., Pazzani, M, J.. Adaptive news access[M]//The adaptive web: methods and strategies of web personalization. Berlin, Heidelberg: Springer-Verlag, 2007: 550－570.

[16] Billsus, D., Pazzani M, J.. User modeling for adaptive news access[J]. *User Modeling and User-Adapted Interaction*, 2000, 10(2): 147-180.

[17] Breese, J., Herckman, D., Kadie, C.. Empirical analysis of predictive algorithms for collaborative filtering[C]//Proceedings of the Fourteenth conference on Uncertainty in artificial intelligence. *Morgan Kaufmann Publishers Inc.*, 1998: 43-52.

[18] Bridge, D., Göker, M, H., McGinty, L., et al.. Case-based recommender systems[J]. *The Knowledge Engineering Review*, 2005, 20(3): 315-320.

[19] Brown, B., Chalmers, M., Bell, M., et al.. Sharing the square: collaborative leisure in the city streets[C]//ECSCW 2005. Springer Netherlands, 2005: 427-447.

[20] Burigat, S., Chittaro, L., Marco, L, D.. Bringing Dynamic Queries to Mobile Devices: A Visual Preference-Based Search Tool for Tourist Decision Support[C]//Human-Computer Interaction - INTERACT 2005, IFIP TC13 International Conference, Rome, Italy, September 12-16, 2005, Proceedings. 2005: 213-226.

[21] Burke, R, D., Hammond, K, J., Yound, B, C.. The FindMe approach to assisted browsing[J]. *IEEE Expert*, 1997, 12(4): 32-40.

[22] Burke, R, D., Hammond, K, J., Young, B, C.. Knowledge-based navigation of complex information spaces[C]//Proceedings of the National Conference on Artificial Intelligence. 1996, 462: 468.

[23] Burke, R.. Hybrid Web Recommender Systems[C]//The Adaptive Web: Methods and Strategies of Web Personalization, Lecture Notes in Computer Science. 2007: 377-408.

[24] Burke, R.. Interactive Critiquing for Catalog Navigation in E-Commerce[J]. Artificial Intelligence Review, 2002, 18(3): 245-267.

[25] Burke, R.. The Wasabi Personal Shopper: a case-based recommender system[C]//Proceedings of the 11th National Conference on Innovative Applications of Artificial Intelligence. AAAI, 1999: 844-849.

[26] Celma, Ò., Serra, X.. FOAFing the music: Bridging the semantic gap in music recommendation[J]. Web Semantics: Science, Services and Agents on the World Wide Web, 2008, 6(4): 250-256.

[27] Cena, F., Console, L., Gena, C., et al.. Integrating heterogeneous adaptation techniques to build a flexible and usable mobile tourist guide[J]. AI Communications, 2006, 19(4): 369-384.

[28] Champiri, Z, D., Shahamiri, S, R., Salim, S.. A systematic review of scholar context-aware recommender systems[J]. *Expert Systems with Applications*, 2015, 42(3): 1743-1758.

[29] Chen, G., Kotz, D.. A survey of context-aware mobile computing research[R]. Technical Report TR2000-381, Dept. of Computer Science, Dartmouth College, 2000.

[30] Chen, H., Finin, T., Joshi, A.. An ontology for context-aware pervasive computing environments[J]. *The Knowledge Engineering Review*, 2003, 18(3): 197-207.

[31] Chen, H., Finin, T., Joshi, A.. The SOUPA ontology for pervasive computing[J]. *Ontologies for agents: Theory and experiences*, 2005: 233-258.

[32] Chen, L., Pu, P.. Interaction design guidelines on critiquing-based recommender systems[J]. *User Modeling and User-Adapted Interaction*, 2009, 19(3): 167-206.

[33] Cheverst, K., Mitchell, K., Davies, N.. Design of an object model for a context sensitive tourist GUIDE[J]. Computers & Graphics, 1999, 23(6): 883-891.

[34] Chtcherbina, E., Franz, M.. Peer-to-peer coordination framework (p2pc): Enabler of mobile ad-hoc networking for medicine, business, and entertainment[C]//Proceedings of International Conference on Advances in Infrastructure for Electronic Business, Education, Science, Medicine, and Mobile Technologies on the Internet, L'Aquila, Italy. 2003: 883-891.

[35] Chun, I, G., Hong, I, S.. The implementation of knowledge-based recommender system for electronic commerce using Java expert system library[C]//Industrial Electronics, 2001. Proceedings. ISIE 2001. IEEE International Symposium on. IEEE, 2001(3): 1766-1770.

[36] Church, K., Smyth, B., Keane, M, T.. Evaluating interfaces for intelligent mobile search. [C]//International Cross-Disciplinary Workshop on Web Accessibility. 2006: 69-78.

[37] Church, K., Smyth, B.. Who, what, where & when: a new approach to mobile search[C]//Intelligent User Interfaces. International Conference on Intelligent User Interfaces, Proceedings IUI, 2008: 309-312.

[38] Claypool, M., Gokhale, A., Miranda, T., et al.. Combining content-based and collaborative filters in an online newspaper[C]//Proceedings of ACM SIGIR Workshop on Recommender Systems. ACM, 1999: 60.

[39] Dey, A, K.. Understanding and Using Context[J]. *Personal & Ubiquitous Computing*, 2001, 5(1): 4-7.

[40] DEY, A, K.. Providing Architectural Support for Bbuilding Context-aware Applicatiori[D]. Atlanta. Georgia Institute of Technology, 2000.

[41] Dourish, P.. What we talk about when we talk about context[J]. *Personal and Ubiquitous Computing*, 2004, 8(1): 19-30.

[42] Dunlop, M, D., Elsey, B., Masters, M, M.. Dynamic visualisation of ski data: a context aware mobile piste map[C]//Proceedings of the 9th international conference on Human computer interaction with mobile devices and services. ACM, 2007: 375-378.

[43] Goldberg, D., Nichols, D., Oki, B, M., et al.. Using collaborative filtering to weave an information tapestry[J]. *Communications of the ACM*, 1992, 35(12): 61-70.

[44] Goldberg, D.. Using collaborative filtering to weave an information tapestry[J]. Communications of the Acm, 1992, 35(12): 61-70.

[45] Graff, D., Werner, M., Parzyjegla, H., et al.. An Object-Oriented and Context-Aware Approach for Distributed Mobile Applications[C]//International Conference on Architecture of Computing Systems. VDE, 2010: 1-10.

[46] Guarino, N.. Formal Ontology in Information Systems[C]// Proceedings of Formal Ontology and Information Systems,(FOIS'98), Trento, Italy, IOS Press, 1998: 3-15.

[47] Hayes, A, F., Matthes, J.. Computational procedures for probing interactions in OLS and logistic regression: SPSS and SAS implementations. [J]. *Behavior Research Methods*, 2009, 41(3): 924-936.

[48] Henricksen, K., Indulska, J., Rakotonirainy, A.. Modeling Context Information in Pervasive Computing Systems[J]. PERVASIVE, 2002, 2414(3): 167-180.

[49] Herlocker, J, L., Konstan, J, A., Terveen, L, G., et al.. Evaluating collaborative filtering recommender systems[J]. *Acm Transactions on Information Systems*, 2004, 22(1): 5-53.

[50] Horozov, T., Narasimhan, N., Vasudevan, V.. Using Location for Personalized POI Recommendations in Mobile Environments[C]//International Symposium on Applications and the Internet. IEEE, 2006: 124-129.

[51] Horrocks, I., Patel-Schneider, P, F., Boley, H., et al.. SWRL: A semantic Web rule language combining OWL and RuleML [OL]. (2004-05-21)[2014-02-26]. https: //www. w3. org/Submission/SWRL

[52] Khedr, M., Karmouch, A.. Negotiating context information in context-aware systems[J]. *Intelligent Systems, IEEE*, 2004, 19(6): 21-29.

[53] Kim, C, Y., Lee, J, K., Cho Y, H., et al.. VISCORS: A Visual-Content Recommender for the Mobile Web[J]. Intelligent Systems IEEE, 2004, 19(6): 32-39.

[54] Knappmeyer, M., Kiani, S, L., Reetz, E, S., et al.. Survey of Context Provisioning Middleware[J]. *IEEE Communications Surveys & Tutorials*, 2013, 15(3): 1492-1519.

[55] Koren, Y.. Factorization meets the neighborhood: a multifaceted collaborative filtering model[C]// Proceeding of the 14th ACM SIGKDD international conference on Knowledge discovery and data mining. ACM, 2008: 426-434.

[56] Krummenacher, R., Lausen, H., Strang, T., et al.. Analyzing the modeling of context with ontologies[C]//International Workshop on Context-Awareness for Self-Managing Systems, 2007a: 11-22.

[57] Krummenacher, R., Strang, T.. Ontology-based context modeling[C]//Proceedings Third Workshop on Context-Aware Proactive Systems (CAPS 2007)(June 2007), 2007b: 22.

[58] Li, W., Chu, W., Tung, F., et al.. A Uniform Device Information Access for Context-Aware Middleware[C]//IEEE International Conference on Web Services. IEEE, 2010: 654-657.

[59] Mcginty, L., Smyth, B.. Adaptive Selection: An Analysis of Critiquing and Preference-Based Feedback in Conversational Recommender Systems[J]. *International Journal of Electronic Commerce*, 2006, 11(2): 35-57.

[60] Miller, B, N., Konstan, J, A., Riedl, J.. PocketLens: Toward a personal recommender system[J]. *Acm Transactions on Information Systems*, 2004, 22(3): 437-476.

[61] Milner, R.. Pure bigraphs: Structure and dynamics[J]. *Information and Computation*, 2006, 204(1): 60-122.

[62] Mirzadeh, N., and Ricci, F. *Applied Artificial Intelligence*[M]. USA: Taylor and Francis Ltd, 2007.

[63] Mooney, R, J., Roy, L.. Content-based book recommending using learning for text categorization[C]//Proceedings of the fifth ACM conference on Digital libraries. ACM, 2000: 195-204.

[64] Naudet, Y., Mignon, S., Lecaque, L., et al.. Ontology-based matchmaking approach for context-aware recommendations[C]//Automated solutions for Cross Media Content and Multi-channel Distribution, 2008. AXMEDIS'08. International Conference on. IEEE, 2008: 218-223.

[65] Nelson, R, R., Winter, S, G.. An evolutionary theory of economic change[M]. Cambridge: Mass Belknap Press, 1982.

[66] Öztürk, P., Aamodt, A.. Towards a model of context for case-based diagnostic problem solving[C]//Context-97; Proceedings of the interdisciplinary conference on modeling and using context, 1997: 198-208.

[67] Panniello, U., Tuzhilin, A., Gorgoglione, M., et al.. Experimental comparison of pre- vs. post-filtering approaches in context-aware recommender systems[C]//ACM Conference on Recommender Systems, Recsys 2009. ACM, 2009: 265-268.

[68] Park, M, H., Hong, J, H., Cho, S, B.. Location-based recommendation system using Bayesian user' s preference model in mobile devices[J]. *Ubiquitous Intelligence and Computing*, 2007: 1130-1139.

[69] Park, S., Kang, S., Kim, Y, K.. A channel recommendation system in mobile environment[J]. Consumer Electronics, IEEE Transactions on, 2006, 52(1): 33-39.

[70] Pazzani, M, J., Billsus, D.. *Content-Based Recommendation Systems*[M]. Springer-Verlag, 2007.

[71] Pazzani, M, J., Muramatsu, J., Billsus, D.. Syskill & Webert: Identifying interesting web sites[C]//Proceedings of the National Conference on Artificial Intelligence. 1996: 54-61.

[72] Resnick, P., Iacovou, N., Suchak, M., et al.. GroupLens: an open architecture for collaborative filtering of netnews[C]//Proceedings of the 1994 ACM conference on Computer supported cooperative work. ACM, 1994: 175-186.

[73] Ricci, F.. Mobile recommender systems[J]. *Information Technology & Tourism*, 2010, 12(3): 205-231.

[74] Ryan, N., Pascoe, J., Morse, D.. Enhanced reality fieldwork: the context-aware archaeological assistant[J]. *Computer Applications in Archaeology*, 1997: 126-132.

[75] Sarwar, B., Karypis, G., Konstan, J., et al.. Item-based collaborative filtering recommendation algorithms[C]//International Conference on World Wide Web. ACM, 2001: 285-295.

[76] Schifanella, R., Panisson., Gena, C., et al.. MobHinter: epidemic collaborative filtering and self-organization in mobile ad-hoc networks[C]//ACM Conference on Recommender Systems, Recsys 2008, Lausanne, Switzerland, October. 2008: 27-34.

[77] Schilit, B, N., Theimer, M, M.. Disseminating active map information to mobile hosts[J]. *IEEE Network*, 1994, 8(5): 22-32.

[78] Schilit, B., Adams, N., Want, R.. Context-Aware Computing Applications[C]//The Workshop on Mobile Computing Systems & Applications. IEEE Computer Society, 1994: 85-90.

[79] Schmidt, A., Beigl, M., Gellersen, H, W.. There is more to context than location[J]. Computers & Graphics, 1999, 23(23): 893-901.

[80] Schmitt, S., Bergmann, R.. Applying case-based reasoning technology for product selection and customization in electronic commerce environments[C]//12th Bled Electronic Commerce Conference. 1999: 273.

[81] Setten, M, V., Pokraev, S., Koolwaaij, J.. Context-Aware Recommendations in the Mobile Tourist Application COMPASS[C]//Adaptive Hypermedia and Adaptive Web-Based Systems, Third International Conference, AH 2004, Eindhoven, The Netherlands, August 23-26, 2004, Proceedings. 2004: 235-244.

[82] Shardanand, U.. Social information filtering for music recommendation[D]. Massachusetts Institute of Technology, 1994.

[83] Shiller, J, H.. *Mobile Communications*[M]. Addison-Wesley, Great Britain, 2003: 1-492.

[84] Smyth, B., Cotter, P.. A personalised TV listings service for the digital TV age[J]. *Knowledge-Based Systems*, 2000, 13(2): 53-59.

[85] Smyth, B., Cotter, P.. Personalized electronic program guides for digital TV[J]. *Ai Magazine*, 2001, 22(2): 89.

[86] Snowdon, D., Grasso, A.. Providing Context Awareness Via a Large Screen Display[C]//Proceedings of the CHI 2000 Workshop on "The What, Who, Where, When, Why and How of Context-Awareness", 2000.

[87] Strang, T., Linnhoff-Popien, C., Frank, K.. Applications of a Context Ontology Language[C]// International Conference on Software, Telecommunications and Computer Networks. 2003: 14-18.

[88] Strang, T., Linnhoff-Popien, C., Frank, K.. CoOL: A context ontology language to enable contextual interoperability[C]//Distributed applications and interoperable systems. Springer Berlin/Heidelberg, 2003b: 236-247.

[89] Strang, T., Linnhoff-Popien, C.. A Context Modeling Survey[C]//International Conference on In: Workshop on Advanced Context Modelling, Reasoning & Management. 2004: 34-41.

[90] Studer, R., Benjamins, V, R., Fensel D.. Knowledge engineering: principles and methods[J]. *Data & knowledge engineering*, 1998, 25(1): 161-197.

[91] Towle, B., Quinn, C.. Knowledge based recommender systems using explicit user models[C]// Proceedings of the AAAI Workshop on Knowledge-Based Electronic Markets. 2000: 74-77.

[92] Tran, T., Cohen, R.. Hybrid recommender systems for electronic commerce[C]//Proc. Knowledge-Based Electronic Markets, Papers from the AAAI Workshop, Technical Report WS-00-04, AAAI. 2000: 78-83.

[93] Tumas, G., Ricci, F.. Personalized mobile city transport advisory system[J]. *Information and Communication Technologies in Tourism*, 2009: 173-183.

[94] Tung, H, W., Soo, V, W.. A personalized restaurant recommender agent for mobile e-service[C]//IEEE International Conference on E-Technology, E-Commerce and E-Service. IEEE, 2004: 259-262.

[95] Urban, E., Lee, J, K., King, D., McKay, J., and Marshall, P.. *Electronic Commerce*[M]. New Jersey: Prentice Hall, 2008: 1-1008.

[96] Verbert, K., Manouselis, N., Ochoa, X., et al.. Context-Aware Recommender Systems for Learning: A Survey and Future Challenges[J]. IEEE Transactions on Learning Technologies, 2012, 5(4): 318-335.

[97] Vieira, V., Tedesco, P., Salgado, A.. Towards an ontology for context representation in groupware[J]. *Groupware: Design, Implementation, and Use*, 2005: 367-375.

[98] Wang, X, H., Zhang, D, Q., Gu, T., et al.. Ontology Based Context Modeling and Reasoning using OWL[C]//IEEE Conference on Pervasive Computing and Communications Workshops. IEEE, 2004: 18-22.

[99] Xu, C., Cheung, S, C., Chan, W, K., et al.. Heuristics-Based Strategies for Resolving Context Inconsistencies in Pervasive Computing Applications[C]//ICDCS'08. IEEE, 2008: 713-721.

[100] Xu, C., Cheung, S, C.. Inconsistency detection and resolution for context-aware middleware support[J]. Acm Sigsoft Software Engineering Notes, 2005, 30(5): 336-345.

[101] Yap, G, E., Tan, A, H., Pang, H, H.. Discovering and Exploiting Causal Dependencies for Robust Mobile Context-Aware Recommenders[J]. *IEEE Transactions on Knowledge & Data Engineering*, 2007, 19(7): 977-992.

[102] Yap, G, E., Tan, A, H., Pang, H, H.. Discovering causal dependencies in mobile context-aware recommenders[C]//Mobile Data Management, 2006. MDM 2006. 7th International Conference on. IEEE, 2006: 4.

[103] Yap, G, E., Tan, A, H., Pang, H, H.. Dynamically-optimized context in recommender systems[C]//Proceedings of the 6th international conference on Mobile data management. ACM, 2005: 265-272.

[104] Ye, J., Dobson, S., Mckeever, S.. Situation identification techniques in pervasive computing: A review[J]. *Pervasive & Mobile Computing*, 2012, 8(1): 36-66.

[105] Yu, Z., Zhou, X., Zhang, D., et al... Supporting context-aware media recommendations for smart phones[J]. *Pervasive Computing, IEEE*, 2006, 5(3): 68-75.

[106] 艾丹祥, 张玉峰, 刘高勇, 杨君. 面向移动商务餐饮推荐的情境语义建模与规则推理[J]. 情报理论与实践, 2016, 39(2): 82-88.

[107] 蔡梓超. 基于推荐算法的移动微视频社区系统的设计与实现[D]. 广东工业大学, 2020.

[108] 操守康, 郭传勇, 张梦婷, 张盛, 马小龙. 移动社交电子商务用户推荐对大学生网购意愿影响因素实证分析[J]. 商业经济研究, 2015(36): 61-63.

[109] 曾秀芹, 蒋晨, 李栉雨, 宋璐瑶. 移动视频客户端个性化推荐系统的评价指标体系研究[J]. 中国网络传播研究, 2017(2): 3-19.

[110] 曾子明, 陈贝贝. 移动环境下基于情境感知的个性化阅读推荐研究[J]. 情报理论与实践, 2015, 38(12): 31-36.

[111] 曾子明, 李鑫. 移动环境下基于情境感知的个性化信息推荐[J]. 情报杂志, 2012, 31(8): 166-170.

[112] 陈诚. 上下文感知的移动用户新闻偏好获取及推荐算法研究[D]. 北京邮电大学, 2017.

[113] 陈健. 基于知识图谱的移动应用第三方库的混合推荐方法研究[D]. 武汉大学, 2020.

[114] 陈玉, 尹桂平. 移动阅读信息资源推荐与利用策略[J]. 图书馆学研究, 2017(1): 69-72.

[115] 陈远, 张磊, 张敏. 信息内容特征对移动医疗 APP 用户推荐行为的影响及作用路径分析[J]. 现代情报, 2019, 39(6): 38-47.

[116] 程艳晓, 闫峥, 王普. 基于信任管理的移动终端安全权限设置推荐系统[J]. 中国科技论文, 2018, 13(2): 190-195.

[117] 崔春生, 杜柏瀚, 王雪. 基于分层序列的移动电子商务推荐系统策略研究[J]. 数学的实践与认识, 2020, 50(8): 12-21.

[118] 翟丽丽, 邢海龙, 张树臣. 基于情境聚类优化的移动电子商务协同过滤推荐研究[J]. 情报理论与实践, 2016, 39(8): 106-110.

[119] 丁哲, 秦臻, 郑文韬, 秦志光. 基于移动用户浏览行为的推荐模型[J]. 电子科技大学学报, 2017, 46(6): 907-912.

[120] 丁哲. 基于移动用户行为的挖掘及推荐算法研究[D]. 电子科技大学, 2017.

[121] 董颖, 许正良, 刘方, 唐晓彬. 移动社交网络用户对产品推荐信息反应意愿研究[J]. 图书情报工作, 2016, 60(23): 111-118.

[122] 董颖. 移动社交网络用户对联系人产品推荐信息反应意向影响因素研究[D]. 吉林大学, 2017.

[123] 杜巍, 高长元. 基于个性化情景的移动商务信任推荐模型研究[J]. 情报科学, 2017, 35(10): 23-29.

[124] 杜巍, 高长元. 移动电子商务环境下个性化情景推荐模型研究[J]. 情报理论与实践, 2017, 40(10): 56-61.

[125] 杜巍. 基于用户体验的移动商务推荐模式研究[D]. 哈尔滨理工大学, 2018.

[126] 方卉. 基于多源数据融合的移动商务情景推荐研究[D]. 湖北工业大学, 2019.

[127] 郭高尚. 情景感知的移动推荐研究[D]. 河北工程大学, 2014.

[128] 郭艳. 面向移动电子商务的个性化推荐策略研究[D]. 成都理工大学, 2018.

[129] 韩洪勇, 马文婷, 杨超然. 不同场景下移动互联网的个性化广告推荐综述[J]. 数码世界, 2020(3): 47-48.

[130] 洪亮, 钱晨, 樊星. 移动数字图书馆资源的情境感知个性化推荐方法研究[J]. 现代图书情报技术, 2016(Z1): 110-119.

[131] 洪亮，冉从敬，吴志强. 移动环境下基于共同兴趣的情境感知信息推荐研究[J]. 情报理论与实践, 2014, 37(11): 124-128+139.

[132] 侯力铁. 基于情景感知的移动图书馆个性化推荐服务研究[D]. 吉林大学, 2019.

[133] 侯营辉，阳旺. 用户情境感知的流式移动应用推荐[J]. 计算机工程与应用，2019，55(11): 129-135+236.

[134] 黄璐，林川杰，何军，刘红岩，杜小勇. 融合主题模型和协同过滤的多样化移动应用推荐[J]. 软件学报, 2017, 28(3): 708-720.

[135] 贾伟，华庆一，张敏军，陈锐，姬翔，王博. 基于冲突度和协同过滤的移动用户界面模式推荐[J]. 计算机科学, 2018, 45(10): 202-206+224.

[136] 贾伟. 基于范畴论的移动用户界面模式推荐研究[D]. 西北大学, 2019.

[137] 姜芸，何伟，崔立真，杨倩，刘磊. 移动情景和用户轨迹感知的众包服务推荐[J]. 计算机科学与探索, 2019, 13(9): 1471-1480.

[138] 蒋宇波. 基于移动用户行为日志的推荐系统研究[D]. 浙江大学, 2019.

[139] 孔聪聪，陈曙东. 上下文感知的移动社交网络好友推荐算法[J]. 小型微型计算机系统，2018, 39(1): 23-26.

[140] 雷晓燕. 浅析基于智能推荐技术的移动应用隐私安全风险及技术管控手段建设[J]. 江西通信科技, 2020(3): 27-28.

[141] 李宝库，郭婷婷. 基于感知价值和隐私关注的用户移动个性化推荐采纳[J]. 中国流通经济, 2018, 32(4): 120-126.

[142] 李浩君，张芳. 活动理论视角下移动设备情境感知信息推荐服务研究——基于情境本体建模与规则推理[J]. 情报杂志, 2018, 37(3): 187-192.

[143] 李贺，侯力铁，祝琳琳. 移动图书馆情景感知信息推荐服务用户接受行为研究[J]. 图书情报工作, 2019, 63(12): 94-104.

[144] 李建荣. 基于数据挖掘的移动用户个性化推荐系统研究与设计[J]. 现代电子技术，2016，39(22): 59-63.

[145] 李静云. 基于用户情境感知的移动图书馆知识推荐系统设计[J]. 图书馆理论与实践，2013(6): 19-21.

[146] 李敏. 基于认知理论的语义检索研究[D]. 武汉大学, 2006.

[147] 李书宁. 情景敏感数字图书馆服务系统用户情景的本体建模[J]. 情报资料工作, 2008(6): 61-65.

[148] 李思莹，徐泳欣，李倩莹，陆航东，卓雅静. 移动推荐系统的视觉营销对顾客价值影响的模型构建[J]. 科技经济导刊, 2020, 28(12): 195+180.

[149] 李伟平，王武生，莫同，等. 情景计算研究综述[J]. 计算机研究与发展, 2015, 52(2): 542-552.

[150] 李燕. 移动环境下基于情境感知的服务供应链个性化信息推荐研究[J]. 现代管理科学, 2015(12): 58-60.

[151] 李宇航, 夏绍模, 程华亮. 基于跨域协同的移动图书馆个性化推荐模型研究[J]. 情报科学, 2017, 35(3): 82-86.

[152] 李泽华, 刘宝瑞, 李宛真. 基于移动场景的复合推荐系统设计[J]. 中国新通信, 2021, 23(1): 39-41.

[153] 李长亮. 基于上下文信息的移动兴趣点推荐系统的研究与实现[D]. 北京邮电大学, 2020.

[154] 梁艳, 胡先智, 杨倩. 基于群智计算的移动服务智能推荐算法研究[J]. 数字技术与应用, 2020, 38(4): 109-110.

[155] 刘芬. 用户兑现体验对移动优惠券转发推荐意愿的影响研究[J]. 技术经济与管理研究, 2019(2): 70-75.

[156] 刘海鸥, 陈晶, 孙晶晶, 张亚明. 面向大数据的移动数字图书馆情境化推荐系统研究[J]. 图书馆工作与研究, 2018(9): 58-64.

[157] 刘海鸥, 黄文娜, 苏妍嫄, 张亚明. 大数据深度融合的移动图书馆情境化推荐[J]. 情报科学, 2019, 37(1): 68-73.

[158] 刘海鸥, 黄文娜, 张源强, 苏妍嫄. 移动社交网络情境化推荐关键问题研究综述[J]. 小型微型计算机系统, 2020, 41(9): 1812-1819.

[159] 刘海鸥. 云环境用户情境感知的移动服务 QoS 混合推荐[J]. 情报杂志, 2016, 35(4): 183-189+194.

[160] 刘嘉, 都兴中, 陈振宇, 等. 移动推荐研究综述[J]. 情报科学, 2012, 30(10): 1584-1590.

[161] 刘晶, 李妍, 侯会茹. 移动电子商务多源关联个性化推荐架构[J]. 情报理论与实践, 2014, 37(4): 98-100.

[162] 刘荣辉, 高阳, 林恺, 张湛梅, 吴士萍. 移动阅读系统中的多源动态混合推荐[J]. 情报科学, 2016, 34(10): 158-162+176.

[163] 刘树栋, 孟祥武. 一种基于移动用户位置的网络服务推荐方法[J]. 软件学报, 2014, 25(11): 2556-2574.

[164] 刘志坚. 基于情境感知的图书馆移动电子资源推荐技术研究[J]. 河南图书馆学刊, 2020, 40(6): 101-102+109.

[165] 卢昌杰. 移动环境下商品推荐算法的研究与应用[D]. 杭州电子科技大学, 2020.

[166] 罗国前, 刘志勇, 张琳, 张家鑫, 何卓桁, 张欣. 移动环境下基于情境感知的个性化影视推荐算法研究[J]. 计算机应用研究, 2020, 37(5): 1306-1310.

[167] 马远卓. 基于数据挖掘的移动通信用户行为识别和个性化推荐研究[D]. 黑龙江大学, 2020.

[168] 孟祥武, 胡勋, 王立才, 等. 移动推荐系统及其应用[J]. 软件学报, 2013, 24(1): 91-108.

[169] 孟祥武, 陈诚, 张玉洁. 移动新闻推荐技术及其应用研究综述[J]. 计算机学报, 2016, 39(4): 685-703.

[170] 孟祥武, 胡勋, 王立才, 张玉洁. 移动推荐系统及其应用[J]. 软件学报, 2013, 24(1): 91-108.

[171] 孟祥武, 李瑞昌, 张玉洁, 纪威宇. 基于用户轨迹数据的移动推荐系统研究[J]. 软件学报, 2018, 29(10): 3111-3133.

[172] 孟祥武, 梁弼, 杜雨露, 张玉洁. 基于位置的移动推荐系统效用评价研究[J]. 计算机学报, 2019, 42(12): 2695-2721.

[173] 宓翠, 陈晶, 苏妍嫄, 张亚明, 刘海鸥. 融合云环境用户情境兴趣的移动 SNS 信任推荐模型[J]. 小型微型计算机系统, 2018, 39(3): 484-489.

[174] 穆冬梅. 基于情境感知的移动终端推荐系统研究[D]. 北京邮电大学, 2012.

[175] 欧丹. 基于混合用户兴趣模型的农业旅游推荐移动系统设计[J]. 湖北农业科学, 2021, 60(8): 148-152.

[176] 秦晓安, 路贺龙. 移动用户群优惠券推荐系统研究[J]. 赣南师范大学学报, 2020, 41(6): 65-69.

[177] 任其, 李兵, 王健, 赵玉琦, 熊燚铭. 一种面向移动应用开发的第三方库混合推荐方法[J]. 小型微型计算机系统, 2019, 40(9): 1809-1814.

[178] 任子亭. 移动环境下个性化内容推荐技术研究及应用[D]. 电子科技大学, 2015: 10.

[179] 尚燕飞, 陈德运, 杨海陆. 面向移动 APP 的个性化推荐算法[J]. 哈尔滨理工大学学报, 2018, 23(6): 116-123.

[180] 申艳光, 郭高尚, 吴晶晶. 结合情景和协同过滤的移动推荐算法[J]. 科学技术与工程, 2014, 14(8): 49-52+64.

[181] 沈旺, 马一鸣, 李贺. 基于情景感知的用户推荐系统研究综述[J]. 图书情报工作, 2015, 59(21): 128-138.

[182] 宋乐怡, 熊辉, 张蓉. 下一代移动推荐系统[J]. 华东师范大学学报(自然科学版), 2013(3): 37-45.

[183] 孙梦楠. 基于用户画像的不可移动文物个性化推荐系统的研究与开发[D]. 长江大学, 2020.

[184] 田雪筠. 基于情境感知的移动电子资源推荐技术研究[J]. 情报理论与实践, 2015, 38(5): 86-89+104.

[185] 万君, 郭婷婷, 吴正祥, 张慧. 用户对移动互联网主动式推荐信息的心理抗拒与接受意愿研究[J]. 北京邮电大学学报(社会科学版), 2015, 17(5): 47-53.

[186] 王福, 毕强, 许鹏程, 毕达天. 移动图书馆信息接收适配及场景推荐[J]. 图书情报工作, 2018, 62(15): 23-30.

[187] 王福帅. 影响社交网络中移动广告推荐精准度因素分析[J]. 焦作大学学报, 2020, 34(1): 76-81.

[188] 王吉林. “互联网+”时代移动学习资源个性化推荐模型[J]. 电子技术与软件工程, 2019(22): 154-155.

[189] 王娜, 任婷. 移动社交网站中的信息过载与个性化推荐机制研究[J]. 情报杂志, 2015, 34(8): 190-194+176.

[190] 王珊珊, 冷甦鹏. 面向移动社会网络的好友推荐方法[J]. 计算机应用, 2016, 36(9): 2386-2389+2395.

[191] 王伟军, 王阳, 王玉珠, 刘凯. 移动商务用户个性化推荐采纳行为影响因素的实证研究[J]. 系统管理学报, 2017, 26(5): 816-823.

[192] 王晰巍，贾若男，韦雅楠，许可. 社交网络舆情事件主题图谱构建及可视化研究——以校园突发事件话题为例[J]. 情报理论与实践, 2020, 43(3): 17-23.

[193] 王阳，沈军军，江震. 移动互联网时代算法推荐语境下移动阅读素养研究[J]. 新世纪图书馆, 2020(6): 24-29.

[194] 韦恋娟. 个性化学习环境下大学生微型移动学习学习者模型构建及推荐策略[J]. 中国多媒体与网络教学学报(上旬刊), 2019(12): 14-15.

[195] 文俊浩，孙光辉，李顺. 基于用户聚类和移动上下文的矩阵分解推荐算法研究[J]. 计算机科学, 2018, 45(4): 215-219+251.

[196] 吴金红，陈强，鞠秀芳. 泛在信息环境下情景敏感的自适应个性化信息服务研究[J]. 情报探索, 2013(3): 1-4.

[197] 吴丽花，刘鲁. 个性化推荐系统用户建模技术综述[J]. 情报学报, 2006, 25(1): 55-62.

[198] 夏娟. 基于用户情境的推荐技术研究与应用[D]. 西南财经大学, 2014.

[199] 夏立新，杨金庆，程秀峰. 移动环境下融合情境信息的群组推荐模型研究——基于用户APP行为数据的实证分析[J]. 情报学报, 2018, 37(4): 384-393.

[200] 项亮. 推荐系统实践[M]. 北京：人民邮电出版社, 2012.

[201] 肖会敏，张锟，崔春生. 基于协同过滤的移动电子商务推荐算法[J]. 系统科学与数学, 2016, 36(8): 1265-1274.

[202] 谢德晓，王海宁，杨建涛，张新建. 移动平台军事信息服务系统架构及推荐方法[J]. 指挥信息系统与技术, 2020, 11(6): 47-52.

[203] 谢辉，李广建. 移动社交网络推荐技术研究进展[J]. 情报科学, 2017, 35(10): 3-6+67.

[204] 谢修娟，莫凌飞，李香菊，操凤萍. 情境感知的移动阅读个性化推荐算法研究[J]. 高技术通讯, 2019, 29(7): 640-647.

[205] 徐浩. 移动情景感知的实时推荐技术研究[D]. 国防科学技术大学, 2015.

[206] 徐宏磊. 移动社交媒体用户推荐对消费者购买意愿的影响研究[D]. 北京交通大学, 2020.

[207] 徐玲玲，朱婧. 移动电商个性化推荐对消费者购买意愿影响分析[J]. 商业经济研究, 2018(6): 54-57.

[208] 许云，金辉，孙晨银. 移动社交网络员工在线口碑推荐的发生机理研究[J]. 江苏科技大学学报(社会科学版), 2020, 20(2): 98-108.

[209] 薛慧丽. 移动电商平台多维动态推荐技术研究[D]. 广东技术师范大学, 2019.

[210] 薛慧丽. 移动电商平台推荐系统及关键技术研究[J]. 智能计算机与应用, 2019, 9(6): 76-82.

[211] 薛婧. 基于情景建模的移动互联网音乐推荐系统研究[J]. 信息技术, 2021(1): 18-22.

[212] 鄢舒源. 移动个性化应用推荐系统的设计和实现[D]. 北京邮电大学, 2015.

[213] 闫宇，蔡琨，叶秀泳，郑正广，林立言. 基于人工智能的移动终端内容推荐[J]. 信息与电脑(理论版), 2020, 32(11): 115-117.

[214] 于浩. 基于情境适配要素的移动图书馆资源推荐服务研究[J]. 四川图书馆学报, 2020(1): 39-42.

[215] 于美琪, 邝砾, 呙斌, 曹高峰. 融合社会网络和项目特征的移动应用推荐[J]. 小型微型计算机系统, 2017, 38(2): 310-313.

[216] 余力, 刘鲁. 电子商务个性化推荐研究[J]. 计算机集成制造系统, 2004, 10(10): 1306-1313.

[217] 余艳娜. 移动图书馆数字资源情境化推荐路径研究[J]. 图书馆研究与工作, 2021(2): 43-47.

[218] 俞春花, 刘学军, 李斌, 章玮. 基于上下文相似度和社会网络的移动服务推荐方法[J]. 电子学报, 2017, 45(6): 1530-1536.

[219] 袁静. 高校图书馆情景敏感移动服务运行机制研究[J]. 图书馆学研究, 2014(19): 59-63.

[220] 岳静, 张自力. 本体表示语言研究综述[J]. 计算机科学, 2006, 33(2): 158-162.

[221] 詹珂. 基于移动用户观影记录的推荐系统研究[D]. 浙江大学, 2020.

[222] 张光卫, 李德毅, 李鹏, 等. 基于云模型的协同过滤推荐算法[J]. 软件学报, 2007, 18(10): 2403-2411.

[223] 张黄慧. 基于大数据变革的移动信息推荐服务模式构建[J]. 电子元器件与信息技术, 2020, 4(1): 69-70.

[224] 张佳琳. 基于移动轨迹融合的旅游阅读推荐服务[J]. 图书馆论坛, 2021, 41(1): 111-118.

[225] 张建华, 陶宏才. 移动推荐系统关键技术研究[J]. 成都信息工程学院学报, 2015, 30(5): 470-476.

[226] 张剑. 基于学习情境的个性化移动学习推荐系统模型研究[J]. 图书馆学研究, 2017(7): 84-87.

[227] 张利宁. 深度学习理论视角下的移动学习推荐系统的设计和研究[J]. 数字技术与应用, 2020, 38(6): 118-119.

[228] 张俐. 移动社会化电子商务推荐关键技术研究[D]. 北京邮电大学, 2019.

[229] 张潇璐, 赵学敏, 刘璇. 基于情境感知的高校移动图书馆知识资源推荐研究[J]. 情报科学, 2020, 38(1): 48-52+92.

[230] 张晓滨, 李园园. 情景感知的移动用户行为转移模式推荐算法[J]. 计算机工程与应用, 2016, 52(20): 163-166.

[231] 张兴旺, 李晨晖, 麦范金. 变革中的大数据知识服务: 面向大数据的信息移动推荐服务新模式[J]. 图书与情报, 2013(4): 74-79.

[232] 张亚明, 刘海鸥. 面向云环境的移动信息服务情景化协同过滤推荐[J]. 情报学报, 2014, 33(5): 508-519.

[233] 张志军, 刘弘. 上下文感知的移动社交网络推荐算法研究[J]. 模式识别与人工智能, 2015, 28(5): 404-410.

[234] 郑慧, 李冰, 陈冬林, 刘平峰. 基于位置簇的移动生活服务个性化推荐技术[J]. 计算机应用, 2015, 35(4): 1148-1153.

[235] 钟响亮. 数据挖掘算法在移动 APP 推荐中的应用研究[D]. 安徽大学, 2020.

[236] 周康, 符红光, 文奕. 基于移动互联网的文献个性化推荐系统[J]. 计算机应用, 2013, 33(S1): 98-101.

[237] 周朴雄, 陶梦莹. 移动网络环境下情景敏感的个性化信息推荐系统研究[J]. 图书情报工作, 2012, 56(19): 80-84+121.

[238] 周宇, 魏太亮, 廖思琴. 基于移动阅读的高校图书馆信息资源推荐策略与应用研究[J]. 现代情报, 2015, 35(10): 161-164.

[239] 朱保华, 张晓滨. 移动用户餐饮个性化需求推荐研究[J]. 现代电子技术, 2015, 38(11): 13-15.

[240] 朱煦, 陈志奎, 凌若川. 一种移动上下文感知的好友推荐方法[J]. 小型微型计算机系统, 2015, 36(4): 744-748.

[241] 卓越. 基于情境感知的个性化推荐算法研究与应用[D]. 中北大学, 2017.